5대 제사(하)

인간은 하나님을 떠나서는 살 수 없게 창조되었습니다. 그리고 타락한 인간을 위하여 하나님께서는 친히 하나님을 만날 수 있는 장소를 분명히 정해주셨습니다. 그것이 바로 신약에서는 예배요, 구약에서는 제단인 것입니다. 이 제단에서 하나님과의 만남이 성공하면 우리 삶에서도 하나님의 역사가 일어납니다.

하나님께서는 구약의 5대 제사를 통하여 하나님께 나아가는 길을 자세히 설명하고 계십니다. 이것은 단순한 절차나 규례가 아니요, 신약시대에 우리가 드리는 예배의 실체를 미리 보여주는 예표요 그림자입니다. 하나님께서 제단을 통하여 타락한 인간을 다시 만나주셨듯이, 오늘 우리의 예배 또한 그 제단에서 일어났던 영적 원리에 따라 하늘의 반응이 일어나야 하는 것입니다.

오늘날 우리의 예배가 시대적 사명을 감당할 수 있는 산 예배가 되기 위하여 하나님께서 바로 오늘 우리에게 이 말씀을 열어주시기를 원하십니다. 번제, 소제, 화목제, 속죄제, 속건제에 숨겨진 하나님의 비밀이 우리에게 활짝 열려서 각자의 삶에서 제사의 능력을 누리기를 축원합니다.

2025년 11월 20일
전광훈 목사

할렐루야! 전광훈 목사님의 세 번째 설교집 『5대 제사』가 (상) (하) 두 권으로 드디어 출간되었습니다. 전광훈 목사님의 설교 시리즈는 대한민국과 세계를 향한 하나님의 놀라운 축복입니다. '모세가 쓰고 바울이 해석한 성경'이 성경 기록 이후 2000년 동안 닫혀 있다가 전 목사님을 통해 그 원색적 의미가 드디어 열렸습니다. 전 목사님께 성경을 열어주신 주 하나님을 찬양합니다. 그리고 목사님의 설교집을 읽는 모든 분에게 성경이 활짝 열리기를 축원합니다.

이번에 출간된 전 목사님의 설교집 『5대 제사』에서 우리는 타락한 인간을 십자가의 제단으로 초대하시는 하나님을 만날 수 있습니다. 제단으로 오라! 하나님은 타락한 인간을 만나는 유일한 장소를 제단으로 정하셨습니다. 이 제단은 바로 예수 그리스도의 십자가 제단입니다. 예수가 아니고서는 하나님은 우리 인간을 만나시지 않겠다는 것입니다.

우리 주 예수님은 십자가 제단에서 번제, 소제, 화목제, 속죄제, 속건제의 5대 제사를 단번에 이루셨습니다. 우리는 예수의 십자가 제단에서 번제를 통하여 원죄를 해결 받고, 소제를 통하여 자아가 파쇄되며, 화목제를 통하여 하나님과 사람과의 관계를 회복하고, 속죄제를 통하여 하나님과 교제하며, 속건제를 통하여 물질의 축복과 형통이 이루어집니다. 우리 삶 가운데 이 5대 제사가 끊임없이 이루어져서 불의 역사, 향기의 역사, 열납의 역사가 강력하게 나타나는 능력 있는 삶을 살기를 소망합니다.

국부 이승만 대통령을 통하여 자유대한민국을 건국하신 우리 주님께서 동방의 이스라엘인 우리 한국인에게 맡기신 사명은 특별합니다. 예수 한국 복음 통일 이루어 선교 한국의 길로 나아가야 합니다. 주님 재림 전 이방인의 대대적 회개가 일어날 때 우리 자유대한민국이 제사장 국가로서 사명을 감당해야 합니다. 그 사명 감당의 한 통로가 이 『5대 제사』 설교집과 이후 계속될 '전광훈 목사 설교 시리즈'가 되기를 주님의 이름으로 축원합니다. 할렐루야.

2025년 11월 11일
전광훈 목사 설교 시리즈 3 『5대 제사』
구성·편집인 류금주

서문   3
편집자 서문   5

07 소제 ②
예수님이 드린 소제   19

I. 하나님이 정하신 제단은 오직 그리스도   21
1. 제단으로 오라   21
2. 5대 제사의 종류   23

II. 예수가 드리신 소제   27
1. 쪼개진 반석 - 예수   27
2. 겟세마네 동산의 기도 - 십자가의 시작   30
3. 예수의 소제 - 하나님의 뜻에 굴복하심   35

III. 자아가 깨어지자   36
1. 자아를 포기하는 것이 생명의 길   36
2. 주님이 쓰시도록 고운 가루가 되자   38
3. 5대 제사가 집행되지 않는 한국 교회   39

IV. 소제의 경지 안으로 들어가자   44
1. 소제의 원형인 예수   44
2. 자아 파쇄가 될 때까지 끝까지 풀지 않으시는 하나님   45
3. 자아 파쇄는 어려운 경지   46
4. 소제를 통과한 사람에게 임하는 하늘의 지혜   47
5. 겉 사람을 깨자   53

V. 가루가 되면 사역의 성령이 부어진다   63

08 소제 ③
고운 가루가 되자   68

I. 5대 제사가 살아있는 삶을 살자   70

1. 최후의 부활에 목표를 두자   70
2. 5대 제사 안으로 깊이 들어가자   72

II. 소제 : 가루의 제사   75

1. 가루가 되신 예수   75
2. 가루가 되자   82
3. 간증 - 신학교에 간 수석 장로의 통회 자복   88
4. 예수님처럼 내 뜻을 거둬들이자   94
5. 무교절의 가루가 되자   95

III. 소제를 완성하여 하나님께 쓰임 받자   100

1. 맷돌을 준비하시는 하나님   100
2. 고운 가루 떡이 되어 하나님께 먹히자   103
3. 맷돌이 되지 말고 가루가 되자   105
4. 사람의 인격을 변화시키는 성령의 기름 부음   106
5. 예수 향기로 온 땅을 진동하자   107

IV. 묵은 누룩을 내어버리자   113

09

소제 ④
기드온의 보리떡   118

I. 소제 : 떡의 제사   119

1. 5대 제사   119
2. 가루의 제사   120
3. 떡의 제사   122

II. 기드온의 보리떡   122

1. 적진을 무너뜨린 기드온의 보리떡   122
2. 소제가 이루어진 기드온의 300 용사   129
3. 교회는 소제가 이루어져야 한다   131
4. 생명의 한 떡이 되자   132

III. 한 떡의 능력   139

1. 생명 공동체가 되자   139
2. 깨어져야 한 떡이 된다   140
3. 기꺼이 깨어질 수 있는 이유   143

IV. 소제의 능력으로 전도하자 — 147
  1. 영원한 시간에 초점을 맞추자 — 147
  2. 생명 교환의 원리 — 149
  3. 부활의 영광을 바라본 카타콤 성도들의 순교 — 151
  4. 소제의 완성을 전도로써 증명하자 — 154

10

화목제 ①
관계의 제사 — 165

I. 구원을 확실히 하고 살자 — 166
II. 화목제 : 우리 속에 쌓은 담을 제거하자 — 172
III. 빌레몬서 : 화목 제사의 대표 사례 — 176
  1. 바울, 로마 감옥에 갇히다 — 176
  2. 복음만이 사람을 변화시킨다 — 180
  3. 바울, 오네시모를 전도하다 — 187
IV. 화목제물의 중재자 바울 — 193
  1. 간구하노니 용서하라 — 193
  2. 화목제를 위하여 용서하자 — 195
  3. 예수 십자가를 보고 용서하자 — 198

11

화목제 ②
십자가의 자세를 갖자 — 204

I. 바싹 깨어져서 하나님께 쓰임 받자 — 206
II. 기독교 복음의 핵심은 십자가 — 209
  1. 하나님과의 바른 관계는 예수와의 바른 관계 — 209
  2. 예수와의 바른 관계는 십자가와의 바른 관계 — 212
  3. 십자가의 의미 안으로 깊이 들어가자 — 214
III. 십자가 : 마음의 자세 — 216
  1. 십자가의 정반대 - 선악과 — 216
  2. 십자가적 자세 - 의지의 반납 — 217
  3. 하나님 뜻에 무조건 순종하겠다는 마음을 품자 — 219

IV. 다윗이 범한 자세의 죄 220

  1. 외형의 죄는 순간, 자세의 죄는 연속 220

  2. 다윗, 자세의 죄를 범하다 222

V. 자세의 죄를 밖으로 드러내시는 하나님 232

  1. 밖으로 드러난 죄의 출발점은 바로 자세의 죄 232

  2. 자세의 죄의 출발점 - 하나님을 소외시킴 234

  3. 하나님을 향해 십자가적 자세를 갖자 237

12 화목제 ③
화목 제물이 되자

239

I. 5대 제사에 실패한 한국교회의 위기 241

  1. 나를 만나려면 십자가 제단으로 오라 241

  2. 5대 제사의 종류와 열매 242

  3. 복음을 가르치지 않은 한국교회의 위기 245

II. 화목제가 무너진 결과 256

  1. 마귀에게 참소의 기회를 줌 256

  2. 예배에 실패함 258

III. 화평의 아들이 되자 259

  1. 분쟁의 아들 말고 화평의 아들이 되자 259

  2. 내가 화목의 제물이 되자 264

  3. 원수까지도 화목 하자 268

  4. 용서하자 273

  5. 모세의 자리에 서지 말자 276

IV. 낮은 자리에 처하자 283

13 속죄제
교제의 회복

293

I. 5대 제사로 열납되는 삶을 살자 295

II. 속죄제가 무너질 때 나타나는 현상 297

  1. 기쁨이 사라짐 297

2. 기도에 힘이 없음 299

3. 만사가 귀찮음 301

III. 속죄제 : 교제의 회복 302

1. 자백함으로 이루는 속죄 제사 302

2. 목욕이 아닌 발 씻기 - 교제의 제사 303

3. 죄를 빨리빨리 회개해야 한다 305

4. 속건제를 해결하여 큰 부자가 되자 306

5. "주여!" 부를 때 살아나는 5대 제사 312

14 속건제
보상의 제사 319

I. 5대 제사가 살아 있는 신령한 성도가 되자 320

II. 속건제 : 보상의 제사 326

1. 물질이 풀리려면 속건제를 해결해야 한다 326

2. 십일조 도둑질하면 물질이 풀리지 않는다 329

3. 속건제의 문제를 해결하려는 성령의 본능 330

4. 물질의 세계와 영의 세계는 연결되어 있다 331

III. 간증 : 속건제, 축복의 통로 335

1. 물질 문제를 풀어주시려는 성령의 충동 - 전광훈 목사의 속건제 335

2. 힘들수록 바치자 - 김홍도 목사의 속건제 338

3. 기적적인 신앙의 역사 - 록펠러의 속건제 343

IV. 속건제가 신앙의 꽃이다 355

차례_상권

서문   3
편집자 서문   5

01 5대 제사란?   19

I. 구약의 제사는 5가지   21
  1. 예배에 성공하자   21
  2. 5대 제사   24

II. 제단 : 타락한 인간이 하나님을 만나는 장소   27
  1. 제단으로 오라   27
  2. 십자가의 제단에서 5대 제사가 단번에 이루어짐   28
  3. 5대 제사가 바로 서면 하나님과 올바른 관계를 맺는다   33
  4. 성공하는 제사의 증표   36

III. 번제 : 구원의 제사   43
  1. 하나님께 나아가는 첫 번째 제사   43
  2. 번제로 나아간 아벨, 소제로 나아간 가인   43
  3. 가장 먼저 번제로 나아가야 하는 이유   45
  4. 구원의 제사   49

IV. 번제의 집행   50
  1. 안수   50
  2. 검의 역사   53

V. 말씀의 검에 쪼개지자   69
  1. 악한 생각을 토해내자   69
  2. 살인을 토해내자   78
  3. 간음과 음란을 토해내자   82
  4. 육체의 일을 합리화하지 말고 토해내자   84

02

번제①
구원의 제사   91

I. 제단 : 하나님을 만나는 장소   93
1. 성경의 제사는 5가지   93
2. 제물이 되자   95
3. 불, 향내, 열납의 역사   97

II. 산 제물이 되어야 하는 이유   98
1. 제물은 죽어야 한다   98
2. 구원은 타락의 역순   99
3. 굴복함으로 하나님께 나아가자   102

III. 삶으로 드리는 5대 제사   106
1. 우리 삶을 5대 제사로 드리자   106
2. 난도가 높은 5대 제사   109
3. 수동적 제물, 능동적 제물   111
4. 하나님께 열납되는 삶을 살자   115

IV. 번제 : 원죄를 처리함   120
1. 번제 - 구원의 제사   120
2. 번제의 집행   122

03

번제②
십자가 제단으로 나아가자   134

I. 제단에 나타나는 3대 역사   136
1. 불의 역사, 향취의 역사   136
2. 열납의 역사   139

II. 십자가 제단으로 나아가자   141
1. 제단을 찾는 사람들   141
2. 제단인 예수 앞으로 오라   143
3. 모든 제사는 죽음을 전제로 함   145
4. 구원은 타락의 역순   146
5. 산 제물이 되자   153

III. 탕자의 비유 : 에덴동산의 타락 과정　156
　1. 아버지 없는 세상으로 떠나간 탕자　156
　2. 아버지에게 붙어있는 게 능력의 원천　161
　3. 아버지를 떠나간 탕자의 몰락과 회개　164
　4. 내 뜻을 내려놓고 다시 아버지의 품으로!　164

IV. 번제를 확실히 하자　165
　1. 죽자 - 하나님 앞에 다 내려놓자　165
　2. 가죽을 벗자 - 위선을 벗자　166
　3. 각을 뜨자 - 구체적으로 회개하자　173

04

번제③
말씀의 검의 역사　180

I. 제사는 5가지이다　182
　1. 예수 없이는 사람을 안 만나시는 하나님　182
　2. 5대 제사의 종류　183
　3. 제단에 나타나는 3대 역사　190

II. 검의 역사　194
　1. 말씀의 검　194
　2. 말씀의 검의 역사　197
　3. 죽음 - 하나님 말씀의 의지 앞에 굴복함　203
　4. 말씀의 3대 의지　207

III. 가죽을 벗자　213
　1. 수가성 여인 - 가죽을 벗은 대표 인물　213
　2. 가죽을 벗어야 성령의 불이 임한다　218
　3. 말씀의 의지에 대조해서 조목조목 회개하자　220
　4. 번제가 이루어진 성경의 인물들　224

05

번제④
피의 역사　228

I. 5대 제사를 이루자　230
　1. 예수의 십자가 제단으로 오라　230
　2. 5대 제사의 종류　231

3. 5대 제사에 성공하면 나타나는 현상   237

II. 피의 역사   248

1. 검의 역사   248
2. 가장 중요한 피의 역사   249
3. 예수 보혈의 절대적 가치   250
4. 예수 그리스도의 피의 제단에 참어하자   252

06

소제 ①
자아의 파쇄   259

I. 십자가 제단에서 단번에 이루어진 5대 제사   260

II. 소제의 단계로 나아가자   263

1. 소제 - 번제 다음에 오는 제사   263
2. 번제 이후로는 전진 못하는 한국 교회 성도들   266

III. 소제 : 자아의 파쇄   267

1. 소제 - 고운 가루로 드리는 제사   267
2. 번제에 머무르지 말고, 소제로 나아가자   272
3. 맷돌이 되지 말고 고운 가루가 되자   275

IV. 천국에서 승리하자 : 양팔천대 권사 간증   279

1. 3대 기독교 가정에서 태어난 게 불만인 양팔천대   279
2. 거꾸로 응답 된 기도   282
3. 후일 지옥에서 만난 불신자 아기엄마   284
4. 시아버지 장로의 섬김   286
5. 시아버지의 마지막 부탁   289
6. 시아버지의 장례식   293
7. 교회를 떠난 양팔천대, 폭망하고 자살 시도   295
8. 시골 교회 예배 중 면류관 환상   297
9. 입신하여 천국을 가다   301
10. 지옥에 가서 핏값을 요구받다   306

V. 고운 가루가 되면 기름 부음이 임한다   308

題目: 오대 제사 (레위기)

[본문 : 레1:1~4] 1. 여호와께서 회막에서 모세를 부르시고 그에게 일러 가라사대
2.이스라엘 자손에게 고하여 이르라 너희 중에 누구든지 여호와께 예물을 드리려거든 생축 중에서 소나 양으로 예물을 드릴짜니라
3.그 예물이 소의 번제면 흠 없는 수컷으로 회막 문에서 여호와 앞에 열납하시도록 드릴짜니라
4.그가 번제물의 머리에 안수할찌니 그리하면 열납되어 그를 위하여 속죄가 될 것이라

번제
원죄 처리
〈레1장〉 소, 양, 염소, 비둘기 → 안수 = 연합

소제
자아 파쇄
〈레2장〉 고운가루 - 맷돌 = 겸손,온유/기름부음

화목제
관계
〈레3:1 ~11〉 하나님과 사람과의 관계
1. 겸의 역사 (피의 역사)
2. 붙의 역사 (생기, 능력, 힘)
3. 향기의 역사
4. 열답 (연기) = 응답, 화답

속죄제
교제
〈레4:1~12〉 자범죄

속건제
보상
〈레 5장〉

하나님
제단
X
제물 제단 제사장

07

소제 ②
예수님이 드린 소제

설교 일시 2008년 10월 12일(주일) 오후 7시

대   상 사랑제일교회 주일 저녁 예배

성   경 레위기 2:1-10

1 누구든지 소제의 예물을 여호와께 드리려거든 고운 가루로 예물을 삼아 그 위에 기름을 붓고 또 그 위에 유향을 놓아

2 아론의 자손 제사장들에게로 가져 올 것이요 제사장은 그 고운 기름 가루 한 줌과 그 모든 유향을 취하여 기념물로 단 위에 불사를찌니 이는 화제라 여호와께 향기로운 냄새니라

3 그 소제물의 남은 것은 아론과 그 자손에게 돌릴찌니 이는 여호와의 화제 중에 지극히 거룩한 것이니라

4 네가 화덕에 구운 것으로 소제의 예물을 드리려거든 고운 가루에 기름을 섞어 만든 무교병이나 기름을 바른 무교전병을 드릴 것이요

5 번철에 부친 것으로 소제의 예물을 드리려거든 고운 가루에 누룩을 넣지 말고 기름을 섞어

6 조각으로 나누고 그 위에 기름을 부을찌니 이는 소제니라

7 네가 솥에 삶은 것으로 소제를 드리려거든 고운 가루와 기름을 섞어 만들찌니라

8 너는 이것들로 만든 소제물을 여호와께로 가져다가 제사장에게 줄 것이요 제사장은 그것을 단으로 가져다가

9 그 소제물 중에서 기념할 것을 취하여 단 위에 불사를찌니 이는

화제라 여호와께 향기로운 냄새니라

10 소제물의 남은 것은 아론과 그 자손에게 돌릴찌니 이는 여호와의 화제 중에 지극히 거룩한 것이니라

Ⅰ.
하나님이 정하신 제단은
오직 그리스도

1. 제단으로 오라

하나님께서는 타락한 인생들을 만나기 위하여 하나님이 나를 만나려면 제단으로 오라고 했어요. 제단으로 오라. 하나님은 사람을 만날 장소를 제단으로 정해놨다! 그래서 이것이 성경만 그런 것이 아니라 모든 이 땅에 일어나는 모든 문화는 결국은 그 뿌리는 성경으로부터 나온 것입니다. 심지어 무당들이 굿하는 방법도 이게 전부 성경에서 나온 거예요. 하여튼 존재가 성경이니까.

그래서 꼭 하나님 섬기고 예수님 섬기는 우리 말고 마귀를 섬기는 세상 사람들도 보면 신과의 접촉을 일으키기 위해서는 단을 쌓아요. 제단을 쌓아요. 죽은 사람들과 접촉을 일으킬 때도 제사 지내잖아요? 그러니까 이상하단 말이에요. 본능적으로 사람들이 그런 일을 한다고요. 그리고 제단에는 꼭 제물을 놓고 제물을 죽이기도 하고 제물을 불태우기도 하고 그런다고요. 모든 세상이 다 그렇다고요. 그런데 그 원형은 마귀들이 흉내를 내서 그리스도를 알지 못하는 세상 사람들도 신과의 접촉을 일으킬 때는 그 제사를 지내고 단을 쌓고 제단을 만드는 것처럼 그 원형은 원래 하나님께로부터 온 겁니다. 하나님은, 타락한 인생들을 만나는 하나님은 신 중의 신이요, 모든 신 중의 왕입니다.

타락한 인간들을 만나는 장소를 하나님은 제단으로 정했다고요. 제단. 제단은 무엇인가? 제단은 다름이 아니라 여기서 바뀌는 거예요. 세상 사람들 마귀 귀신 악령 이런 잡신 우상 숭배 이런 것들은 제단이라고 하는 형태는 취했는데 제단의 내용은, 우리의 제단은 오직 그리스도예요. 그러니까 이걸 바꾸어 말하면 하나님은 예수 없이는 사람을 만나지 않겠다는 거예요. 예수라고 하는 중보의, 예수라고 하는 중간의 중보자를 통해서만 사람과 접촉하겠다!

세상에 있는 그 귀신 악령 우상 악령들은 하나님이 하는 걸 흉내 내기를 좋아해서 제단을 통하여 하나님을 만난다고 하니까, 인간들도 단을 쌓는데 여기서부터 바뀌는 거예요. 세상 사람들의 그 단은 그리스도가 중심이 아니에요. 여기서부터 내용물이 바뀌는 거예요. 우리는 오직 그리스도란 말이에요.

2. 5대 제사의 종류

1) 번제 : 하나님께 나아가는 첫 번째 제사

그러면 예수님은 십자가라고 하는 단번의 사건을 통하여, 우리 예수님의 십자가는, 이 안에 5대 제사, 5가지의 제사를 예수님은 십자가에서 단번에 드리셨는데 성경에 나오는 제사들이 창세기부터 요한계시록까지 제사의 형태가 수도 없이 많아요. 심지어 요한계시록에도 제사가 나온다고요. 요한계시록에도. '천사들이 와서 금 대접을 가지고 성도들의 향을.' 그 향이라는 게 제사란 말이에요. '그 기도의 향을 받아서 하나님 보좌까지 가더라.' 그게 전부 제사의 용어인데 그러니까 성경에 나오는 창세기부터 요한계시록의 모든 제사는 5가지로 압축할 수 있어요.

그 5가지의 제사가 첫 번째가 번제라고 했어요. 번제. 이건 모든 제사의 처음 제사고 이 번제는 사람들에게 구원을 일으키는, 사람의 원죄를 해결해요. 그래서 번제가 가장 중요한 거죠. 첫 번째 제사라고요. 번제 없이 그다음 제사는 해봤자 무효요. 그래서 아벨과 가인의 제사의 차이가, 아벨은 첫 제사를 번제로 나갔고, 그리고 가인은 첫 제사를 소제로 나간 거예요. 두 번째 제사로 곡식을 가지고요. 그러니까 '피 흘림이 없이는 사함이 없다.' 피가 없는 제사로 바로 나

갔기 때문에 하나님은 상종 안 하는 거예요. 이 제사 순서가
바뀌면 안 된다는 거예요.

2) 소제 : 자아의 파쇄

두 번째 소제. 따라서 해봐요. 소제. 이 소제는 깨어짐의
제사예요. 다시 말해서 성화의 제사예요. 이것은 사람이 거
룩해져 가는 성화의 제사라고요. 할렐루야. 다른 말로는 이
것은 자아의 파쇄예요. 자아의 파쇄. 예수 믿고 난 뒤에 처
음으로 당하는, 예수 믿고 난 뒤에 처음으로 맞이하는 그 힘
든 사건이 자기의 자아와 부딪친다고요. 자기 성격을 못 이
기는 거예요.

사람이 예수 믿기 전에 세상에 타락해 있을 때는 전체가
죄 덩어리로 전체가 다 죄 덩어리로 남북통일이 돼 있기 때
문에 이 안에는 갈등이 없어요. 하나로 죄로 통일돼 있기 때
문에 죄가 맛이 있어요. 달콤해요. 그리고 죄는 다 합리성을
가지고 있어요.

그런데 구원을 받고 하나님께로부터 새로운 생명이 예수
의 생명이 사람 속에 딱 들어오면 여기는 두 가지의 생명이
공존하는 거예요. 하나는 뭐냐 하면 예수의 생명, 이게 새
생명이란 말이에요. 또 하나는 옛날부터 있던 나의 자아의

생명. 따라서. 자아의 생명. 이 두 개가 동시에 공존해요. 이 둘이 싸우기 시작하는 거예요. 이때 사람이 갈등을 일으키는 거예요. 너무너무 힘든 거야.

그러니까 옛날에는 죄를 지어도 죄책이 없어요. 죄책감이 없다고요. 죄를 지어도 죄 자체가 달콤해요. 그런데 예수 믿고 난 뒤에 또 죄를 짓냐? 안 짓냐? 죄를 짓는다고요. 죄를 짓는데, 문제는 괴로워요. 죄를 지으면 괴로운 거야. 따라서 합니다. 죄를 범하면 괴롭다. 예수 믿기 전에는 죄가 달콤하단 말이에요. 남북통일이 돼 가지고 죄 자체가 너무너무 달콤한 거야.

예수 믿고 새 생명이 내게 온 후에도 죄를 안 짓는 게 아니에요. 죄를 짓는데 죄가 옛날처럼 재미가 없어요. 이해되시면 아멘. 죄를 지으면 괴로워요. 이것이 계속 반복되는 거예요. 옛날에는 남들하고 싸우고 뭐 해도 그것이 큰 죄책감에 시달리질 않아요. 화내고, 혈기 부리고, 그리고 뭐, 우리가 여러 가지 죄를 짓고도 옛날에는 그냥 그 순간 지나가면 그만이야. 그런데 새 생명 예수가 내 속에 들어온 후에는 심한 괴로움에 시달린다고요. 죄를 지고 난 뒤에. 그러니까 그때부터 싸움이 벌어지기 시작하는데 이 싸움에서 자아의 싸움에서 이겨야 하는 거예요. 이게 소제란 말이에요. 깨어짐의 제사예요. 자기 성질머리를 이겨야 하는 거예요.

3) 화목제, 속죄제, 속건제

세 번째는 따라서 합니다. 화목제. 네 번째가 따라서 합니다. 속죄제. 번제는 태어나기 전의 원죄를 다루지만, 속죄제는 예수 믿고 난 뒤에 실수하는 죄를 회개하는 것, 속죄제란 말이에요.

다섯 번째는 따라서 합니다. 속건제. 이 속건제는 이것은 보상의 제사예요. 이것은 갚아야 하는 거야. 내가 물질로 남에게 피해를 입혔으면 그걸 보상해야 하는 거예요. 아멘이요? 남에게 어떤 해로움을 끼쳤으면 거기에 대한 보상을 해야 하는 거예요. 이걸 보상의 제사라고 해요. 보상의 제사. 따라서 합니다. 보상의 제사. 말로만 "미안해요" 이래서는 안 되는 거예요.

이래서 우리 속에 5대 제사가 늘 살아 있어야 그 사람은 하나님과 사람 앞에 온전해지는 거예요. 그리고 그의 모든 삶이 한 번 따라서 합니다. 영혼이 잘 되며 범사가 잘되며 강건하여지며. 5대 제사가 우리 속에서 살아 움직여야 영혼이 잘 되고 범사가 잘 되고 강건한 승리의 삶을 살 수 있는 거예요. 할렐루야.

Ⅱ.
예수가 드리신 소제

1. 쪼개진 반석 – 예수

우리는 몇 주일 동안에 번제를 통하여 우리가 구원의 원리를 상고했고 지난주에 소제에 대한 깨어짐의 제사를 하다가 말았는데 이것은 제물이, 이제 읽은 레위기 2장 말씀처럼 제물 자체가 이것은 곡식이에요. 밀이나 보리나 이런 곡식이란 말이에요.

그러니까 요한복음 12장에 있는 말씀대로 예수님이 "나는 한 알의 밀알이다." 그 말은 주님이 십자가에서 죽는다는 거예요. "한 알의 밀알이 땅에 떨어져 죽지 아니하면 많은 열매를 맺을 수 없는 것처럼." 이것은 주님이 죽는다는 것을 미리 암시하는 말씀이에요. 예수님은 십자가상에서도 우리 주님은 바싹 깨어진 거예요.

"깨어진 반석"이라고 하는 그 주제가 있잖아요. 성령의 나타남 할 때 깨어진 반석. 반석이 깨어져야 해요. 모세가 이스라엘 백성들을 데리고 광야로 갈 때에 물이 없다고 성도들이 외치니까 하나님이 지팡이를 들고 "큰 바위 위에 서라" 그래서 "그 바위를 쳐라" 그랬어요. 치니까, 바위가 쫙 쪼개어지면서 쪼개어진 그 반석을 통하여 생수가 솟았다!

생수가 솟은 것을 그것을 사도바울은 고린도전서 12장에서 이스라엘 백성들이 광야에 가면서 쪼갠 그 반석을 "이 반석은 곧 그리스도라." 그랬어요. 그래서 쪼개진 반석. 그걸 제가 설명할 때 자세히 내가 설명을 했어요. 쪼개진 반석이 무엇인가? 이 반석은 그리스도라고 하니까 그리스도가 언제 쪼개졌느냐? 성경을 한 번 읽고 갑시다. 고린도전서 10장 1절부터 읽으시면. 시작.

(고린도전서 10:1-4)
1. 형제들아 너희가 알지 못하기를 내가 원치 아니하노니 우리 조상들이 다 구름 아래 있고 바다 가운데로 지나며
2. 모세에게 속하여 다 구름과 바다에서 세례를 받고
3. 다 같은 신령한 식물을 먹으며
4. 다 같은 신령한 음료를 마셨으니 이는 저희를 따르는 신령한 반석으로부터 마셨으매 그 반석은 곧 그리스도시라

아멘. 따라서 합니다. 그 반석은 곧 그리스도라. 이 반석이

라고 하는 한국말의 뜻이 뭐예요? 반석이 원래 뭐예요? 바위. 바위. 도봉산에 가면 큰 바위 있잖아. 그 바위를 반석이라고 합니다. 그럼 반석은 몰랑몰랑해요? 딱딱해요?

이 반석이 긍정적으로 나와 있을 때가 있어요. "여호와는 나의 반석이시니." 그것은 하나님이 나의 기반이다, 흔들리지 않는 나의 밑받침이다 할 때는 반석이 긍정적으로 나와 있는 거예요. 아멘. "여호와는 나의 피할 바위시요 나의 반석이시요." 시편에 보면 많지요? 그런데 여기에 깨어진 반석할 때는 이 반석이 부정적으로 나와 있어요. 이것은 인간의 자아를 말하는 거예요.

그러니까 여기서 그 반석은 곧 그리스도다. 반석이 그리스도니까 반석이 예수니까 예수님이 쪼개진 것 아니에요? 예수님이 쪼개졌단 말이에요. 예수님이 쪼개진 것은 예수님이 언제 쪼개졌느냐? 그리스도가 언제 쪼개졌냐? 예수님이 쪼개진 것은 지금 말한 대로 예수님은 십자가에서 쪼개진 거예요. 십자가에서. 예수님은 십자가라고 하는 한 사건 안에 5가지 제사를 단번에, 히브리서의 말씀대로, 단번에 예수님은 해결했어요. 단번에 5대 제사를. 오늘 이 자리에 계신 우리 성도들도 단번에 해결합시다. 5대 제사를 질질 끌지 말고 단번에 5대 제사 안으로 쏙 들어갑시다.

2. 겟세마네 동산의 기도 - 십자가의 시작

1) 예수가 쪼개진 시점 : 겟세마네 동산의 기도

그런데 예수님이 십자가에서 이 소제를 드릴 때 보면 깨어진 반석, 이 반석은 곧 그리스도라. 그리스도인데 그럼 그리스도가 언제 쪼개졌냐? 십자가에서 쪼개졌단 말이에요. 십자가에서 언제 쪼개지나를 한번 잘 보자고요. 예수님이 십자가에서 언제부터 쪼개지는가? 예수님이 십자가를 질 때에 1시간 있다가 쪼개졌냐? 6시간에 쪼개졌냐? "엘리 엘리 엘리 라마 사박다니" 할 때 그때 쪼개졌는가? 아니면 사도 요한을 보고 "여인이여, 보소서 아들이니이다." 그 말 할 때 쪼개졌는가? 아니면 예수님이 "내가 목마르다." 그럴 때 그 말 할 때 쪼개졌는가? 예수님이 십자가에서 분명히 쪼개졌다고 했는데 언제 쪼개졌냐를 깊이 성경을 보면 주님의 쪼개진 그 포인트가 있어요. 제일 핵심적인 말이 있어요.

그 쪼개진 핵심이 언제냐 하면 예수님이 십자가를 지기 위하여 먼저 이 카운트다운(countdown)이 어디서부터 들어갔냐? 십자가는 겟세마네로부터 들어간 거예요. 겟세마네. 겟세마네부터 예수님의 십자가가 본격적으로 이루어지기 시작하는 거예요.

2) 잔을 옮긴다는 뜻

그 겟세마네에 가서 예수님이 제자들한테 돌 던진 만큼 앞으로 나아간 뒤에 제자들 보고 "시험에 들지 않게 깨어서 기도하라" 하고 난 뒤에 예수님이 기도를 하러 나갔어요. 기도하는 내용이 이거예요. "아버지여." 따라서 합니다. "아버지여." "이 잔을 내게서 옮겨주세요"

이 말이 무슨 뜻인가? 이것이 다바르(דָּבָר) 목사님을 통하여. 변순복 목사님. 티비(tv)에 나오잖아요? 아침에, 그 탈무드 여행 이야기? 그 변순복 목사님? 우리 청교도 돕는 교수님이란 말이에요. 그 다바르 목사님을 통하여 여러분이 잘 들었잖아요? "아버지여, 이 잔을 내게서 옮겨달라."고 하는 이 말이, 이것이 우리가 그냥 성경을 읽으면 뭔 말인지 모르는 거예요. 그런데 성경이 기록된 2천 년 전의 문화적 상황을 알아야 하는 거예요. 알아야 이 말이 뭔 뜻인지 이해가 되는 거예요. 따라서 해요. "아버지여, 아버지여, 이 잔을 내게서 옮겨주세요." 그럼, 이 잔은 커피잔일까? 십자가일까? 십자가를 예수님은 "잔"이라고 말하는 거예요.

왜 십자가를 지지 않게 해달라는 말을 잔을 옮기는 옮겨달라는 말로 표현하는가? 옛날에, 전쟁하는 전쟁 문화 시대에 두 편이 나눠서 이쪽에 군대가 있고 저쪽 군대가 있어요. 그런데 이쪽은 전부 합해서 만 명밖에 안 돼요. 군대가. 저쪽은 10만 명이야. 싸우면 누가 이길까? 10만 명이 이기지? 그러니까 이 사람이 꾀를 쓰는 거예요. 1만 명밖에 안 되는 장군이 어떻게 꾀를 쓰냐? "우리 만 명밖에 안 되니까. 어차피 전쟁해도 우리가 지니까 우리가 그냥 항복하겠습니다. 항복할 테니 당신네 장수가 항복 축하 파티에 오십시오." 축하 파티에 초청하는 거예요. 요놈이 꾀로 이기려고. 힘으로 안되니까. 그러니까 옛날에 전쟁할 때 이 상황을 알아야 예수님이 이 잔을 여기서 옮긴다는 뜻을 이해하는 거예요. 성경은 2천 년 전에 그때의 문화 상황에서 기록이 됐기 때문에요. 이해가 돼요?

그러면 이제 이 멍청한, 누구처럼 멍청하냐? 목사님같이 멍청한 큰 장수가 골리앗 같은 놈이 이제 모르고 "그래, 이놈들아. 진작 항복할 것이지. 이 벼룩만도 못한 놈들. 어험! 어험!" 하면서 신하들 데리고 "가자! 벼룩만도 못한 놈들이!" 하고 큰소리치고 간단 말이에요. 그러면 이쪽에 있는 장수가 집에다가 원탁 동그란 식탁을 마련해 놓고 저쪽 군대 승리하는 10만이 넘는 장수를 여기에다 앉혀놔요. 하나, 둘, 장수와 보좌관을 앉혀놓고 또 항복하는 이쪽 군대 보좌관들을 이렇게, 이렇게 앉혀놓는단 말이에요. 앉혀놓고 파티를 시작하는 거예요. 술을 마시면서 "우리는 오늘 항복해서 당신의 종이 되겠습니다" 항복 조인식을 하는 거예요.

　그때 바깥에서 술 심부름하는 사람한테 이쪽에 꾀 많은 만 명밖에 안 되는 이 사람이 술 심부름하는 사람한테 시켜요. 이 잔을 가지고 들어올 때 첫 번째 두 번째 세 번째 네 번째 다섯 번째 딱 순서를 세어보고 순서별로 잔을 돌릴 때 세 번째 장수가 이게 왕초 장수면 세 번째 장수에다가 독약을 넣는 거예요. 그러니까 이제 잔이 들어오는 거예요. 순서별로 잔이 들어오면 이쪽 10만 명 되는 이 장수가 승리 파티를 하러 갔다가 그 독약을 먹고 죽어버려요. 장수가 죽어버리면 부하들은 10만 명이 있어도 소용없는 거예요. 금방 흩어져버리는 거예요. 이래서 전쟁에 상대방을 모략으로 꺾기 위해서 요런 전술을 쓴다는 거예요. 이해가 돼요? 옛날 2천 년 전에, 성경 시대에.

　그러니까 이런 것을 벌써 익히 알아요. 이거 보편화된, 그 당시에 대중화되어 있는 사건이에요. 그러니까 이쪽 장수가 술을 딱 마실 때 하나 둘 세 번째 딱 오면 '틀림없이 이거는 여기 독약이 든 것이다.' 해서 건너뛰어 버려요. 다른 옆 사람한테 줘버려요. 두 번째 세 번째 지난 뒤에 순서를 바꿔서 마신단 말이에요. 이 사람이. 그러면 이제 수싸움이에요. 그러면 술 들여보내는 사람이 '이 장수가 틀림없이 "나한테 독약 들어 있을 것이다." 해서 이것을 건너뛸 것이다.' 그것까지 계산해서 또 그 순서에 맞게 뒤에다 독약을 타는 거예요. 암수를. 이 수싸움이 치열한 거예요. 그러니까 이 장수가 그 잔을 피하려고, 독약이 든 잔을 안 마시려고요.

3) 십자가의 잔을 피하게 해달라고 기도하신 예수

그래서 예수님이 "아버지여, 이 잔을 옮겨주세요."라는 이 말은 나에게 숙명적인 십자가가 내게 왔다는 거예요. 예수님에게 왔는데 이 십자가의 잔을 좀 건너뛰게 해 달라는 거예요. 걸려들지 않게 해 달라는 거예요. 내가 사단에게 걸려들지 않도록. 지금 마귀가 나를 십자가에 죽이려고 한다는 거예요. "나도 죽으려고 왔지만." 막상 예수님이 십자가를 지려 하니까 예수님도 무서운 거예요. 십자가가 만만한 게 아니에요.

그러니까 예수님이 이 장수의 그 당시에 있었던 이 사건을 생각하고 "나는 어느 잔이 독약인지 모르니 아버지여, 이 잔을 내게서 옮겨달라." 그러니까 독약 든 잔을 마시지 않게 해 달라는 이것을 은유적으로 표현한 것이에요. 그러니까 십자가를 피해 갈 수 있게 해 달라고 "아버지여, 아버지여, 이 잔을 내게서 옮겨주세요." 그 뜻이라는 거예요. 저녁 예배 잘 나왔지? 꼭 나와야 은혜받아요. 안 나오면 은혜 못 받는 거예요. 나와야 은혜받아요.

3. 예수의 소제 - 하나님의 뜻에 굴복하심

그래서 이 잔을 내게서 옮겨달라고 예수님이 이제 기도하는 거예요. 이것은 십자가를 피하게 해달라고 하는 거예요. 그런데 하나님이 "안 된다."는 거예요. "너는 세 번째 잔을 마셔야 한다."는 거예요. "너는 세 번째 든 독약을 마시고 죽어야 한다. 십자가에서는 피 흘려 죽어야 한다."는 거예요. 하나님은 예수님을 죽이려고 하는 거예요. 예수님은 이 잔을 건너뛰게 하려는 거예요. "옮기소서." 예수님은 이 잔을 옮겨달라고 하고 하나님은 안 된다는 거예요.

두 가지가 충돌한 거예요. 하늘의 뜻과 예수님의 자아의 뜻이 충돌했단 말이에요. 세 번이나 충돌한 거예요. 예수님이 세 번 기도했다고요.

이것이 주님의 자아예요. 예수님도 자아가 있는 거예요. 주님도 자아가 있는 거예요. 주님의 자아를 가지고 하나님께 타진하는 거예요. "아버지여, 아버지여, 나 좀 십자가 안 지게 잔을 옮겨주세요." 하나님이 "안돼." 두 번째 "안돼." 세 번째 "안돼."하니까 예수님이 잔을 마시기로, 자기에게 돌아온 그 잔을 피하지 않기로, 십자가를 지기로, 정면 돌파하기로 주님이 마음을 굳히면서 하신 말씀이 "아버지여, 아버지여, 내 뜻대로 마옵시고 아버지의 뜻대로 되기를 원하나이다."

이 말은 뭐냐? "나는 이제 죽기를 각오한다." 이것이 바로 주님께 있어서는 소제예요. 이걸 소제라 그러는 거예요. 그걸 깨어짐의 제사라는 거예요. 하나님 앞에 예수님이 깨어지는 거예요. 하나님 앞에 내어놨던 자기의 뜻을 거둬들이는 거예요. 이걸 깨어짐이라고 해요. 깨어짐. 따라서. 깨어짐.

Ⅲ.
자아가 깨어지자

1. 자아를 포기하는 것이 생명의 길

이와 같이 오늘 여러분과 저도 여기서 하나님 앞에 우리가 바싹 깨어져야 하는 거예요. 우리 사람은 누구든지 견고한 진이라고 하는 자기의 자아가 형성되어 있단 말이에요. 그런데 이 자아는 내 쪽에서 보면 생명이라고요. 인간의 대표 기관이란 말이에요.

자아를 포기하라고 하면 '나는 그럼 뭐야? 나는 쓰레기야 뭐야 그러면? 목사님만 왕하고 나는 그럼 뭐야? 인간이 자아를 포기하라고 하면 목사님만 왕하고 그러면 나는 뭐냐?' 너는 쓰레기야. 너는 아무것도 아니야. 이런 생각을 갖게 된다고요. 사람은. 왜냐하면, 자아가 자기 쪽에서 보면 이게 인간의 대표 기관이기 때문에 이걸 내놓으면 나는 다 잃어버리는 것 같아요. 그냥 아무것도 아닌 거 같아요. 그러나 그것이 생명의 길이에요. 그것이 생명의 길이라고요. 할렐루야.

그러니까 이제 우리가 총동원 주일을 하면 내가 "이성의 불완전"에 대해 또 1시간 강의를 하겠습니다만 사람의 자아가 굉장히 똑똑한 것 같아도요? 자아는 자기 생명의 대표 기관이에요. 나를 내세울 수 있는, 나라고 하는 본체가 자아란 말이에요. 이것이 굉장히 똑똑한 것 같지만 이 자아는 왜 깨어져야 하나? 제가 총동원 주일 동안 "이성의 불완전" 설교할 때 제가 묻잖아요? "실수한 적 있어요? 없어요? 많이 있어요? 조금 있어요?" 그런데 그 실수가 지금은 실수지만 그전에는 나의 확신이었었다고. 자기 자아가 확신이란 말이에요. 그런데 지나 보니까 실수였던 거지.

그러니까 인간의 자아는 불완전한 거예요. 그러니까 인간의 자아는 내세우면 안 되는 거예요. 인간의 자아는 깨어져야 하는 거예요. 아멘. 이것을 집행해 나가는 것을 소제라 그래요. 소제.

2. 주님이 쓰시도록 고운 가루가 되자

이것이 제사로 나타난 형태는 어떻게 돼 있냐 하면 한 알의 밀알이 통밀이 깨어져서 고운 가루가 되는 작업부터 먼저 시작하는 거예요. 그러니까 한 알의 밀이 통밀 그대로 있으면 제사로 갈 수가 없는 거예요. 한 알의 밀은 바싹 깨어져서 가루가 돼야 해요. 오늘 이 자리에 계신 우리 모든 성도들의 자아는 바싹 깨어져서 거친 가루가 아니라 고운 가루가 돼야 해요. 우리 모두 고운 가루가 됩시다. 보들보들한 고운 가루가 돼야 하는 거예요. 할렐루야. 옆 사람 우리 다 같이 손잡고 "고운 가루가 됩시다."

그래야 하나님 앞에 쓰임을 받아요. 주님이 먹을 떡이 돼요. 주님은 아무 떡이나 안 먹어요. 고운 가루로 된 좋은 가루로 만들어진 전병만 주님이 먹지? 개떡은 안 먹어요. 주님은 개떡 안 먹어. 거칠거칠한 떡 안 먹어요. 그러니까 개떡 같은 성도 되지 말고 보들보들한 가루로 만든 찰떡같은 성도 돼야 해요. 사랑제일교회 성도들이여, 대충대충 예수 믿지 말고. 우리가 예수 믿을 날이 그렇게 많지 않아요. 우리가 다 20년, 30년 예수 믿으면 끝나요. 영원한 시간에서 그냥 끝나요. 시간이 많지 않아요. 정말로 진하게 믿어보자고요. 예수를 정말로 진하게 믿어보자고요. 바싹 깨어집시다.

3. 5대 제사가 집행되지 않는 한국 교회

1) 5대 제사 없는 축복은 없다

한국의 기독교인들이 번제는 그런대로 통과해서 사람들이 구원은 받아요. 구원은. 그러나 소제부터는 아예 몰라요. 우리 교회니까 그래도 '자아의 파쇄'라는 단어라도 듣지? 보통 교회 다니면 축복 얘기만 들어요.

그러니까 축복 얘기를 하니까 성도들이 모이기는 더럽게 많이 모여요. "축복받으라. 여러분, 다 복 받으세요." 복이 옵니까? 그런다고 복이 오냐고요? 속이는 거예요. 그거는 종교 심리적으로 목사님들이 성도를 속이는 거예요. 그러니까 맨날 축복을 위해 작정 기도 해요. 축복을 위해서 기도. 축복이 뭐가 축복이요? 제사가 이루어지지 않은 상태에서 돈 몇 푼 가지는 게 축복이 아니에요. 절대 착각하면 안 돼요. 돈 없어도 5대 제사 이루어지면 돈은 생겨요. 돈부터 먼저 벌어놓고 5대 제사한다고 하면 안 돼요. 5대 제사 이루어지면 돈은 생겨요. 아멘. 할렐루야.

그러므로, 우리 이제 깊은 복음의 세계로 들어가서 한번 정말 고공행진을 해보자고요. 신앙의 고공행진을 한번 해보자고요. 바싹 한번 깨어져 보자고요. 아멘? 따라서 합니다. 깨어지자! 박살 나자! 할렐루야. 박살 나야 해요. 예수님이 하나님 앞에 박살 나듯이, 예수님이 하나님 앞에 자기의 뜻을 다 깨뜨리듯이, 하나님 앞에 "아버지, 아버지, 내 뜻대로 마옵시고 아버지의 뜻대로 되기를 원합니다." 내 뜻을 내세우지 말고 아버지의 뜻을. 아버지의 뜻을. 아멘.

2) 5대 제사 설교의 깊이

그러니까 이 5대 제사가 이게 상당히 깊은 거예요. 봐요. 우리 교회 생긴 지 지금 벌써 30년이 다 돼 가잖아요? 26년인가 27년인가 되는데 지금 내가 5대 제사를 처음 설교하잖아요? '그러면 목사님이 5대 제사를 그러면 한 달 전에 이걸 깨달았느냐?' 그게 아니고 나는 30년 전에 알았어요. '30년 전에 알고 왜 그러면 목사님이 그때까지는 말을 안 하고 지금 하느냐?' 말해도 몰라요. 성도들은 이 5대 제사 말하면 시험 들어서 다 가버려요. 인기 없는 설교요. 지금도 여기 시험 드는 사람이 더러 있을 거예요. 그래서 안 하는 거예요. 나뿐이 아니라 다른 목사님도 안 하는 거예요. 그러나 은혜를 사모하고 영의 세계를 사모하는 사람에게는 이게 미치는 거예요.

어제도 내가 분당에 있는 최요한 목사님 만났는데 그분이 지금 이 청교도 말씀에 팩 돌았는데 최요한 목사님에게 내 5대 제사 이거 테이프를 줬어요. 말씀학교에서 강의한 테이프를 하나 줬더니, 목사님이 그거 다 타이프(type)를 쳐서 전부 다 비서 3명을 시켜서요.

그 목사님이 성경을 얼마나 사모하는지 성경 한번 제대로 알아보려고 신학대학 교수들을 과목별로 불러서 한 달에 한 사람당 500만 원씩을 줘요. 신학대학 교수들을 그 교회로 불러서. 주일날은 교수님들은 교회를 안 담당하잖아요? 그러니까 그 목사님의 참모를 해 달라고 성경 좀 가르쳐 달라고 해서 뭐, 성경 한 권 가르치고 하는데 그것도 뭐, 한두 주일 주는 게 아니라 몇 년째 한 과목을 하는 데 한 사람당 500만 원, 200만 원, 300만 원, 해서 자기 주위에 포진시켜요. 자기한테 성경 좀 가르치려고 세워놓는 데만 한 달에 1,500만 원이 든대요. 목사님이.

그런데도 목회하면 할수록 목마르다는 거예요. 설교하면 할수록 속에서 이렇게 말한대요. '이건 아닌데. 내가 지금 뭔가 잘못하고 있어.' 자기가 설교하면서도 '지금 내가 설교를 잘못하고 있어. 뭔가 내가 지금 뭔가 성도들을 잘못 가르치고 있어.' 그래서 미치겠다는 거예요. 교수님들 불러서 "이것 좀 설명해 줘." 그러면 들어봐도 더 공허하다는 거예요.

　그러다가 이제 청교도를 만난 거예요. 에티오피아 국고를 맡은 자가 예루살렘에 말씀을 사모하여 갔다가 빌립이라는 사람을 만나서. 그러니까 말씀에 대한 갈증이 있는 사람한테 말씀이 딱 부어지면 이거는 불이 붙어버려요. 그걸 심령이 가난한 자라 그러잖아요? 심령이 가난한 자에게는 이 말씀이 딱 붙어버리면 그냥 불이 붙어버립니다.

　그랬더니, 자기 그 여자 비서 3명한테 "헤드폰 끼고 전부 다 타이프를 다 쳐라." 했어요. 어제 가니깐 나한테 보여줬어요. 그러면서 "내가 이 5대 제사를 완전히 뚫어내려고 전 목사님 테이프를 타이프로 다 쳤다." 그래요. 그래서 하는 말이 뭐라 그러냐면 이렇게 말하는 거예요. 그 타이프를 쳐서 거기 있는 자기 성경 가르치는 비서들 있잖아요? 부목사, 수석 부목사, 이 사람들한테 이거 원고 한번 검토해 보라고 읽어보라고 그랬대요. "어떠냐?" 물어봤더니, 이러더래요.

"참 좋네요" 이러더라는 거예요. 그 말을 듣고 최요한 목사가 한탄하는 거예요. "야, 이 새끼들아, '참 좋네요'가 뭐냐? 거꾸로 뒤집어져야지." 자기는 거꾸로 뒤집어지는데 부목사들은 그걸 타이프를 친 걸 읽어보고 "참 좋네요" 그러더라는 거예요.

왜냐하면, 이 말씀이 다 들리는 게 아니라니까요. 목사님들이 돼도 이걸 이해 못 하는 거예요. 귀에 안 들리는 거야. 그래서 목사님이 한탄하는 거예요. "'참 좋네요.'가 뭐냐? 이놈아. 나쁘다는 것보단 좋지만 '목사님, 숨이 막힙니다.'" 이렇게 나와야 한다 이거지요. 목사님은 사모님과 둘이 테이프를 영상으로 보면서 둘이 사택에서 보면서 사모님과 둘이 뒤집어졌다는 거예요. 오늘 여러분도 뒤집어져야 해요. 그런데 여기 보니까 다 "참 좋네요." 밖에 없어요. 뒤집어져야 하는 거예요.

IV.
소제의 경지 안으로 들어가자

1. 소제의 원형인 예수

그러니까 이 소제는 깨어짐의 제사인데 여러분과 제가 얼마나 신앙의 독약이 자아로부터 나오는지 자기의 생각과 견해로부터 이 신앙의 독약이 나오는지 압니까? 독약이 다른 게 아니에요. 누가 다른 사람이 독약을 주는 게 아니라고요. 자기의 자아로부터 나오는 자기의 견해 자기의 생각 이것이 독약이에요. 다른 교회는 몰라요. 어떻게 하든지 나는 관계없어요. 나는 사랑제일교회 담임 목사니까 우리 성도들만이라도 소제를 뛰어넘어야 해요.

소제의 경지 안으로 들어가야 해요. 그 소제는 예수님이 제일 원형이니까. 5대 제사를 우선 예수님 안에서 먼저 찾아야 하거든요. 예수님이 십자가에 피 흘린 것은 번제란 말이에요. 오늘 낮에 성찬식 한 것은 번제예요.

그리고 소제는 어디서 찾아야 하느냐? 소제는 겟세마네 동산에서 찾아야 해요. 뭘 찾아야 하느냐? 예수님이 하나님 앞에 자기를 내려놓을 때 "아버지여, 아버지여, 내 뜻대로 마옵시고 아버지의 뜻대로 되기를 원하나이다." 그 말이 소제예요. 거기서 찾아야 하는 거예요. 원형이 바로 그거란 말이에요. 그와 같이 그것이 우리에게도 그렇게 이루어져야 하는 거예요. 우리에게도 똑같이 이루어져야 하는 거예요.

2. 자아 파쇄가 될 때까지 끝까지 풀지 않으시는 하나님

구원은 받아 놓은 상태에서 이 자아의 껍질이 깨어지지 않으면 힘들어요. 괴로워요. 너무너무 힘든 거예요. 그러니까 여러분, 한 번 구원은 절대 취소되지 아니하니까 하나님은 사람의 영혼을 피로 값 주고 샀기 때문에 너무 비싼 주님의 피로 값 주고 샀기 때문에 쉽게 마귀에게 다시 넘겨주지 않아요. 하나님은 한 번 구원시킨 영혼을 쉽게 넘겨주지 않는다고요. 너무 비쌌기 때문에 여러분 한 영혼이 하나님 앞엔 귀한 거예요. 어차피 하나님 쪽에서 나를 안 풀어주면 나는 어차피 예수 안 믿을 수도 없는 거예요. 예수 믿는 것도 자기 마음대로 안 되는 것처럼 안 믿는 것도 내 맘대로 안 돼요.

어차피 우리는 갈 길은 하나밖에 없어요. 천성을 향하여 가야 해요. 가야 되니까 괜히 허비하지 말고 이스라엘 백성들처럼 2주 만에 갈 광야 길을 40년 헤매지 말고 우리는 바로 이 소제에 대하여 오래가지 말고 오늘 다 소제 안으로 들어가자! 내려놔야 해요. 내려놔야 해.

3. 자아 파쇄는 어려운 경지

여러분이 생각할 때는 '나는 그래도 소제에 어느 정도는 들어가 있다' 이렇게 생각하지만, 실제 여러분이 딱 자기를 대입해 보면 소제에 깊이 못 들어가 있는 거예요. 여러분은 아직 성성한 거야. 우리 교회가 이렇게 성성할 것 같으면 보통 성도들은 뭐가 뭔 말인지 오줌인지 똥인지 그건 구분도 안 되는 거예요. 그러니까 여러분이 생각할 때 '나는 그래도 뭐 소제 정도는 어느 정도 갔겠지' 이렇게 생각하지만 그렇지 않아요. 소제가 이게 만만치 않은 거예요. 다 내려놔야 해요.

예를 들면, 황수넴하고 나하고 충돌을 잘하거든요. 나하고 아침저녁으로 충돌해요. 괜히 잠자는 데 와서 내 발가락을 건드려요. "일어나요. 지금이 몇 신데. 일어나요. 몇 신데 자요? 목사님이 기도도 안 하고." 그래서 이제 일어나면 컴퓨터 방에 가서 앉으면 만 가지가 나하고 충돌이에요. 그래서 "야야! 그거는 네 뜻이지. 그게, 그게 말이 맞냐?" 그러면 하는 말이 그래요. "그건 목사님 뜻이지. 이건 내 마음이지." 황수넴이 쓰는 전문 용어가 "내 마음"이라 그래요. 그러니까 너는 아직 먼 거야. 목사님 앞에 와서 "내 마음"이래. 오늘 네 머리를 다 잡아 뜯어 버린다! 그런데 황수넴이 말이야 황수넴의 아버지가 연세가 얼마냐 하면 82이요. 82이니까. 황수넴! 너 나이가 올해 62살이지? 작년에 환갑 했나? 한동오 장로님, 황수넴 몇 살이요? 몰라?

아니, 지난주에 김영삼 대통령 아버지가 돌아가셔서 소천했어요. 그런데 김영삼 대통령 아버지가 96살인가 소천하셨어요. 교회 장로님이에요. 그런데 지금 김영삼 대통령이 칠십몇 살인데. 그래서 내가 도대체 몇 살 때 김영삼 대통령을 낳았냐고 어제그저께 박종훈 국회의원, 김영삼 대통령 보좌관 하는 사람 있잖아요? 국회의원 세 번 한 사람이 우리 교회를 두 번이나 찾아왔어요. 나를. 요즘 내가 소문이 기가 막히게 나갑니다. 요즘 내가 지금 한국의 중심입니다. 오만 사람들이 날 다 찾아와요. 그래서 와서 "다음 주에도 또 온다." 그러는데 내가 "다음 주에 부흥회 가서 시간 없으니까, 금요일에 만나자." 그랬는데요?

4. 소제를 통과한 사람에게 임하는 하늘의 지혜

1) 다니엘

내가 여러분에게 웃으면서 이야기한 말들이 내가 늘 그러잖아요? 바벨론 시대에 그때 바빌로니아가 세계 제일이잖아요? 바빌로니아 학문 지식 교육 그리고 문화 특별히 그들은 점성술이 뛰어나서 월 화 수 목 금 토하는 별자리가 바벨론에서 바벨론 점성학자들로 인해서 나왔다고 그러잖아요? 사전에 찾아보면? 그런데 이 바빌로니아는 어쨌든 그 당시 세계 최고예요.

여기에 다니엘이 갔어요. 다니엘은 이건 전쟁 포로요. 다시 말해서 그때의 바빌로니아 여기에 하버드 대학이 그때 여기 있었어요. 아이비리그가 여기 다 있었어요. 요즘 말로 말하면 하버드 프린스턴 예일 콜롬비아 스탠퍼드 이게 다 여기 있었어요. 그런데 이 다니엘은 대학도 못 나온 거예요. 전쟁하다 포로로 잡아 온 거예요. 그런데 이 다니엘 한 사람 앞에 바벨론 전체가 다 무너진 거예요. 다니엘 하나 앞에 다 꺼꾸러진 거예요.

왜 그러냐? 그 이유가 내가 늘 여러분에게 한 말이 그거예요. 다니엘은 이 세상 사람들이 가지고 있지 아니한 전혀 종류가 다른 지혜가 있었다고. 이것은 기도하는 사람에게 오는 거예요. 하늘로부터 오는 지혜. 여러분들도 종류가 같은 지혜를 가지고, 종류가 같은 걸 가지고 경쟁하지 마요. 그건 경쟁해 봤자 별로예요. 그것은 앞서 봤자 조금 앞서요. 이걸로 경쟁하지 마요.

그러지 말고 하늘로부터 내려온 전혀 채널이 다른, 전혀 종류가 다른 지혜. 다니엘은 전혀 종류가 다른 지혜를 가진 사람이에요. 이것은 기도하는 사람에게 내려오는 거예요. 그래서 기도가 귀한 거예요. 믿습니까?

여러분들, 기도를 우습게 여기지 마요. 기도를 깊이 해야 해요. 기도는 뭐 할머니들만 하는 게 기도인 줄 아는데, 아니고, 기도는 젊은 사람이 해야 매력이 있는 거예요. 젊은 사람들이 기도하는 거예요. 젊었을 때 어렸을 때 나는 기도를 많이 했기 때문에 내가 세상의 공부는 많이 못 했어도. 난 미국 유학도 못했어요. 나는 뭐 책도 많이 안 읽었어요. 그런데도 내가 하늘로부터 내려온 지혜가 있으니까, 세상이 다 지금 나한테 물으러 오잖아요. 희한해요. 참 희한해.

2) 요셉
그러니까 이 다니엘도 그렇지마는 또 요셉! 청년들, 잘 들어! 맨날 똑같은 말 한다고 넘기지 말고 토끼처럼 귀를 당겨! 토끼처럼 귀를 당겨서 들어요! 요셉 시대에 말이야 요셉 시대의 그 애굽이라고 하는 이집트는 세계 최고예요. 그들이 그 시대에 만들어 놓은 이 피라미드가 기하학이거든. 수

학이란 말이야. 피라미드의 그 기하학은 지금 세대도 이해를, 해석을 못 하는 거예요. 컴퓨터를 가지고 동원해도 피라미드의 신비를 다 해독을 못 하는 거예요. 옛날 사람이 만들어 놓은 그 기하학이. 기하학이란 말이 뭔 말인지 알아요? 장위동에서는 몰라. 그게 뭔 말인지. 기하학. 귀가 가려울 때 긁는 것을 기하학이라 그래. 그만큼 이집트의 문명이 고단위였단 말이에요.

거기에 누가 갔냐? 요셉이라는 사람이 노예 장사한테 팔린 거예요. 싸게 샀어요. 은 20에 싸게 샀다고요. "사세요. 사세요. 싸게 줄게 사세요. 싸게 줄게요. 사세요" 보디발 장군의 신하들이 가다 보니까 저기 히브리인 청년 하나를 새끼줄에 잡아매서 "따라와. 이놈아. 사세요. 이 새끼 사세요. 중간에 오다가 싸게 샀습니다. 은 20에. 거기다 은 10만 더 붙여서 주세요." 그런데 가만히 이렇게 보디발 장군의 신하들이 가다 보니까 옷도 누더기예요. 양의 피가 막 묻었어요. 왜냐하면 형들이 팔아먹을 때 막 옷을 막 찢고 했거든요. 보잘것없는데 가만히 보니까 눈에서 빛이 나요. 사람은 눈 보면 알아요. "어? 요놈 봐라. 요놈 봐라. 야, 이리로 와라. 얼마요?" "쌉니다. 30 주세요" "은 여기 있다. 이놈아, 가져가. 이 새끼 내가 데리고 간다." 해서 새끼줄에 잡아매서 "이리와. 이리 와" 그래서 보디발 장군 집에 간 거예요.

그러나 이 요셉 속에는 복의 근원이 있었어요. 요셉이 가는 데마다 복이 임해요. 요셉은 애굽의 모든 전체가 요셉 하나 앞에 다 무너진 거예요. 젊은 청년들이여, 오늘 저녁에 내 말을 잘 들어야 해요. 기도해. 그 두어 자 배운 거 가지고 괜히 까불지 말고 기도해요. 까불지 말고 기도하면 하늘로부터 지혜가 와요.

3) 종류가 다른 하늘의 지혜

목사님 봐요. 박세일 교수가, 서울대 이명박 대통령의 싱크 탱크(think tank) 박세일 교수가 미국의 코넬 대학의 박사예요. 서울대 교수를 20년 하고 서울대 대학 학장도 한 사람이에요. 나하고 비교하면 비교도 안 돼. 그런데 왜 지금 나한테 와서. 지금 박세일 교수 오면 그냥 깨알같이 다 적어요. 내가 하는 말을 그냥 처음부터 적느라고 정신없어요. "또 무슨 말씀이에요?" 다 적어요. 다 적어. 왜 그러냐? 종류가 전혀 다른 얘기를 하는 거예요. 나는 종류가 전혀 다른 얘기를 합니다. 맨날 했던 말 다시 할 테니까 또 들어봐요.

이 축구공을 터트리려면 축구공보다 10배가 더 큰 큰 축구공을 만들어서 이 축구공을 때리면 터질까요? 안 터질까요? 더 큰데? 동질은 동질끼리 터지지 않는 거예요. 더 커도, 축구공을 터트리려고 10배 더 큰 축구공을 만들어서 때려도 이 축구공은 안 터지는 거예요. 왜? 동질은 반발만 하는 거예요. 때려봐요? 펑 튀어나와 버리지. 안 터지는 거예요.

그러나 종류가 전혀 다른 바늘로 푹 찌르면 터져요. 하늘의 지혜는 바늘과 같아요. 하늘의 지혜 앞에는 다 터지게 돼있어요. 그러니까 여러분들이 기도해야 하늘의 지혜가 내려와요.

4) 자아를 내려놓자

지금 내가 소제를 말하다 이리로 갔는데요. 그런데도 우리는 자기의 자아가 뭐 대단한지 알고 자꾸 그걸 쓰려고 해요. 자아를 쓰려고 하면 안 돼요. 이 소제를 통과한 사람은 하늘의 지혜가 와요. 자기의 지혜를 내려놓으라고. 너희는 여호와 앞에 잠잠하란 말이야! 아멘!

하나님 쪽에서 보면 우리가 생각하는 이 자아의 생명은? 인간의 대표기관이 자아거든요? 자기가 자기를 보면 대단히 똑똑한 것 같아요. 그리고 거기다가 신념을 입혀버려요. 무식한 사람, 지혜 없는 미련한 사람한테 신념이 붙어버리면 대책이 없다 그러잖아요? 아직도 뭔 말인지 못 알아듣겠어요? 따라서 합시다. "미련에 신념이 붙으면 대책이 없다." 미련한 사람한테 신념이 붙어버리면 대책이 없는 거예요.

하나님이 볼 때는 여러분과 제가 다 그런 사람으로 보이는 거예요. 저런 미련한 인간들이 말이야 거기다 신념까지 붙어서 난리야 난리! 똥고집! 똥고집! 그러므로, 오늘 우리는 하나님 앞에 깨어져야 하는 거예요. 깨어져야 해요. 깨어지자는 거요. 깨어질 필요성을 느껴야 하는 거예요.. 내가 똑똑한 척하면 안 돼요. 인간의 자아가 자기가 뭐 대단하다고 생각하면 안 돼요. 인간의 이성은 형편없는 거예요. 믿습니까? 믿습니까? 오늘 다 우리 소제 앞으로 들어갑시다. 다 내려놔야 해요. 내려놔야 해. 그러니까 우리의 겉 사람이 바싹 깨어져야 하는 거예요.

5. 겉 사람을 깨자

1) 번제가 이루어지면 깨어질 부분이 드러난다

그런데 아까 제가 처음 그린 그림처럼 보십시오. 구원받기 전에는 사람이 깨어져야 할 부분이 안 드러나요. 사람이 이렇게 있으면 구원받기 전에는 이 전체가 다 겉 사람이에요. 통일돼 있다고요. 다 겉 사람이니까 깨어질 필요성을 못 느껴요.

그런데 하늘로부터 새 생명이 딱 들어오면 이 새 생명하고 겉 사람하고 부딪치는 거예요. 속사람과 겉 사람이 싸움을 붙기 시작하는 거예요. 그때부터 사람이 두 가지 세력이 내 속에 있다는 걸 알게 돼요. 그래서 이제 죄를 지어도 마음이 안 편해요. 왜? 속사람이 반발하니까. 아멘. 깨어져야 할 부분이 드러나는 거예요. 그러니까 번제가 먼저 이루어져야 한다는 것은 번제 없이는 깨어짐에 대한 부분이 윤곽이 드러나질 않는 거예요. 번제를 통하여 새 생명이 구원의 역사가 임해야 그다음에 이제 드러나는 거예요. 내 속에 무슨 어떤 부분이 자아인지를. 자아가 구분되기 시작하는 거예요.

오늘 저녁에 오신 우리 모든 성도들이여, 우리 밤새도록 합시다. 나는 좋아! 밤새도록 하자고. 그런데 왜 벌써 집에 가고 싶어서 눈들이 벌써 그래요? 나 요즘 골프를 쳐서 다리에 힘이 생겼어. 그래서 나는 오래 할 거야. 골프를 쳐서 말이야 손 색깔이 다르잖아? 이거는 장갑을 껴서 하얗고 요거는 아메리카고 이거는 아프리카잖아요? 골프 칠 때 장갑 끼니까 다 탄로 나요. 어제도 롯데호텔에 갔더니, 그 김길자 권사님이 기독당 권사님이 그래요. "흐흐! 목사님! 골프 쳤죠? 손 봐요. 손 봐." 그래서 다리에 힘이 생겼어요. 하루에 에이틴 홀을, 18홀을 하루에 두 번 돌았으니까 36홀을 도니까 걷는 시간을 10시간 걸어요. 내가 10시간을 걷는 거야. 한 번 나가면 하루 종일 10시간을 걷는 거야. 그러니까 다리에 힘이 생기지. 그러니까 오늘은 밤샌다, 이거야. 다리에 힘 생겼는데 뭐 빨리 끝나.

2) 소제를 통과하면 속사람으로 반응한다

소제를 통과한 사람과 통과하지 못한 사람의 한 예를 보자고요. 어떤 사건이 하나 생겼단 말이에요. 사람이 사건을 보거나 듣거나 만질 때 사람이 육체의 손으로 만진다는 게 아니에요. 보는 것 듣는 것, 이걸 만진다고 해요. 따라서. <u>만진다.</u>

만질 때 우리는 예수 믿고 구원받은 후에도 본능적으로 뭐가 먼저 나가냐? 겉 사람이 가서 만져버리는 거예요. 겉 사람이 먼저 반응하는 거예요. 겉 사람이 먼저 대응하는 거예요. 아멘. 예를 들어서, 내가 기분 나쁜 말을 하나 들었어요. 억울한 말을 하나 들었어. 누가 나한테 억울한 기분 나쁜 말을 딱 들으면 우리가 속사람이 반응하는 게 아니에요. 먼저 겉 사람이 먼저 반응하니까 얼굴색이 바뀌는 거예요. 내가 얼굴색이 새까매지고 실룩 실룩거리는 거죠. "개새끼! 죽일년!" 겉 사람이 나가는 거예요.

바로 그 부분이 깨어져야 하는 거예요. 그게 소제가 안 돼서 그런 거예요. 소제가 안 돼서. 소제가 되면 겉 사람이 먼저 나가는 게 아니라 속사람이 나가는 거예요. 속사람이 나가서 심각한 상황이 내 앞에 펼쳐졌어도 사건을 만질 때 그 상황을 만질 때 겉 사람이 나가는 게 아니라 이 속에 깊은 속 사람이 나가서 만지면 어떻게 되냐? 이것은 초자연적인 능력이 나가는 거예요. '양털 깎는 자 앞에서 그 입을 열지 아니하였다.' 하는 것처럼 초자연적인, 인간이 아닌 신의 성품에 참여한 반응이 나간단 말이에요.

기분 나쁜 말을 들었다 막 피가 거꾸로 솟는 얘기를 들었다 그러면 겉 사람이 나가면 바로 내가 그냥 실룩실룩하거든요. "뭐라고? 이 씨!" 그런데 속 사람이 나가면 뭐냐? "인간은 그럴 수도 있지." 그러면 그런 고자질을 나한테 해주는 사람이 민망한 거예요. 왜냐하면, 분명히 충동을 일으키려고 말했거든요.

"황수넴 집사님, 어떤 집사님이 집사님 보고 미친년이라고 했어." 그럼, 황수넴이 부르르 떤다? 이건 겉 사람이란 말이에요. 속사람이면 황수넴이 웃으면서 "그래? 그럴 수도 있는 거야. 사람은 연약하기 때문에." 그러면 고자질을 해준 그 사람이 재미가 없잖아요? "아니, 미친년이라고 하는데도 화 안 나?" "그럴 수도 있는 거야. 그럴 수도 있는 거야." 이게 깨어진 사람의, 소제가 나간 사람의 반응이란 말이에요. 초연한 거예요. 뭔 말 한마디 들었다고 온 교회를 다 들썩들썩하고 온 장위동을 다 들썩들썩하고 이건 소제가 아니란 말이에요. 소제가 깊이 들어가야 하는 거예요.

 손 다 들어요. 오른손만 들어요. 장난치지 말고 실제로 해봐요. 옆 사람 귀퉁머리를 세게 한번 때려봐. 소제를 지났나 한번 딱 때려봐요. 황수넴! 한동오 뒤통수를 딱 때려 봐! 소제가 됐는가 안 됐는가. 소제. 따라서. <u>소제.</u>

 목사님인들 왜 화난 일이 없겠어요? 나도 화난 일이 하루에 열두 번도 화난 일이 더 생기고 하루에 수도 없이 더 생기지! 난 장위동을 떠나고 싶은 생각이 한두 번이 아니지. 난 미국으로 가고 싶은 생각이 하루에도 몇 번 더 들어요. '아이! 다 때려치워! 내가 말이야. 에이! 다 때려치워! 내가!' 그런 생각이 왜 나에게 없겠냐고요? 있지. 여러분에게는 왜 없겠어요? 있지. 소제를 통과한 사람은 그러지 않는다, 이 말이에요. 소제를 지난 사람은. 아멘이요? 깊이 깨어집시다.

 ### 3) 자아 : 사단의 서식지
 예수님이 시범을 보여주셨으니까. 예수님이 겟세마네 동산에서 소제가 무엇인가를 실제로 보여주셨어요. "아버지여, 아버지여." 처음에 이렇게 제안하는 것까지는 죄가 아니에요. 예수님은 죄를 안 지었거든요. 예수님은 죄에 오염된 분이 아니거든요. 그런데 죄에 오염이 안 된 주님의 자아를 가지고 하나님 앞에 타진해 보는 것까지는 죄가 아니에요. 주님을 보면. "주님, 주님, 하나님, 하나님, 이 잔을 여기서 옮기세요." 여기까지는 죄가 아니에요.

여러분들도 여러분의 견해 자체를 이렇게 하나님 앞에 또 사람 앞에 타진해 보는 것까지는 죄가 아니에요. 그런데 그 것을 자꾸 똥고집처럼 자꾸 주장하면 죄예요. 하나님이 아 니라고 하면 빨리 내려놔야 해요. 그때 내려놔야지 그걸 자 꾸만 말이야 꺾으려고 하면 그리고 잘못된 자기의 자아를 관통시키려고 하면 그건 죄가 되는 거예요. 아멘. 이해 되시 면 아멘. 따라서 합니다. 깊도다. 하나님의 말씀이여.

그게 인간의 자아와 겉 사람은 타락할 때부터 이건 사단의 영역이에요. 사단의 진지란 말이에요. 그러니까 자아가 죽 는 것이 마귀가 죽는 거예요. 우리는 우리 속에서 마귀를 따 로 쫓아낼 수는 없어요. 철새의 도래지를 없애면 철새는 안 오게 돼 있어요. 철새는 자기의 도래지에 조건이 맞아야 철 새가 앉아요. 사단의 철새의 도래지가 자아예요. 자아라고 하는 이 철새 도래지를 만들어 놓으면 사단이 날아가다 거 기에 앉아버려요. 한번 따라서 합니다. "자아는 사단이 머무 르는 철새의 도래지이다."

충청도 삽교천 조금 있다가 겨울에 가봐요. 나 언제 그때 한번 가봤는데 이야~ 하늘이 새카매요. 웬 철새가 전 세계 철새가 거기 다 모인 것 같아요. 삽교천 한번 가봐요. 진짜 장관이에요. 장관. 하늘이 안 보여요. 새카매. 웬 철새가 그렇게 많을까? 여러분, 못 가봤어요? 겨울에 구경하러 한 번 가봐요. 새카매요. 새카매. 거기 철새가 다 앉아요. 거기에. 왜? 거기에 먹을 것이 있기 때문에 앉는 거예요. 그게 지금 세계적인 철새 도래지로서 유네스코에 등록이 되고 해서 또 우리나라 정부에서 지금 그 철새가 먹는 먹이를 수십 가마를 갖다 뿌려놔요. 또 와서 먹으라고요. 그래서 그 철새들이 거기 와서 똥 싸고 오줌 싸고 해서 그게 전부 다 또 오리 죽는 조류 독감을 다 뿌려놓고 가요.

그와 똑같은 거예요. 사단도 사단이 서식하는 서식지가 있어요. 원수 마귀 사단이 떠돌아다니다 붙는 데가 있어요. 어디다 쫙 달라붙느냐? 바로 소제가 안 된 사람에게 딱 붙어버리는 거예요. 예수 믿고 구원받아서 번제를 통하여 예수 피로 죄 용서받은 사람에게도 사단이 붙어요. 이해 되시면 아멘?

베드로가 "주는 그리스도시요 살아계신 하나님의 아들이시다." 이거는 성령의 능력으로 속 사람으로 말한 거예요. 그런데 예수님이 "야! 이제 뭐가 좀 됐구나." 해서 이제 십자가 사건을 말했어요. "베드로야! 나는 이제 오래 살지 않는다. 나는 이제 십자가에 죽는다." 그러니까 "주여, 죽지 마소서" 이게 바로 자아잖아요? 자아에 속사람과 겉 사람이 1초 사이에 뒤집어서 나오는 거예요. 그때 "베드로! 지금 네가 한 그 말에는 사단이 붙었다. 사단아! 물러가라!" 금방 성령으로 말했다고 그랬는데 주님이 금방 사단이라고 그러잖아요? 사단과 성령의 말이 경계선이 종이 한 장 차이에요. 베드로 같은 경우를 보면.

  지루하지? 지금 집에 가고 싶어서 다 푹 꺼져서. 그럴수록 안 가요. 나는. 오늘 우리 소제 완성하고 집에 갑시다. 그러려면 자아를 내려놓읍시다. 자아를 내려놓는 원형이 예수님의 겟세마네 동산이라고 했으니까. 겟세마네 동산은 하나님의 뜻과 예수님의 자아의 뜻이 충돌이 일어난 곳이에요. 하나님의 뜻. 따라서. 아버지의 뜻. 하늘로서 내려온 아버지의 뜻은 예수님이 죽어야 한다는 거예요. 십자가에 죽으라 이거예요. 예수님의 뜻은 아니다 이거예요. 잔을 피해 옮겨 달라는 거예요. 죽기 싫다, 이거예요. 이 대충돌이 겟세마네에서 일어난 거예요. 충돌하다가 결국은 예수님 쪽이 거둬들인 거예요. 하늘의 뜻을 받아들인 거예요. "아버지여, 내 뜻은 포기하겠습니다. 아버지의 뜻대로 되기를 원합니다." 이렇게 되는 것을 소제라 그래요. 소제. 따라서. 소제. 오늘 소제가 여기서 집행이 돼야 하는 거예요.

　그러니까 소제가 안 되면 이거는 다 내가복음이에요. 내가복음. 다 내 멋대로 예수 믿는 거예요. 또 한 권의 성경을 가지고 있는 거예요. 다른 성경을. 자기 나름대로 성경을 또 가지고 있는 거예요. 그러면 안 되는 거예요. 성경은 오직 한 권이에요. 한 권의 성경만 있어야지 자기 나름대로 성경을 또 하나 쓰고 있는 거예요. 그러면 안 되는 거예요. 다 우리는 고운 가루로서 정말로 우리가 세월 허비하지 말고 다 내려놓자! 옆에 사람이 봐도 '아 저 사람은 깨어졌다. 저 사람은 정말로 소제가 되었다.' 아멘. 옆 사람이 보면 '아이고~ 자갈밭이야. 무서워. 가까이 가기가 무서워. 갔다가 야~ 큰일 나겠다.' 이러면 안 되고 사람이 옆에 있는 사람이 봐도 그 사람한테 안기고 싶어야 해요. 안기고 싶어야 해. 그래서 감미로움이 느껴져야 해요. 그 사람한테 자꾸 가서 말하고 싶어지고. 소제를 통하여 깨어지면 자꾸 부드러움을 느끼니까 그 사람한테 가서 서식하고 싶은 거예요. 거기에 붙고 싶은 거야. 그 사람한테 가서 자꾸 친해지고 싶은 거예요. 소제가 안 된 사람은 사람들이 옆에 왔다가도 가버려요.

　여러분, 자꾸 자기 주위에서 사람이 떠나는 이유가 왜 그런지 아세요? 여러분 주위에서 사람이 자꾸 떠나지? 새 사람

하나 사귀면 오래 못 가. 왔다가 그냥 한 달 만에 가버려. 왜 가느냐? 가는 건 다 이유가 있는 거예요. 소제를 드린 사람은 안 가요. 소제를 드린 사람은 자꾸 붙어요. 그 사람에게 느낌이 감미롭기 때문에 자꾸 붙는 거예요. 아멘? 도톨방구 되지 마요. 뭐 잘났다고 도톨방구처럼 통통 튀고 앉았어? 뭐 잘난 척해, 이거? 옆 사람 다 손잡고 해봐요. "도톨방구 되지 맙시다." 여기 도톨방구 많아요. 2층도 도톨방구 많고 1층도 도톨방구 많아요.

꿀밤은 말이야. 꿀밤 알아요? 도토리를 꿀밤이라 그래요. 꿀밤묵 만들 때 보면 시골에서 도토리를 주워가지고 망치로 깨버려야 해요. 깨면 껍질이 벗겨지면 그걸 다시 망치 가지고 탕탕탕 깨면 4조각, 5조각, 6조각이 나와요. 그걸 가지고 물에다가 푹~ 이틀이고 사흘이고 담가 놓으면 도토리에서 시커먼 말이야. 도토리하고 밤하고 차이가 뭐예요? 도토리는 씹으면 떫잖아? 다람쥐 밥? 도토리묵을 만들 때까지는 거기에 있는 시커먼. 담가 놓으면 이틀 사흘 담가 놓으면 꿀밤묵 만들려고 하면. 이와 같이 우리 성도들 속에 여러분 속에 있는 그 시커먼 것이 다 빠져나가야 하는 거예요. 꿀밤묵 되려면, 꿀밤묵이 안 떫으려면, 꿀밤묵이 안 떫기까지는 거기에 있는 독소가 시커먼 떫은 것이 물에 며칠 우려서 다 나간 거예요.

그와 같이 우리는 소제를 통하여 그렇게 돼야 하는 거야. 자아의 떫은 것이 빠져나가야 하는 거예요. 이제는 우리 다 천사 될 수 있어요? 그럼 우리 사랑제일교회는 소제 다 됐네? 그럼 다 천사네? 여기가 천국이네? 천국 이루어졌어요? 두고 보자. 이번 주에 한 번 두고 보자. 아멘. 이제 집에 가자. 다음 주에 또 하면 되잖아요? 소제.

Ⅴ.
가루가 되면
사역의 성령이 부어진다

이렇게 가루가 된 뒤에 나타나는 게 기름 부음이에요. 그다음에 성령이 세게 부어지는 거예요. 기름 부음은 두 번이라고 그랬어요. 사도바울도 기름 부음이 두 번이에요. 다메섹의 기름 부음과 안디옥의 기름 부음이 다른 거예요.

어노인팅이 두 번 와요. 성령의 기름 부음이 두 번 온다고요. 하나는 뭐냐? "일어서라!" 할 때 성령이 와요. 그때는 그 사람은 하나님께 쓰임 받는 거예요. 사역의 성령, 그때부터 그 사람에게는 시온의 대로가 열리는 거예요. 성령이 그 사람을 쓰겠다는 거예요. 처음 성령이 올 때는 연단의 성령이에요. 성령 받아서 그때부터 연단이 시작되는 거예요. 연단이 끝날 때 오는 성령은 사역의 성령이라고 그래요.

우리 모든 성도들이여, 이제는 사역의 성령이 부어져서 이번 주 한 주일도 열심히 전도하여 다음 주는 진짜 혼자 오면 안 돼요. 목숨 걸고 전도해요. 못 오는 사람은 돈으로 사와요. 그래서 오늘 성찬식 한 것을 하나님 앞에 전도로서 보여 드리자! 오늘 성찬식에 대해서는 설교했잖아요? 주님의 7대 복음에 대하여 그것을 나는 알았다, 이거예요. 믿었다, 이거예요. 나는 그 사실을 받아들였다. 받아들였다고 하는 것에 대한 보증수표가 전도예요. 전도는 그 성찬이 임한 사람에게 나오는 현상이라고요. "주님이 오실 때까지 이것을 전하는 것이니라." 전도는 성찬이 임한 사람에게 나타나는 현상이라고요. 전도는 누가 시켜서 하는 게 아니에요. 하는 게 아니라 속에서부터 밀려 나오는 거예요. 성찬이 임한 사람에게 나타나는 현상이 전도라는 거예요. 여러분에게 전도가 안 나와요? 사람을 만나도 이렇게 복음이 안 나와요? 사람을 만났는데도 전도하고 싶은 생각이 안 나요? 당신 속이 희미한 거예요. 내 속에 성찬이 희미한 거야. 그러니까 막 말이 안 나오는 거예요. 막 간절함이 없고 애가 탐이 없는 거야. 영혼을 봐도 불쌍한 마음이 안 생기는 거예요. 그러니까 여러분, 전도하면서 시동을 걸어보세요. 그러면 영혼에 대한 불쌍함이 생기지! 안타까움이 생기지! 그리고 예수 믿지 않는 사람을 보면 그냥 눈물이 나죠. 예수 믿지 않는 사람을 보면 너무너무 애가 타죠. 나는 왔다는 거지. 그래서 우리는 전도해야 해요. 전도함으로써 하나님께 신앙 고백을 해야 해요.

이제 우리가 7주간 총동원주일을 해나갈 텐데 서울시를 발칵 뒤집읍시다. 그래서 우리가 이 나라 이 민족을 우리가 구원해 보자 이거예요. 옆에 다 손잡고, "우리 한번 해봅시다. 꼭 해봅시다." 할렐루야.

오늘 낮에 우리 성찬에 대하여 확실히 알았죠? 주님의 7대 복음을 알았지요? 정말로 성령으로 만졌어요? 그리스도를 성찬을 통하여 만졌어요? 그리스도를 성찬을 통하여 만졌다! 만졌다 그러면 우리는 ㄱ 위에 서서 하나님의 역사가 일어날 수 있도록. 그러면 나머지 문제는 하나님이 역사해요. 하나님이 다 풀어줘요. 하나님이 풀어준단 말이에요.

뭘 만진다는 것은 육신의 손으로만 이렇게 가서 컵을 만졌다. 이렇게 만졌다. 이게 아니고 육신의 손으로 만지는 게 아니라 생각으로 만질 수 있는 거예요. 생각으로 어떤 사람을 상상해 봐요. 상상만 해도 기분 나쁜 사람이 있지요? 그럼 그 사람을 더러운 사람으로 생각으로 만졌다는 거예요. 그와 같이 영으로도 만지는 거예요. 오늘 우리는 성찬식을 주님의 영으로 만진 거예요. 주님의 영으로 만진 거라고요. 그런 뜻으로 나는 들었고 나는 보았고 나는 만졌다. 이 찬송가 가사가 그런 뜻이에요. 우리가 오늘 그리스도를 만진 거예요. 예수그리스도를 만졌다, 이 말이에요. 아멘. 다시 한 번 불러요.

〈나는 들었고 나는 보았네〉

1. 나는 들었고 나는 보았네 끝없는 주의 사랑
   나는 만졌고 나는 안겼네 하나님의 품으로

(후렴) 주의 참사랑 놀라운 능력 이제 나 받았으니
      가서 전하라 빛을 발하라 예수의 이름으로

2. 우리 모습은 서로 달라도 무지개 색깔처럼
   조화 이루어 영광 돌리는 하나님의 자녀들

3. 사랑합니다 감사합니다 한 없는 주의 은혜
   의지합니다 찬양합니다 오직 예수님만을

두 손 높이 들고 "주님, 감사합니다. 이번 주에도 승리하게 하여 주시옵소서. 성령이여, 기름 부어 주시옵소서. 산 제사의 삶이 이루어지게 하여 주시옵소서. 나를 통하여 구원받는 일이 일어나게 하여 주시옵소서. 시온의 대로를 열어 주세요. 우리 모든 성도들이 하는 사업 가정 모든 일에 하늘 문을 열어 주시옵소서. 돈도 많이 벌리게 하여 주세요. 물질도 주세요. 그래야 선교사업 할 수 있나이다. 하나님의 성령이여, 불기둥으로 강권적으로 이끌어 주시옵소서." "주여" 삼창하며 기도하겠습니다. "주여! 주여! 주여!"

소제 ③
고운 가루가 되자

설교 일시 2008년 10월 19일(주일) 오후 7시

대　　상 사랑제일교회 주일 저녁 예배

성　　경 레위기 2:1-16

> 1 누구든지 소제의 예물을 여호와께 드리려거든 고운 가루로 예물을 삼아 그 위에 기름을 붓고 또 그 위에 유향을 놓아
>
> 2 아론의 자손 제사장들에게로 가져 올 것이요 제사장은 그 고운 기름 가루 한 줌과 그 모든 유향을 취하여 기념물로 단 위에 불사를찌니 이는 화제라 여호와께 향기로운 냄새니라
>
> 3 그 소제물의 남은 것은 아론과 그 자손에게 돌릴찌니 이는 여호와의 화제 중에 지극히 거룩한 것이니라
>
> 4 네가 화덕에 구운 것으로 소제의 예물을 드리려거든 고운 가루에 기름을 섞어 만든 무교병이나 기름을 바른 무교전병을 드릴 것이요
>
> 5 번철에 부친 것으로 소제의 예물을 드리려거든 고운 가루에 누룩을 넣지 말고 기름을 섞어
>
> 6 조각으로 나누고 그 위에 기름을 부을찌니 이는 소제니라
>
> 7 네가 솥에 삶은 것으로 소제를 드리려거든 고운 가루와 기름을 섞어 만들찌니라
>
> 8 너는 이것들로 만든 소제물을 여호와께로 가져다가 제사장에게 줄 것이요 제사장은 그것을 단으로 가져다가
>
> 9 그 소제물 중에서 기념할 것을 취하여 단 위에 불사를찌니 이는

화제라 여호와께 향기로운 냄새니라

10 소제물의 남은 것은 아론과 그 자손에게 돌릴찌니 이는 여호와의 화제 중에 지극히 거룩한 것이니라

11 무릇 너희가 여호와께 드리는 소제물에는 모두 누룩을 넣지 말찌니 너희가 누룩이나 꿀을 여호와께 화제로 드려 사르지 못할찌니라

12 처음 익은 것으로는 그것을 여호와께 드릴찌나 향기로운 냄새를 위하여는 단에 올리지 말찌며

13 네 모든 소제물에 소금을 치라 네 하나님의 언약의 소금을 네 소제에 빼지 못할찌니 네 모든 예물에 소금을 드릴찌니라

14 너는 첫 이삭의 소제를 여호와께 드리거든 첫 이삭을 볶아 찧은 것으로 너의 소제를 삼되

15 그 위에 기름을 붓고 그 위에 유향을 더할찌니 이는 소제니라

16 제사장은 찧은 곡식 얼마와 기름의 얼마와 모든 유향을 기념물로 불사를찌니 이는 여호와께 드리는 화제니라

Ⅰ.
5대 제사가 살아있는 삶을 살자

1. 최후의 부활에 목표를 두자

하나님께서는 타락한 인생들을 향하여 나를 만나려거든 제단으로 오라 그랬습니다. 하나님은 타락한 인생들을 만나기도 하고 교제하기도 하고 타락한 인생들과 접촉하는 장소를 하나님은 제단으로 정했습니다. 그러면 왜 제단인가? 이 제단은 곧 예수 그리스도의 십자가를 말하는 것입니다. 십자가의 제단. 십자가가 빠진 제단은 제단이라고 할 수가 없습니다. 그래서 말을 바꾸어 말하면 하나님은 예수 없이는 사람을 만나지 않겠다는 겁니다. 오직 한 분밖에 없습니다. 중보자 되신 분은 예수밖에 없습니다. 예수님을 통해서만 우리는 하나님을 만날 수 있고 접촉할 수도 있고 그와 교제를 나눌 수도 있습니다.

그런데 예수님의 십자가 제단이 구약에 나타난 제사로 보면 이것이 5개예요. 5대 제사예요. 첫째, 번제. 번제는 사람의 첫 번째 제사인데 이 번제는 사람의 원죄의 문제를 해결하여 사람에게 구원을 가져오는 것이 번제입니다. 번제를 통하여 우리는 구원의 역사가 일어난다고요.

두 번째는 뭐냐 하면 소제입니다. 소제. 이건 다른 말로 깨어짐의 제사예요. 사람의 겉 사람이 깨어져야 한다고요. 이것은 밀이나 보리, 곡식으로 드리는 제사예요. 소제는 없어도 구원은 받아요. 번제 하나만 가지고도 구원은 받지만, 소제로 나아가지 아니하면 하나님께 쓰임을 받지 못해. 하나님께 쓰임을 받지 못하는 거야. 일생 그냥 구원받은 걸로 머물다가 하늘나라 가서 제일 꼴찌, 다시 말해서 부끄러운 구원받는단 말이야.

지금 우리는 당장 하나님의 나라가 내게 오지 아니하니까 '에이! 뭐! 하나님 나라 가서 뭐 꼴찌를 하든지 부끄러운 구원 받든지 지옥만 안 가면 되지.' 이렇게 쉽게 생각하죠? 그렇지 않다니까요? 그렇지 않고 여러분, 이 말씀을 아주 심각하게 들어야 합니다. 우리는 최후의 부활이 인생의 최고 상태라고 했어요. 따라서. <u>최후의 부활.</u> 이 땅에서 모든 것은 다 지나가요. 다 변한다고요. 이 땅의 아름다운 것과 영광도 이 땅의 것은 모든 것이 다 변해요. 그런데 부활은 안 변하는 거예요. 부활은 그 상태로 영원인 거예요. 그러니까 사랑제일교회 성도들은 더 나은 부활에 목표를 걸어야 해요. 거기다 목표를 걸어야 흔들리지 않는 거예요. 이 땅에서 1등

하려고 그러지 말고 더 나은 부활 거기에 대해서 욕심을 부리란 말이에요. 거기에 대해서 관심을 가지고.

그러니까 깨어짐의 제사로 가지 아니하면 하나님이 쓸 수가 없어요. 이건 제사가 떡으로 되어 있는데, 번제는 제물이고 이거는 떡 제물이에요. 떡은 이따 하기로 합시다. 화목제 속죄제 속건제 이것이 5대 제사에요. 그러니까 사람 속에 5가지 제사가 살아있는 그 사람은 온전한 사람이에요. 5가지 제사의 기능이 우리 속에 살아 있는 사람은 그건 신앙이 최고의 절정으로 가 있는 사람이고 신앙이 깊은 사람이에요.

2. 5대 제사 안으로 깊이 들어가자

그런데 보면 우리나라 교회는 우선 목사님들이 이것에 대해서 안 가르치니까요. 목사님들도 헤매요. 내 먼젓번에 말씀드렸잖아요? 내가 이 5대 제사를 청교도 목사님들에게 가르치려고 하는데 혹시나 내가 잘못 가르치는 게 있을까 생각했어요. 왜? 목사님들 수천 명이 듣는데 내 한마디 실수하면 그 영향이 다 가니까. 내가 이렇게 가르치는 것 말고 기독교 2천 년 역사에 5대 제사를 강의해 놓은 책들이 있나 해서 내가 책은 깡그리 다 구해봤어요. '제사' 들어가는 책은 저 강남 터미널에 가서 내가 다 구해 봤어요. 그런데 보니까 참 내가 놀란 것은 기독교가 2천 년 됐잖아요? 2천 년 동안 신학자들, 성경학자들이 성경 하나만 붙잡고 팠을 거 아니에요? 그런데 이 5대 제사를 명쾌하게 설명해 놓은 책이 없어요. 내가 옛날에 미국 가서도 찾아봤다니까? 없어요.

역시 이 성경은 하나님의 성령의 계시의 정신으로 기록되어서 이 성경이 다시 우리에게 알려지는 것도 공부한다고 되는 게 아니고 연구한다고 되는 게 아니라 성령님의 비침이에요. 이 성경은 성령으로 기록된 말씀이라서 오직 그분의 비침이 있어야 합니다. 그분의 비침이 없으면 원뜻, 원형이 드러나질 않는다고요.

그러니까 오늘 밤에 여러분과 저는 이 5대 제사를 쭉 상고해 나가는데, 따라서 합니다. 번제 소제 화목제 속죄제 속건제. 사랑제일교회 성도들의 신앙 수준은 마지막 때에 하늘을 날아야 해요. 신앙을 고공 행진해야 해요. 신앙이 깊은 데 들어가야 해요. 그러려면 이 5대 제사가 우리 속에 살아 있어야 하는 거예요. 5대 제사가 각 성도들의 가슴속에 살아 움직여야 하는 거예요. 사랑제일교회 다니면서 5대 제사 개념조차도 못 잡으면 안 돼요.

여러분과 저는 우리 속에서 5대 제사가 내 속에 살아있는지 본인들이 개인적으로 다 체크(check)하고 오늘도 우리가 소제에 대한 말씀을 우리가 새로 상고할 텐데 정말로 내 속에서 소제가 일어나는지 확인을 해보고 제사가 실패된다면 맨날 제사가 번제 하나에만 머문다면 우리는 빨리빨리 회개할 것은 회개하고, 깨달을 것은 깨닫고, 결단할 것은 결단해서 우리가 깊은 제사 안으로 들어가야 한다, 이거예요.

그러면 이 제사가 제대로 살아서 움직이는 사람들에게는 제단의 역사가 일어나요. 따라서 합니다. 향취의 역사, 열납의 역사. 불의 역사. 하나님이 제사가 살아 움직이는 사람에게는 그 사람의 삶을 열납한다는 거예요. 하나님이 그 사람 삶 전체를 받아주시고 기억하신단 말이에요. 하나님이 내가 살아가는 삶을 하나의 제사로 하나님이 받아주신다는 거예요. 사는 전체가 다 하나님께 열납된다는 거예요.

Ⅱ.
소제
: 가루의 제사

1. 가루가 되신 예수

1) 겟세마네 : 내적 십자가

그러니까 이 소제의 제물이 가루예요. 레위기 2장 1절 읽으시면 소제가 되는 첫 과정은 가루가 되는 거예요. 레위기 2장 1절 시작.

(레위기 2:1-2)

1. 누구든지 소제의 예물을 여호와께 드리려거든 고운 가루로 예물을 삼아 그 위에 기름을 붓고 또 그 위에 유향을 놓아
2. 아론의 자손 제사장들에게로 가져 올 것이요 제사장은 그 고운 기름 가루 한 줌과 그 모든 유향을 취하여 기념물로 단 위에 불사를찌니 이는 화제라 여호와께 향기로운 냄새니라

따라서. 깨어지면 향기가 난다. 깨어지면 향기가 나는 거

예요. 그러니까 우리 예수님도 십자가 안에서 5가지 제사를 다 이루었으니까 예수님도 십자가에서 가루가 된 적이 있단 말이에요. 예수님도 소제를 드렸으니까 하나님 앞에 가루가 된 적이 있다고요.

예수님이 하나님 앞에 깨어진 것은 언제 됐냐? 예수님이 하나님 앞에 언제 가루가 되었을까? 예수님 십자가의 결정타의 결정타는 겟세마네라고 했어요. 겟세마네에서 예수님이 골고다로 가기 전에 겟세마네의 십자가를 내적 십자가라 그래요. 겟세마네의 십자가는 십자가의 속성이 이루어지는 거예요. 이 골고다의 십자가는 외적 십자가라 그래요. 이건 실제로 예수님이 타격을 받는 것이고. 실제 내적 십자가는?

예수님이 피를 두 번 흘렸다, 그랬어요. 한 번은 겟세마네에서 흘렸어요. 예수님이 기도하러 가셨을 때 얼굴에 땀이 나는데 그 땀이 뭐 같이 됐더라? 그 피란 말이에요. 그다음에 이제 골고다의 피는 이거는 타격의 피에요. 때려서 나는 피, 찔러서 나는 피. 머리에 가시 면류관을 쓸 때 나는 그 피. 피의 양은 이 골고다의 피가 더 많이 났어도 어느 게 더 진한 피냐, 그럴 때는 겟세마네 피가 더 진한 거예요. 겟세마네의 피는 때려서 난 피가 아니고 주님이 혼자 애쓰며 몸부림쳐서 사람의 모세혈관의 땀구멍을 통하여 나는 그 피예요. 그러니까 이 피가 훨씬 더 진한 피예요. 이 피를 흘릴 때 그때의 그 주제가 뭐냐 하면 하나님의 뜻인 예수가 죽는 거, 가루가 되는 거라고요.

그런데 예수님은 하나님 앞에 가서 "아버지여, 아버지여, 이 잔을 내게서 옮겨주세요." 잔을 옮긴다는 것은 커피잔이요? 십자가 잔이요? 지난 주일 저녁에 잔 옮긴다고 하는 뜻이 그 당시에 전쟁 문화를 통하여 그것이 뭔 뜻인지를 다 여러분이 들으셨죠? 잔을 옮긴다는 것은 자기한테 해당이 안 되게 해 달라는 거예요. 적진에 들어가서 그 잔을 먹을 때 독약 섞인 잔. 자기가 죽지 않겠다는 거예요.

그러니까 결국은 하나님의 뜻 앞에 예수님이 자기의 뜻. 따라서. 자기의 뜻. 우리 청교도 말씀은 이 세 단어를 굉장히 중요하게 여기는 거예요. 깊이 들어가 보면 결국 여기로 부딪치게 되어 있어요. 따라서. 견해. 하나님의 견해 앞에 나의 견해. 따라서. 의지. 하나님의 의지 앞에 나의 의지. 따라서. 뜻. 이 세 개를 확실히 다뤄야 합니다. 그런데 사람은 이 세 개가 자기 쪽에서 보면 이것을 셀프 라이프(self life)라고 해요. 자아의 생명. 생명이라고 하는 것은 자기의 전체를 말하는 거 아니에요? 생명이 뭡니까? 생명은 내 쪽에서 보면 나의 하나밖에 없는 대표 기관이란 말이에요. 그러니까 셀프 라이프라고 하는 자아의 생명이라고 하는 것은 이 3개로 구성이 돼 있어요. 따라서 합니다. <u>견해 의지 뜻</u>. 여기다가 이제 자기 자를 붙이면 자기의 견해, 자기의 뜻. 자기의 의지란 말이에요. 이것이 자아의 생명이라고요.

 우리 쪽에서 보면 대표 기관인데 하나님 쪽에서 보면 이것이 철천지원수인 거예요. 하나님의 능력이 흐르지 않는 거도 이것 때문에 흐르지 않고 소제가 이루어지지 않는 것도 이것 때문에 소제가 이루어지지 않고 축복을 방해하는 것도 이것 때문에 축복을 못 받는 거예요. 쓰임 받는 것이 자꾸 뒤로 연기되는 것도, 제대로 하나님 앞에 못 쓰임 받는 것도 이것이 방해 놓아서 결국 쓰임 받는 것이 뒤로 연기되는 거예요. 신앙의 깊은 경지에 들어가는 데도 꼭 이것이 앞에서 가로막고 이것이 앞에서 저항하게 돼 있다고요. 그러니까 시간을 다 길게 끌지 말고 우리가 짧은 인생을 살면서 연단 받다가 세상 다 끝나면 되겠냐, 이거예요. 연단 받다가 세상 다 끝나선 안 되지요. 오늘 밤 우리는 정말 단번에, 예수님이 십자가에서 단번에 5대 제사 이루신 것처럼 오늘 우리도 단번에 깊은 세계로 들어갑시다.

 갈려면 결국은 예수님이 겟세마네 동산에서 이 말 한마디를 하나님과 주고받고 하면서 예수님은 하나님 앞에 가루,

소제가 이루어졌는데 이 말에 핵심이 있어요. "아버지여, 아버지여, 할 만하시거든 이 잔을 옮겨주세요" 이 말은 뭐냐? 이것이 바로 예수님 자기의 견해예요. 예수님도 십자가에서 죽기 싫은 거예요. 이것이 예수님 자신의 의지이고 뜻이라고요. 이걸 세 번이나 하나님 앞에 말해요. 세 번 동안 하나님 앞에 예수님이 내놓고 "아버지여, 아버지여." 자꾸 자기 얘기를 하는 거예요. 자기편에 서서. 죽기 싫다, 이거예요. 예수님도 죽는 것이 싫다는 거예요. 그래서 자꾸 예수님도 자기 이야기를 해요. 자꾸만 하나님 앞에 자기의 뜻을 관통시켜 보려고 자기의 뜻대로 하나님의 뜻을 한번 끌어넣어 보려고 자꾸 하나님께 사정하고 그래요.

2) 내 뜻대로 마시고 아버지의 뜻대로 하소서

그런데 하나님은 예수님의 십자가를 통하여 인류 전체를 다 처리하고 십자가를 통하여 인류 전체를 다 구원하려고 하니까 그것을 받아줬다간 이것은 오히려 하나님이 받아주는 것까지는 괜찮은데 받아줘 버리면 인류 전체가 다 죽어버려요. 인류 전체가 살길이 없는 거예요. 그래서 하나님은 그렇게 사랑하는 독생자 예수님의 애절한 청원을 하나님은 묵묵히 거절하는 거예요. 안 된다 이거예요. 그런데 마지막에 결국은 누가 깨지느냐? 하나님의 의지와 예수님의 의지가 충돌이 일어났어요. 하나님의 뜻과 예수님의 뜻이 충돌이 일어났어요. 하나님의 견해와 예수님의 견해가 충돌이 일어났을 때 여기서 누가 가루가 되느냐? 하나님이 가루가 될 수는 없는 거지. 결국은 예수님이 가루가 되는 거예요.

예수님은 이 말로 가루가 되는 거예요. "아버지여, 아버지여, 내 뜻대로 마옵시고." "내 뜻은 이제는 안 받아줘도 괜찮습니다. 내 뜻은 참고하지 마세요. 내 뜻은 이제는 내가 거둬들이겠습니다." 내 뜻대로 마옵시고 누구의 뜻대로? "아버지의 뜻만 온 인류를 덮으시옵소서. 나는 이제 아버지 뜻이라면 내가 죽는 것까지도 할 것입니다. 아버지 뜻이라면 나는 전체를 다 따라서 가리다." 이것이 바로 소제예요. 소제. 따라서. 소제. 그것이 가루가 되는 거예요.

3) 죽어야 산다

오늘 우리 모든 사랑제일교회 성도분들도 예수님처럼 이렇게 가루가 돼야 하는 거예요. 그래야 우리가 세월을 허비하지 않고 크게 쓰임 받을 수 있어요. 지금 여러분들, 이 말씀을 들을 때. 따라서. 번제. 우리 모든 사람은 번제는 다 통과했으니까. 교회를 다니고, 그리고 저녁 예배도 나오고 다시 말해서 구원은 다 이루어졌다고요. 그런데 문제는 번제 다음에 제사가 없어요. 번제 다음 제사로 가려고 하지를 않아요.

왜? 안 깨지려고 해요. 이 세 가지 단어가 안 깨지려고 그래요. 따라서. 뜻 견해 의지. 사람은 절대 안 깨지려고 해요. 지금 여러분, 이 가운데서도 이 세 가지가 깨어질 것 같죠? 왜 안 깨지려고 그러냐면 그것을 반납하거나 내려놨다가는 이런 생각이 드는 거예요. '그럼 나는 뭐야? 나는 존재 자체가 뭐야? 난 아무것도 아니잖아. 이게 뭔 축복이야? 나는 존재도 없고.' 따라서. 견해 의지 뜻. 다시 말해서 이거 세 개를 내려놓으면, 내 색깔도 없어지고 나의 존재 자체가 공허감을 느끼고 박탈감을 느끼기 때문에 사람이 이 세 개를 내려놓기를 거부하는 거예요. 내려놓는 게 아니라 오히려 이걸 자꾸 주장하려고 그러는 거예요. 그래야 자기의 존재 자체가 그래도 뭐가 있는 것처럼 생각이 되는 거예요. 복음은 역설적인 거예요. 그래서 사람들이 이걸 안 내려놓으려고 하는 거예요. '그럼 나는 뭐야? 이걸 내려놓으면 나라는 인간 존재 자체가 하나님이라는 신 앞에 아무것도 아니잖아?' 이런 박탈감을 느낀다고요. 저도 하나님 앞에 마찬가지예요.

그런데 그렇게 생각이 되기 때문에 이 앞에 가서 딱 버티면서 그때부터 더 이상 앞으로 안 가려고 하는 거예요. 안 내려놓으려고 하는 거예요. 자기의 셀프 라이프라고 하는 인간의 자아의 생명을 깨트리려고 하지 않는 거예요. 왜? 깨트리면 나는 그냥 다 이용당하는 것 같고, 속는 것 같고, 하나님 앞에 그야말로 아무것도 아닌 거 같아요. 그러니까 죽음이라고 하는 거죠.

그러나 예수님이 하나님 앞에 결단을 내려서 "아버지여, 아버지여, 내 원대로 마옵시고 아버지의 원대로 되기를 원하나이다." 함으로 예수님이 다 하나님 앞에 아무것도 아닌 것 같고 그러면 이제 하나님 뜻대로만 다 되고 예수님의 뜻은 참고조차도 안 되고 그 뜻은 고려조차도 안 되고 예수님의 뜻은 하나님 앞에 조금도 헤아림조차도 안 되고 그냥 완전히 무시당해 버리고 아무것도 아닌 것 같은데. 그러면 예수님은 하나님 앞에 다 뺏겨버리고 하나님 하자는 대로 다 해버리고 다 반납해 버렸으면 예수는 그걸로 그냥 끝나고 그냥 그것으로 사라져야 할 거 아니에요? 그러나 그렇지 않잖아요. 이 땅에 인간으로 태어나서 예수님과 같은 분이 어디 있냐고요? 예수님은 세월이 가면 갈수록 더 알려지고, 더 부각이 되고, 영광이 더 커지고. 그거 봐요. 그래서 죽어야 사는 거예요. 소제로 들어가야 하는 거예요.

2. 가루가 되자

1) 철저히 깨어지자
황수넴이 오늘 저녁에 또 왔는데 재하고 나하고 둘이 말하다 보면 제일 끝에는 항상 여기서 부딪쳐요. 여기서 부딪쳐서 "너는 너 길로, 나는 내 길로." 그렇게 끝나요. 뭐냐 하면, 따라서. 견해 의지 뜻. 여기서 딱 부딪쳐서 "그럼 나는 뭐야?" 그리고 집에 가버려요. 못 넘습니다. 이 복음은 못 넘는 거예요. 내가 하나님의 자리에서 딱 버티는 것이 복이에요. 절대 내가 여러분에게 지면 안 되는 거예요. 장로님들한테 내가 지면 안 되는 거예요. 지면 장로님들은 손해 보는 거예요. 장로님들이 깨어질 대상이 없잖아요? 하나님은 하늘에 계시는데 누구 앞에 깨어지겠냐고? 깨어질 대상이 없잖아요?

이러한 역설적 복음을 한국 교회가 이해하냐? 못 해요. 그러니까 전부 지금 한국 교회는 장로님들이 교회를 운영하고 목사님들을 고용 사장으로 고용해서 목사들을 종처럼 부려먹고 있고 오히려 장로님들의 의지가 싱싱하고 목사님들이 지금 다 죽은 거예요. 그러니까 한국 교회에서 성령이 떠나가는 거예요. 우리 교회는 안 돼요. 그럼 내가 죽으면 될까? 내 죽어도 안 돼. 내 죽고도 내가 유언을 남길 거예요. 하여튼 목사님한테 까부는 것들은 맷돌에 넣고 갈아먹어 버려야 해요. 왜냐하면, 소제를 하려면 갈아먹어야 되잖아요? 이거는 영원히 우리에게 철칙으로 남겨놔야 하는 거예요. 이게 진리의 그거란 말이에요. 믿습니까? 아멘이요?

그러나 내가 여러분에 대해서는 하나님 주의 종의 권위로 나타나기 때문에 내가 강하지만 하나님 앞에는 나는 존재도 없어요. 내가 하나님 앞에 박탈감을 느낄 때 얼마큼 박탈감을 느끼는지 압니까? 나는 하나님께 깨어질 때 기도에 깊이 들어갈 때 얼마큼 깊이 들어가는지 알아요? 견해 의지 뜻, 이 정도가 아니에요. 내가 하나님께 개인기도 들어가면 이런 것까지도 회개해요. 내 존재 자체는 아예 없어져요. "하나님, 내가 이 땅에 태어나서 죄송해요." 이걸 회개하는 거예요. 따라서 합니다. 태어나서 죄송해요. 여러분, 그런 회개 해봤어요? "하나님, 내가 이 세상에 태어난 것이 하나님께 죄송스럽습니다. 그리고 하나님 앞에 내가 지금까지 이렇게 존재하는 것도 너무 죄송스럽습니다." 이만큼 깨어져야 하는 거예요. 이만큼 무너져야 하는 거예요. 이만큼 박살 나야 하는 거예요. 내가 개인기도 깊이 들어갈 때 하듯이 그렇게 여러분이 무너져야 하는 거예요. 믿습니까? 아멘이요? 그렇게 깊이 들어가 보자. 따라서. 들어가자.

2) 자기 뜻, 자기 의지, 자기 견해를 내려놓자

다시 해봐요. 견해 의지 뜻. 할렐루야. 그러니까 이 견해와 의지와 뜻이 안 죽은 사람들은 교회 안에서 높은 직분을 가지면 안 돼요. 직분을 높은 걸 갖다 놓으면 갖다 놓을수록 이거는 본인에게 화가 되는 거예요. 웬 자기 견해가 그렇게 싱싱하게 살아서. 웬 자기 뜻이 그렇게 싱싱하게 살아서. 웬 자기 의지가 그렇게 싱싱하게 살아서 말이야. 이것은 자기의 대표 생명 기관이라고 내가 수도 없이 이야기했어요. 그러니까 그것이 자기에게는 믿음의 대상이 되기 때문에 사람은 누구든지 자기 견해가 확실한 줄 알아요. 거기에 대해서 1초도 뒤로 후퇴 안 하려고 그래요. 왜? 자아의 생명이기 때문에 자기의 대표 기관이기 때문에 한 발도 물러서기를 싫어해요. 사람은. 그런데 바로 그 부분을 내려놔야 한다는 거예요. 그것이 깨어져야 한다는 거예요. 그래야 가루가 될 수 있는 거예요. 그래야 가루가 될 수 있어요. 할렐루야.

타락한 인간은요? 여기에 노예로 돼 있다고요. 따라해 봐요. 견해 의지 뜻. 이것에 노예가 돼 있다고요. 거의 본능화 돼 있어요. 예를 들면, 지금 앞에서 내가 설교하는데 우리 교회 성도들은 습관이 돼서 다 이해를 하고 있지만 내가 딱 팔소매를 걷었다, 이거예요. 그럼 새로운 성도들은 즉시 누구든지 본능적으로 이래요. 자기 견해로 '아휴! 목사님이 건방지다.' 대번 이렇게 말해요. 그 건방진 게 맞는 줄 알아요. 누구든지 자기의 견해가 맞는 줄 알고 '목사님이 돼서 참 건방지다.' '건방지다'까지는 안 해도 또 이렇게 해요. '목사님이 참 예의가 없다. 차라리 벗으시지.' 다 자기 생각, 자기 의지, 자기 견해를 따라서 1시간 내내 예배하다 돌아가요. 그 예배는 죽은 예배예요.

 그러니까 교회 오면 자기 견해, 자기 의지는 내려놔야 해요. 자기 앞에 어떤 충돌스러운 일이 생겨도요. 본능적이기 때문에 타락한 근성이 있어서 즉시 무반사적으로 '아우~ 건방지다.' 이렇게 생각이 딱 들어도 바로 소제로 가서 가루가 된 사람은 '무슨 사정이 있겠지' 이렇게 해야 하는 거예요. '아, 목사님 나름대로 사정이 있겠지.' 내가 '미친년같이 생겨서 머리를 다 깎아버려.' 이러면 '어유~ 목사님이 개새끼네?' 이건 자기 견해지. 따라 해봐요. '아~ 사정이 있으시겠지.' '내가 알 수 없는 사정이 있으시겠지.' 이것이 가루가 되는 거예요.

 낱낱이 전부 다 자기의 견해, 자기의 의지, 자기의 뜻에 튼튼히 서서 그래서 그걸 가지고 척도를 측량하고 판단하고 자기의 것을 가지고 다 구분하고 그러면 안 된다는 거예요. 어떻게 여러분의 그 돌대가리가 다 이해할 수 있겠어요? 여러분의 이해의 폭은 이것은 인간의 한계점이 있는 거예요. 그러니까 이해 안 되는 것은 다 뭐예요? 내가 가루가 돼서 깨어져서 '내가 알 수 없는 경지의 사정이 있겠지' 이렇게 생각해야 한다, 이거예요. 버르장머리 없이 목사님 버릇을 고치려고 덤벼? 너는 사약을 먹은 거예요. 사약. 무슨 약? 사약.

오늘 저녁도 여기 예배 마치면 또 틀림없이 내 핸드폰에 문자 메시지 보낼 놈 또 있어. 계속 내가 하지 말라고 그래도 해. 그런데 내가 그거 힘들어서 그런 게 아니야. 뭐 내가 통일교하고 싸우려고 문자 메시지 악랄한 걸 한두 번 받아? 통일교하고 싸우기 때문에 하룻밤 자고 일어나면 100개씩 들어와 있는데? 난 만성이 돼 가지고 무슨 메시지가 나한테 들어와도 나는 꿈쩍도 안 하지만 우리 성도들이 그런 걸 보내는 거는 내가 그 영혼이 불쌍하단 말이에요. 왜? 그거는 복음을 전혀 모르는 거예요. 모르니까 자꾸 자기의 견해를 가지고 목사님 버릇을 고치려고 그래요. 설령 내가 틀렸다고 해도 여러분의 잔소리에 내 버릇이 고쳐질 것 같아? 나는 안 고쳐요. 일부러라도 안 고쳐. 만약 여러분의 잔소리에 내가 고쳐지면 전광훈 목사는 별 볼 일 없는 인간이고 여러분은 목자를 잘못 만난 거예요. 목자는 튼튼히 서야 해요. 동남풍아 불어라. 서북풍아 불어라. 우리 교인들 전체 다 나가고 나 혼자 목회해도 난 꼼짝도 안 해야 해. 이렇게 해야 여러분에게 생명이 되는 거예요. 여러분에게 은혜가 되는 거예요. 아멘이요? 이런 말을 알아들을 수 있는지 모르겠다. 못 알아듣거든 '그것도 뜻이 있겠지.' 그렇게 생각해요. '저렇게 말하는 것도 뜻이 있겠지.' 하여튼 이해 안 되는 거는 따라서 합니다. '뜻이 있으시겠지. 나같이 철퍼덕거리는 놈이 뭘 알겠는가.' 따라서. '세월이 지나면 나도 이해가 되겠지.'

3. 간증 - 신학교에 간 수석 장로의 통회 자복

내가 옛날에 전라남도 여천에서 일어난 얘기를 여러분에게 해드린 적이 있었죠? 오래됐으니까 다시 한번 들어봐요. 전라남도 여천 여수에 내가 부흥회를 하러 갔잖아요? 여천에 딱 고속도로에서 들어가자마자 시내도 아닌 약간 농촌의 통합 측 교회인데도 꽤 많이 모여요. 한 500명 모이는 교회예요. 그 목사님이 부흥회를 하다가 저하고 개인적으로 밥 먹다가 재미있는 얘기를 하는 거예요.

"전광훈 목사님, 부흥 강사마다 다 은사가 달라요." 그래서 "은사는 다르겠죠." 1년 전에 자기 교회 부흥회를 하는데 이런 일이 있었대요. 1년 전에 부흥회를 하는데 본 교회 목사님이 거기에서 목회를 못 하는 거예요. 여러 사람도 아닌 딱 수석 장로님, 그 교회가 오래된 교회예요. 막 60년 된 교회인데 자기를 그 교회로 데리고 왔던 장로님이에요. 자기가 내 설교하는 것 다 검토하고 전부 검사도 하고 목사님 우리 교회로 와 달라고 사정해서 왔는데. 바로 그 수석 장로님이 그 교회 왕이에요. 왕이라서 모든 교회 의지는 그 장로님 하나의 의지로 다 통하는 거예요. 그래서 장로님이 오라 그래서 왔는데, 그 장로님이 본 교회 목사님 속을 썩이는 거예요. 도저히 목회 못 해요. 장로님한테 조금이라도 뭔가. 따라서 합니다. 생각 견해 의지 뜻. 조금이라도 잘못되었다고 장로님한테 생각이 되면 목사님한테 밤새도록 따져요. 설교하다가도 조금 장로님의 뜻에 안 맞는 말만 나오면 그거 가지고 시비를 걸어요.

그래서 목사님이 '도저히 내가 여기서는 목회를 못 하겠다.' 이렇게 생각이 돼서 부흥회 하는 부흥 강사한테 상담했어요. "목사님, 도저히 난 이 교회에서 목회 못 하겠습니다. 저를 서울에 부목사로 좀 불러주세요. 서울에 다른 교회 부목사로 나를 좀 소개해 주세요." "왜 그러냐?" "목사님, 부흥회 설교할 때 나가시면 앞에 앉은 그 수석 장로 있잖아요? 난 그분 때문에 목회를 못 하겠습니다. 온 교인들이 그 한 사람을 섬겨야 합니다." 목사님을 섬기는 게 아니라 그 주동 장로를 섬겨야 하고, 그 주동 장로 집에 김장하면 온 교인이 다 가서 김장해줘야 하고. 하여튼 만약에 거기에 한 놈이라도 안 왔다가는 교회가 시끄럽다는 거예요. 하여튼 모든 것에 그 사람 뜻을 다 따라야 해요. 본 교회 목사님까지도 그 장로님한테 벌벌 떨어야 하는 거예요. "목사님, 난 도저히 이 교회는 못 하겠다." 그래서 목사님이 부흥 강사한테 서울로 좀 소개해 달라고 이제 부탁했더니, "그럴 거 없습니다. 내가 그 문제를 해결해 줄 테니 걱정하지 마세요." "어떻게 해결해요?" "내가 어떻게 하는지 가만두고 보세요."

그러더니, 부흥 강사가 설교하러 딱 올라가더니, 한참 설교하다가 부흥 강사가 신령한 은사가 없으면 쇼라도 해야해요. 뭐냐? 설교하다가 "갑자기 계시가 임하네?" 안 임했는데 괜히 그래요. 그러더니, "앞에 계신 분이 장로님이시죠? 보니까 수석 장로 같은데." "그렇습니다." "지금 주님이 내게 말씀하시는데 장로님은 너무 우수한 장로님이고 장로님으로 너무너무 1등을 했기 때문에 장로님으로 이 세상을 마치라고 주님이 말씀하지 않고 주님의 계시가 임했는데 빨리 신학교를 가라고 합니다." 참, 그 목사님도 어떤 부흥 강사신지 대단해요. 그러니까 수석 장로가 비행기를 탄 거예요. "아이고! 나같이 부족한 사람이 어떻게 신학교를 가요? 나이도 벌써 65세가 됐는데." "아닙니다. 장로님은 하나님이 너무 이쁘게 봐서 장로로 마치지 않고 신학교를 가라고 했습니다."

그리고 이제 부흥회가 끝났네? 부흥 강사가 이제 본 교회 목사님한테 "수석 장로가 와서 신학교 가겠다고 하거든 절대 말리지 말고 신학교 등록금을 교회에서 대줘라. 목사님은 꼭 내가 시키는 대로 하라." 그랬더니, 이제 부흥회 끝났는데 수석 장로가 비행기를 타고 좋아서 당회장 목사님한테 "아이! 부흥 강사님이 계시가 임했다는데 목사님, 나 어떻게 하면 돼요?" "아유! 계시대로 해야죠. 주님의 계시를 안 따르면 되겠습니까? 계시대로 해야죠. 장로님이 신학교 가면 등록금 대드릴 테니까 빨리 신학교를 가도록 하십시오.” 그래서 3월에 신학교에 입학을 시켰어요. 그다음에 부흥 강사가 이제 4월쯤 돼 가지고. 신학교 들어간 지 한 달 됐어요. 4월쯤 돼 가지고 서울에 온 부흥 강사가 장로님한테 전화한 거예요. “장로님, 신학교는 들어가셨나?” “예. 계시의 정신을 받들어 들어갔습니다.” 부흥 강사가 그 교회에서 이 장로님을 뽑아내려고 그러는 거예요. 처리하려고요.

잘 들어봐요. 목사님들한테 ‘내가 이 교회에서 저거를 빼내야 목회를 하겠다.’고 하는 이런 대상자가 되면 안 되는 거예요. 그런 대상자가 되면 안 돼요. ‘내가 저것 때문에 골치 아파 목회 못 하겠다. 내 저걸 여기에서 뽑아내야 하겠다.’ 이런 대상이 되면 안 되는 거예요. 그런데 본인은 그런 대상인지를 모르는 거예요.

그래서 4월에 다시 전화했어요. “장로님, 신학교 잘 다니세요?” “아유~ 신학 공부가 이렇게 힘든 줄 몰랐네요.” “그런데 오늘 새벽에 내가 기도하는데 주님의 계시가 또 임했어요.” “뭔데요?” “장로님은 너무너무 장로로서 수고를 많이 했기 때문에 그 신학교에서 배우는 거는 별 내용도 없어. 이미 벌써 목사의 능력이 있고도 남으니까, 주님이 바로 개척교회를 하라고 합니다." 그러니까 장로님이 비행기를 한 번 더 탔네? 그리고 이제 부흥 강사가 본교회 목사님한테 전화해서 "내가 장로님한테 계시를 받았다고 빨리 개척교회를 하라고 했으니까, 장로님이 오거든 교회 돈 아끼지 말고 2천만 원 들여서 순천에다 지하실을 빌려서 개척교회를 해주세요. 그래서 거기에서 뽑아내시오." "알았습니다. 시키는 대로 하겠습니다." 며칠 지나니까 장로님이 오시는 거예요. "목사님, 2달 전에 부흥회하고 간 목사님 있잖아요? 강사님이 계시가 또 왔다네요?" "뭔 계시요?" 그러니까 "아니. 나는 나이도 65세가 되고 세월이 없어서 신학교 한 달만 다녀도 개척교회 해도 된다네요? 그럼 나 어떻게 하면 좋아요?" "계시대로 해야죠. 장로님이 개척하시면 교회에서 2천만 원 돈을 대드리겠습니다."

그래서 순천 지하실에서 개척교회를 했어요. 그러니까 교회가 얼마나 편한지, 암 덩어리가 떨어져 나갔기 때문에 교회가 천국이 이루어진 거예요. 성도들이 기가 살아요. 그 장로님 때문에 주일날 성도들이 교회만 오면 전부 겁먹고 눌려있는 교회였어요. 왜? 그 장로님 한번 지나가면 겁나는 거예요. 교회에 평화가 임했어요. 목사님도 '아유~ 살다 보니 이제야 뭐 목회 제대로 한번 하겠구나.' 이렇게 됐단 말이에요. 그렇게 된 거예요.

그래서 한 1년 지났는데 이제 문제는 낮에는 신학교 가야지, 저녁에 수요일 와서 설교해야지, 새벽기도 해야지, 심방 해야지, 그거는 고사하고 성도들이 10명도 안 모이는데 장로 자기가 속 썩인 것보다 더 왕초들이 10명이 모였어요. 교회 안에서 10명이 싸우는데 그냥 막 머리채를 잡고 싸우는 거예요. 장로님이 옆에서 아무리 가르쳐도 안 돼요. 성경을 들이대도 안 돼요. "그거는 전도사님 생각이지!" 이러면서 대판 싸우는데 1년 지난 뒤에 이 장로님이 본교회 목사님을 찾아와서 무릎을 꿇고 엉엉 울면서 "나, 신학교고 개척교회고 다 때려치우고 다시 장로로 들어올 테니 목사님, 한 번만 살려주시고 날 좀 받아주세요." 그래서 목사님이 "안 됩니다. 계시대로 했기 때문에 받아줄 수가 없습니다." 서울에 있는 부흥 강사한테 전화했어요. "장로님이 와서 이렇게 울고불고 통곡하고 울고 '내가 목회를 해보니 목사님의 사정을 이제 알겠습니다.' 하면서 이제 개척교회고 신학교고 다 때려치우고 다시 장로의 자리로 들어온다고 저러는데 어떻게 하면 좋을까요?" 부흥 강사 목사님이 "돈 2천만 원 준 거 전세 빼서 교회로 다시 가져오고 받아주시오."

그래서 이제 내가 부흥회 하러 갔더니, 그 장로가 들어온 지가 두 달밖에 안 돼요. 목사님이 그러는데 천사가 됐대요. 우리 교회도 말 안 듣는 놈은 내가 개척교회 시켜야 해요.

다른 방법이 없어. 네가 해봐. 목사님의 사정을 모르는 것들은 시켜봐야 해. 너도 한번 해 봐라. 네 맘대로 되나? 그러니까 말 안 듣는 놈은 나는 무조건 신학교 보낼 거니까 그리고 개척교회 해 줄 테니까 거기에 해당하지 않으려면 여러분의 견해와 나의 견해. 따라서 합니다. 내 견해 내 뜻 내 의지. 이것을 사람들은 우상숭배 해요. 이것이 자기 쪽에서 보면 절대적인 걸로 보이는 거예요. 자기의 대표 기관이기 때문에 그것이 자기의 생명처럼 느껴지는 거예요. 인간의 연약한 점이 여기 있는 거예요. 그냥 본능적으로 빠져들어 가는 거예요.

4. 예수님처럼 내 뜻을 거둬들이자

그런데 하나님은 이것이 가루가 돼야 한다는 거예요. 이 부분이 가루가 돼야 한다는 거예요. 그러니까 주님을 따라가고 신앙생활을 하면서 자기의 생각에 이해가 안 되고 자기의 생각대로 안 되는 것이 있으면 예수님처럼 하나님 앞에 "아버지여, 아버지여, 내 뜻대로 마옵시고." 내 뜻은 거둬들여야 하는 거예요. 그리고 '목사님이 사정이 있으시겠지.' 이렇게 생각해야 하는 거예요. 이거는 여러분과 나와의 관계도 그렇지만 모든 문제도 마찬가지예요. 꼭 자기 견해를 관통시키려고 그리고 자기의 의지를 관통시키려고 그리고 자기의 뜻을 관통시키려고 그러고. 이게 관통이 안 되면 그냥 온몸을 벌벌 떨고 얼굴이 새카맣고 온 산천초목을 시끄럽게 하고. 이거는 신앙이 아닙니다. 그거는 소제의 '소' 자의 근처도 못 가는 거예요. 따라서 해봐요. <u>가루가 되자.</u> 가루가 되는 게 무엇이라는 것을 오늘 밤에 확실히 알아야 해요. 옆 사람 다 손잡고 해요. <u>가루가 됩시다.</u> 앞뒤로 해봐요. <u>보들보들 합시다.</u>

5. 무교절의 가루가 되자

1) 무교절에 말씀하신 '한 알의 밀'

그러니까 한 알의 밀이 그대로 있으면? 예수님도 겟세마네 동산에 가서 "아버지여, 아버지여, 할 만하시거든 이 잔을 나에게서 옮기세요." 그럴 때는 예수님이 깨어지기 전이요. 예수님도 통밀이란 말이에요. 그런데 요한복음 12장에서 "한 알의 밀알이 땅에 떨어져 썩어 죽으면." 따라서 합니다. <u>죽으면.</u> 이 한 알의 밀알 비유를 주님이 하실 때 한 알의 밀알이 죽으면 많은 사람이 산다. 예수님이 십자가에 죽을 것을 앞두고 하신 말씀이에요. 예수님 한 사람이 죽으면 수없는 인류가 구원받는다, 그러한 뜻이에요.

그런데 주님이 요한복음 12장의 이것을 말씀하실 때 명절

날 했어요. 내가 옛날에 겉 사람과 속사람 설교할 때도 이 부분에 대해서 말씀했지만, 예수님이 마태 마가 누가 요한복음에서 무슨 말씀하실 때 보면 말씀한 때 그리고 말씀한 장소를 잘 보세요. 예수님이 아무 데서나 아무 말을 하지 않아요. 산상보훈을 말할 때는 산에 올라가서 말해요. 또 예수님이 무슨 말 할 때, 베드로의 배를 타고 말해요. 그리고 배 거리를 띄우라고 해요. 예수님이 무슨 말씀을 하실 때는 말씀하는 것과 배경과 장소와 때가 다 의미가 있는 거예요. 예수님이 바로 이 한 알의 밀알에 대한 비유를 말씀할 때가 언제냐 하면 무교절이에요. 무교절은 떡 만드는 날이에요. 바로 이 절기에 이 말을 하는 거예요. 그러니까 뭐냐 하면 한 알의 밀알이 가루가 돼야 한다는 거예요. 무교절의 가루가 되자. 따라서. 무교절의 가루가 되자. 바싹 갈려야 되는 거예요.

요한복음 12장 한번 넘기시면. 우리 예수님이 한 알의 밀알에 대한 말씀을 하실 때를 보면, 이것이 무교절에서 일어나는 일이에요. 요한복음 제12장 20절 시작.

(요한복음 12:20)
명절에 예배하러 올라온 사람 중에 헬라인 몇이 있는데

그전에도 내가 한번 해석한 적이 있는데, 이 명절은 무슨 절이라고요? 무교절. 무교절은 뭐 하는 날이요? 떡 만드는 날. 떡. 떡을 만들려면 고운 가루를 가지고 만들어야 해요. 그러니까 깨어짐을 말하는 거예요. 이게 소제예요.

2) 깐족거리는 헬라인들

그런데 "명절에 예배하러 온 사람 중에 헬라인이 몇이 있는데." 헬라인을 상대로 한 알의 밀알에 대한 설교를 한 거예요. 그럼, 왜 헬라인을 놓고 왜 한 알의 밀알에 대해 말하냐? 아시다시피 이 세상에 이 세계의 큰 흐름은 두 가지로 이루어졌다고 그랬어요. 온 세계가 이 두 기둥으로 새끼줄이 꼬이는 것처럼 이렇게 역사가 꼬여서 오는 거예요. 하나는 헬레니즘(Hellenism)이에요. 또 하나는 뭐냐? 헤브라이즘(Hebraism)이에요. 그러니까 히브리(Hebrew)와 헬라(Hellas)라고 하는 이것이 인류를 버텨온 두 축이요. 그래서 바울 서신에 이 말을 입버릇처럼 바울이 말하는 이유가 세계의 모든 것이 이 두 기둥으로 이루어졌기 때문에 바울이 말할 때 갈라디아서나 고린도전서에 보면 이런 말을 했어요. "헬라인은 지혜를 구하고 유대인은 표적을 구하나 우리는 십자가에 죽은 예수를 전하니." 성경에 보면, '헬라인이나 유대인이나' 이 말이 굉장히 대칭되어서 나오는 이유가 이래서 그래요.

그런데 이게 특징이 있어요. 히브리는 처음부터 생겨난 사상 동기가 이것은 신비주의예요. 그냥 하나님이 천지를 창조했다. 그러면 "왜 창조했어? 언제 창조했어?" 안 따져요. 히브리는 그냥 믿어요. 이걸 근거로 "하나님이 천지를 창조했습니다." 그러면 그냥 아멘이에요. 그다음 아멘 한 자리에서 하나님이 천지를 창조했기 때문에 그다음 생각을 하는 것이 히브리적 사고 방법이에요.

헬라는 안 그래요. 헬라는 정반대야. 그래서 이 모든 과학은 헬레니즘의 터 위에 서 있는 거예요. 이 헬라 사상은 항상 뭐가 붙냐 하면, '왜'가 붙어요. 그러니까 철학이 헬라에서 발전한 거예요. 그래서 모든 고대 철학, 뭐 소크라테스 그다음에 플라톤, 아리스토텔레스, 이 철학의 3대 할아버지가 다 헬라에서 나옵니다. 헬라는 항상 따지기를 좋아해요. 원인을 분석하길 원하고 항상 그 앞에 '왜' 자를 붙여요. 왜 그렇게 됐냐, 이거예요. 왜? 그러니까 깐족깐족하는 사람이 헬라 사람이에요. 우리 교회로 말하면 누가 헬라냐? 이중영 같은 사람이 헬라 사람이에요. 그런데 지금 믿음이 들어갔기 때문에 "그냥 무조건 믿습니다." 또 원체 센 목사님 밑에서 내가 확 부숴버리니까 그냥 정신도 없이 아멘 하는 거지. 이중영을 기존 교회에다 갖다 놓으면 이중영 때문에 피곤해서 목사들 목회 못 합니다. 생긴 거 봐요. 깐족깐족하게 생겼지.

사도바울이 그런 사람이에요. 사도바울이 굉장히 날카로운 사람이에요. 그런데 하나님은 그걸 반대로 뒤집어 놓는 거예요. 사도바울을 하나님이 믿음의 사람으로 세우는 거예요. 바울은 헬라적 사고를 가져서 깐족깐족하는 사람이에요.

그런데 오히려 반대로 바울의 주제가 믿음이에요. 바울이 믿으라고 해요. '깐족거려 봤자 나보다 더 깐족거리는 놈이 있냐?' 바울이 이런 거예요. '나는 깐족거리는 것이 전공과목이다. 그런데 내가 믿는데 너희들이 뭐냐?' 해서 하나님이 바울을 휙 돌려놓은 것처럼, 오늘 이 가운데 깐족깐족한 은사 받은 사람은 확 돌아서기를 바랍니다. 믿음의 사람으로 돌아서야 해요.

3) 모든 이론을 파하라
그런데 주님이 바로 이 명절에 헬라 사람 앞에서 한 알의 밀알을 말하는 것은 뭐냐? 헬라 사람들이 자기 이론을 내세우는 것을 좋아하고, 따지기를 좋아한단 말이에요. 헬라 사람들이 이성주의자예요. 헬라 사람이 앞에 딱 서니까 주님이 "한 알의 밀알이 땅에 떨어져 죽지 아니하면." 이렇게 말하는 거예요. 모든 이론을 파하며 죽으라, 이거예요. 그래서 예수님이 요한복음에서 한 알의 밀알 비유를 말하고 있는 거예요.

Ⅲ.
소제를 완성하여 하나님께 쓰임 받자

1. 맷돌을 준비하시는 하나님

오늘 밤에 이 자리에 오신 여러분, 우리가 세월이 없어요. 워치만 니(Watchman Nee) 같은 사람, 장로교 창시자 존 칼빈(John Calvin) 같은 사람은 20대 때, 스물셋 스물넷 스물다섯 이때 기독교 복음의 최정상을 달렸어요. 우리 사랑제일교회도 세월이 없어요. 복음의 깊은 고공행진을 해야 해요. 깊은 세계로 들어가야 하는 거예요. 따라서 합니다. 가루가 되자. 가루가 돼야 소제로 될 텐데 가루 되기를 인간들은 싫어해요.

그리고 또 가루가 되려면 밀이 통째로 있어야 해요? 깨어져야 해요? 깨어져야 하는데, 자기가 깨어져야 하는 그 부분까지도 발견 못 해요. 그리고 그것이 정당한지 안단 말이에요. 하나님이 보시거나 목사님이 볼 때는 저 부분은 깨어져야 하는데 자기는 생각할 때 그것을 정당하게 생각하는 거예요. 자기는 정당하게 생각해요. 따라서 합니다. 견해 의지 뜻. 이걸 자기는 정당방위로 생각하는 거예요. 그런데 주님이 보실 때나 목사님이 볼 때는 저 부분은 깨어져야 소제로 갈 수가 있는 거예요. 그런데 본인이 못 깨달으니까. 목사님이 설교해도 뭐라 그러냐면 이렇게 말해요. "목사님이니까 할 수 없이 그렇게 설교할 수밖에 없지. 뭐." 이렇게 해서 휙 넘어가 버려요. 그리고 나하고 농담 따먹기나 하려고 하고 나하고 논쟁하려고 해요. 그러니까 대책이 없어요.

그런데도 하나님은 자기의 자녀를 사랑하고 하나님은 자기 백성을 긍휼히 여기고 사랑하니까 그냥 10년 돼도 초등학교 1학년, 20년 돼도 1학년 이러니까 하나님이 안 되겠다면서 강권적으로 이 사람을 가루로 만들기 위해서 이 사람에게는 뭐가 필요하냐? 환란이 필요해요. 그래서 환란이 필요한 거예요. 환란의 맷돌 속으로 집어넣어야 하는 거예요. 따라서. <u>환란의 맷돌 질병의 맷돌 환경의 맷돌.</u>

그러면 이 사람은요? 또 나한테 와서 상담해요. "목사님!" "왜?" "온 주위에 년 놈들이 날 하나 못 잡아먹어서 난리예요." 그럼 내가 뭐라고 하겠어요? "집사님이 깨어져야 해." 이렇게 말하면 시험 들어서 다른 교회로 가니까 한 명이라도 떨어지면 내가 손해니까 "맞아. 그 못된 년들이 왜 집사님보고 난리야?" 내가 할 수 없이 편 들어주는 거예요. 그렇지만 속으로 "야! 너는 죽을 때까지 너 앞에 그런 환란이 일어나." 내가 가루가 되면 내 주위에 적이 없어져 버려요. 그 적도 주님이 만드는 거예요. 내가 가루가 되면 내 주위에 억지 쓰는 사람이 없어져 버려요. 내가 가루가 되면 내 주위에 똥고집 부리는 사람도 없어져 버려요. 하나님이 맷돌로 갈려고 그러는 거예요. 갈려고 하니까 그냥 미치고 팔짝 뛰는 일이 생겨나는 거예요. 아주 엉뚱하고 이해도 안 되고 하는 사람이 생기는 거예요. 맷돌은요, 밀보다 훨씬 강해요. 밀은 그래도 갈면 갈리지만 맷돌은 돌이잖아요? 그러니까 자기보다 100배 더 센 년을 갖다 붙여야 하는 거예요. 갈아먹도록 갖다 붙여야 하는 거예요. 하나님이 그렇게 하신단 말이에요.

다 옆 사람 손잡고 가루가 됩시다. 진정한 소제로 나갑시다. 진정한 소제로 나가야 하고 진정한 가루가 돼야 하는 거예요. 옆 사람 한번 만져봐요. 보들보들한가 만져봐요. 거칠거칠 한가 보들보들 한가 한번 만져봐요. 어때? 이제 두 쪽 났어요? 밀이 두 쪽 났냐고? 두 쪽 나서는 안 되지. 두 쪽은 네 쪽으로, 네 쪽은 여덟 쪽으로, 여덟 쪽은 열여섯 쪽으로 나중에 바싹 갈려서 보들보들해져야 하는 거예요. 옆 사람이 보들보들함을 느끼게 하라. 따라서. 느끼게 하라. 다시 옆 사람 손잡고 해 봐요. 옆 사람이 보들보들함을 느끼게 하라.

우리 장로님들도 더 깨져야 해요. 황 장로님 개철구도 더 깨져야 해. 보들보들해야 해. 뭐, 장로가 무슨 큰 권세인 줄 알고! 장로는 그런 자세 취하는 게 아니야. 장로는 깨어져야 해. 성도들이 와서 포근함을 느껴야 해. 무슨 큰 권세 잡은 것처럼 하면 안 돼. 우리 교회에서 큰소리치는 사람은 목사님 혼자만 큰소리쳐야 해. 다른 사람은 큰소리치면 안 돼. 다 보들보들해야 해. 다 가루가 돼야 해요. 그래야 보들보들함을 느껴서 감미로워서 사람들이 옆에 붙어요.

2. 고운 가루 떡이 되어 하나님께 먹히자

그다음에 거기에 기름 부음이 임하는 거예요. 거기에 성령이 임하는 거예요. 안 깨어진 상태에서 오는 성령세례, 방언하고 처음 오는 성령세례는 나를 맷돌로 끌고 가기 위해서 성령세례가 와요. 오지만 그 성령세례가 왔다고 해서 그 사람이 완성품이 아니에요. 성령세례는 이제 시작이에요. 나를 가루로 만들기 위한 시작이라고요. 따라서. 시작. 성령세례가 뭐, 다 된 게 아니에요. 바싹 갈려야 해요. 그럴 때 이 성령이 고운 가루를 통하여 나를 떡으로 만들어가는 거예요. 하나님이 드실 만한 떡으로 제사장이 먹을 만한 떡으로. 떡이 잘못된 떡이 되면 안 되는 거예요.

 하나님이 먹는다는 것은 하나님이 쓰신다는 거예요. 쓰신다는 말을 다른 말로 먹는다는 거예요. 그러니까 요한계시록 3장 20절에 예수님이 "내가 문 밖에 서서 두드리노니 누구든지 내 음성을 듣고 문을 열면 내가 너에게로 들어가 너는 나를 먹고 나는 너를 먹으리라." 이 먹는다는 것은 주님이 우리를 잡아먹는다는 뜻이 아니라 나를 쓰신다는 말을 먹는다고 표현한 거예요. 나는 너를 먹으리라는 것은 내가 너를 쓰리라 내가 너를 지금부터 들어 쓰리라 이걸 먹는다고 하는 거예요. 나쁜 말이 아니고 좋은 말이에요. 삶을 공유한다는 거예요. 그러니까 우리는 하나님께 먹힘을 당해야 해요. 먹힘을 당하는 것이 쓰임을 받는 거예요. 목사님이 하나님께 먹힘을 당하니까 내가 쓰임을 받는 거예요.

그런데 여러분들은 하나님께 먹힘 당하기를 싫어하는 거예요. 싫어하니까 쓰임을 못 받는 거예요. 하나님께 먹힘 당하는 것이 쓰임을 받는 거예요. 하나님께 철저히 먹힘을 당합시다. 하나님께 먹힘을 당하는 것이 복이에요. 하나님이 아무 떡이나 먹지 않는단 말이에요. 하나님이 아무 떡이나 먹을 것 같아요? 안 먹어요. 하나님이 먹을 만한 떡만 먹지 하나님이 쓸 만한 사람만 쓰시지 아무나 안 쓴단 말이에요.

그러니까 우리가 하나님께 더 크게 쓰임 받기 위해서라도 우리는 가루로 갈아져야 해요. 보들보들해야 거기에 기름이 섞일 수가 있어요. 봐요. 통밀을 이렇게 그릇에 담아놓고 기름을 부으면 기름이 겉에만 발라져요? 속에도 들어가요? 통밀을 넣고 기름 부어봐요? 번들번들한 게 밀 겉에만 발라지지. 속에 안 들어가죠. 그러니까 성령세례 받아봤자 성령이 깊이 역사 못하는 거예요. 성령이 깊이 못 들어가는 거예요. 이게 가루가 되어야 성령이 촉촉이, 깊이 들어가지요. 따라서 합니다. <u>촉촉이, 깊이.</u> 가루가 되어야 촉촉이, 깊이 들어갈 수 있어요.

3. 맷돌이 되지 말고 가루가 되자

내 주위에 나를 막 잡아먹으려고 그러고, 모든 사람들이 벌떼처럼 붙어서 나를 판단하고 비판하고 나를 코너로 몰고 그럴 때는 불평하지 말고 '아하! 하나님이 나를 맷돌로 가시려고 저러는구나.' 해서 빨리 내가 가루가 되면 돼요. 가루가 되면 하나님이 맷돌을 거두신단 말이에요. 그러니까 날 미워하고 나를 판단하고 나에게 막 핍박하는 사람을 미워하지 말고. 그 사람도 여러분을 가는 사명 감당하려고 그래요. "수고하신다." 그러고 아이스크림이나 한 개 사주세요. 옆 사람 다 손잡고. <u>나를 가루로 만드느라 수고가 많습니다.</u>

여러분이 둘 중 하나를 선택하라면 어느 거 할 거예요? 맷돌 할래요? 가루 할래요? 그런데 사람은 맷돌 노릇 하려고 그러지, 가루 하려고 하질 않아요. 그냥 남하고 싸움 붙어서 내가 막 윽박질러서 내가 이기기를 원하고 그러지, 자기는 가루 되기를 원하지 않는 거예요. 사람은 항상 나쁜 쪽을 선택하려고 그러는 거예요. 여러분은 맷돌 되지 말고 가루가 되세요. 사랑제일교회 맷돌은 목사님 혼자로서 족해요. 내가 다 갈아줄 테니까. 여러분이 기어이 맷돌의 사명을 감당하려고 온 구역, 온 기관 다 쫓아다니며 그럴 필요가 없어요. 그냥 여러분은 가루만 되면 돼요.

4. 사람의 인격을 변화시키는 성령의 기름 부음

그래서 "누구든지 소제 예물을 여호와께 드리려거든 고운 가루로 예물을 삼아." 고운 가루가 제1번이에요. 고운 가루가 먼저 되면 그 위에 기름을 붓고. 그 위에 기름을 부으라고 해요. 그래야 기름이 가루, 가루 사이로 들어가요. 통밀 위에다 기름을 부으면 기름이 번들번들해져 버리고 성령의 역사가 외적 역사만 일어나지 깊이 성령이 임하지 않아요. 사람의 인격을 변화시키는 성령으로 나아가질 않는 거예요. 사람의 인격을 변화시키는 성령으로 나아가야 하는 거예요.

지금 이 가운데서도 지금 이 복음을 전혀 못 알아듣는 사람도 있어요. 그것도 오래 교회 다니는 사람들 중에서 귀가 막힌 사람이 있다니까요. 도대체 뭔 말인지, 맷돌이 뭔지, 가루가 뭔지, 무슨 빈대떡을 해 먹으려고 그러나? 지금 이 복음을 이해 못 하는 사람도 있어요. 그건 또 시간이 세월이 좀 지나야 하니까. 하나님의 때가 있으니까 그건 하나님께 맡겨놓고 그다음에 따라서 해요. 기름을 붓고. 기름을 부어야 하는 거예요. 기름을 붓고. 그러면 기름이 밀가루 사이사이로 깊이 스며들어요. 성령이 깊이 역사하는 사람은 스며드는 성령이 깊이 역사하는 거예요.

비도 봐요. 비도 소나기처럼 아스팔트로 다 굴러가는 비는 이거는 건수예요. 장맛비는 말이야 이슬비같이 와도 그게 자욱하게 땅 깊이 들어가는 거예요. 나무로 말하면 뿌리째 들어가는 거예요. 성령의 기름 부음이 그렇게 들어가야 하는 거예요. 성령의 기름부음이 깊이 들어가야 하는 거예요. 우리 속에 내 인격을 전체를 변화시키는 성령이 뿌리째 들어가야 하는 거예요.

5. 예수 향기로 온 땅을 진동하자

1) 유향의 역사
또 그 위에 유향을 놔라. 따라서 합니다. 유향의 역사. 이게 바로 향기란 말이에요. 그럴 때 향기가 나는 거예요. 예수 향기가 나는 거야. 내가 소제에 깊이 들어가서 향기가 나면 전도하기도 쉬워요. 세상 사람들이 자꾸 그 향기 맡으려고 나한테 끌려온단 말이에요. 교회까지 끌려와요. 그런데 자기한테서 그냥 썩은 냄새만 풍기면서 "교회 갑시다. 교회 가요." 그렇게 어떻게 한번 끌어다 놨다? 한번 오고 다시는 안 와버려요. 향기에 끌려오는 사람은 구원받아요. 우리 모두 소제 속으로 깊이 들어가서 사랑제일교회 예수 향기가 우리 한국 땅을 진동시켜서 우리 다음 주에도 총동원주일 승리합시다.

꼭 건성으로 듣지 마시고 하나님 앞에 기도하여 내 주위에 구원받을 사람이 있나 해서 구원의 복음을 전하여 오늘도 내가 총동원주일 이때 예배 마치고 교역자들 다 모여서 총동원 보고를 받을 텐데 새로 교회 나온 사람들이 오히려 오늘 보니까 전도를 많이 했어요. 오래 다니는 묵은닭들은 이제는 다 귀가 늙어서 '목사님 또 시작이야. 아이고~ 총동원 뭐 맨날 하는 걸 뭐~' 그래서 전도도 안 하고 그래요. 그러지 말고 이번 주에 한 명의 영혼을 구원하는 데 전력을 기울여 봐요. 그것이 성찬식 열 번 하는 것보다 나아요. 성찬식 한 번 했잖아요? 그 성찬의 복음을 알았으면 그걸 하나님과 사람에게 선포하는 것이 전도란 말이에요.

전도해 봐요. 막 신앙이 회복되고 기쁨이 오고 그래요. 따라서. <u>전도는 총체적인 신앙의 고백이다.</u> 전도는 총체적인 신앙 고백이에요. 내 속에 이루어진 것을 그 사람에게 전달하려고 애쓰는 거니까 내 속에 이루어졌다고 하는 신앙 고백이 될 수 있는 거예요. 나는 천국 지옥을 믿고 예수 십자가의 피를 믿고 믿는 것에 대한 하나의 행위의 신앙 고백의 총체적인 결정체가 전도란 말이에요. 그래서 이번 주일도 꼭 전도합시다. 우리가 12월이 되기 전에 우리 교회가 꼭 배로 부흥될 수 있도록 내년에는 한 달에 한 번씩 배로 부흥될 수 있도록.

2) 이슬람 세력의 한국 침투

난 오늘 새벽에 주일날 일어나서 기도하는데 내가 오늘은 이불속에서 자다 일어나서 내가 울면서 기도하는데. 매일같이 나는 우는 제목이 달라요. 오늘은 조금 낙심이 오는 거예요. 왜냐하면, 옛날에 그 로마를 생각하면서요. 옛날에 로마나 구라파는? 한번 생각해 봐요. 세계 지도 중에서 그 로마, 구라파 전체가 100% 다 예수 믿은 거예요. 한 사람도 빠짐없이 천하가 다 예수 믿은 거예요. 나중에는 복음이 너무 강해서 율법적으로 돌아서서 예수 안 믿는 사람은 종교재판에 회부 해서 불에 태워 죽여버렸어요. 그만큼 세계사의 중심에 역사적으로 예수화가 된 때가 있었단 말이에요.

그런데 우리나라는 100% 예수 믿는 그런 나라가 될 가능성이 없다고 하는 생각이 오늘 아침에 드는 거예요. 그래서 내가 낙심되면서 그냥 처절하게 눈물 흘렸어요. 한국은 이러다가 전광훈 목사 죽어버리면, 민족 복음화를 누가 외치는 사람도 없고, 시도하는 사람도 없고, 소리라도 지르는 사람도 없고. 이래서 우리나라 이 복음은 한 구석에 불교 그리고 기독교 그리고 또 이슬람이 지금 한국에 뛰어들어서 10년 내로 우리나라의 절반을 이슬람으로 하겠다고 해서.

아시안게임 하는 놈들이요? 무시무시한 일이 일어나고 있어요. 이것도 내가 국정원장 하셨던 그 김승규 국정원장님을 통해서 내가 들은 얘기 아니에요? 이슬람은 한국을 노리고 있다고요. 이슬람은 중동에 기름을 팔아서 오일달러, 돈이 많아요. 그래서 이번에 인천에서 아시안게임 땄잖아요? 몇 년 후에 아시안게임 인천에서 하는 거 알지요? 그때 중동에 있는 그 표가 아시안게임을 어느 나라에서 하는 투표를 할 때 중동에 있는 그 이슬람 사람들이 합쳐서 인천시장한테 딜(deal)을 했어요. "우리가 한국에 있는 인천을 아시안게임 도시로 표를 찍어줄 테니 조건이 있다. 첫째, 인천시 안에 이슬람 사원을 짓겠느냐? 이슬람 사원을 허가해 주겠느냐?" 돈은 자기들이 댄다. 인천시의 돈으로 짓는 게 아니고 자기네들에게 허가를 해 주겠냐? 그러니까 인천시장이 뭐 신앙도 없으니까 뭐 그냥 할렐루야지. "그렇게 하겠습니다."
그래서 아시안게임 딴 거예요.

그래서 지금 인천에 이태원같이 이슬람 성지가 생겨요. 그
리고 이슬람이 지금 한국을 이슬람화하기 위해서 세계 이슬
람 대회에서 뭐를 결정했냐? 한국에 집중포화를 퍼붓는데,
이슬람은 선교하는 데 방법이 필요 없어요. 수단 방법 다 동
원해요. 전쟁이 필요하다고 하면 바로 전쟁이에요. 한 손에
는 코란을, 한 손에는 칼을 들어요. 그리고 또 반대의 것이
필요하다면 반대를 해요. 그런데 지금 우리나라 하고는 전
쟁을 못 하지? 이슬람이 전쟁해서 한국에 들어와서 전부 다
알라 안 믿는 놈은 다 죽여버린다? 이슬람 국가는 안 믿으면
죽여버려요. 그냥 그렇게 하는 거예요. 그러니까 한국은 거
리 상도 그렇고 문화적으로도 그렇고 안 되니까 한국을 선
교하는 방법을 이슬람이 뭘로 정했냐?

무시무시합니다. 이슬람 남자 청년들을 한국에다가 처음
에는 3천 명을 보냈어요. 3천 명 보내면서 돈을 보따리로 줘
요. 오일 달러를 줘서 들어왔는데 들어와서 한국 처녀들하
고 결혼하는 거예요. 그래서 3천 명이 성공했어요. 지금 한
국 처녀가 이슬람 청년들하고 사는 사람이 3천 명인데 이것
이 벌써 1년 전에 3천 명인데 국정원장 김승규가 할 때 3천

명으로 확인됐고. 국정원에서 조사 다 하잖아요? 3천 명인데 올해 7월까지 얼마나 늘어났냐? 7천 쌍으로 늘어났어요. 무시무시합니다. 한국 처녀 중에 경제적으로 어려워서 지금 카드 부도난 사람들 노리는 거예요. 카드 부도나서 빚쟁이한테 쫓겨 다니고 날마다 밤에 그 채권자들이 와서 "너, 돈 내놔. 안 그러면 죽인다." 이렇게 협박당하니까 그런 사람한테 돈 5천만 원, 1억을 주면 그냥 뭐 죽을 판인데 어떡해. 차라리 결혼하는 게 낫지. 그래서 이슬람하고 결혼하는 거예요. 그래서 지금 한국을 이슬람 하기 위해서 그러면 거기서 태어난 자식들은 다 이슬람이고 무조건 저기 저 토요일 이태원 사원에 가야 하는 거예요.

이런 무시무시한 일이 일어나는 이런저런 생각을 하니까 오늘 새벽에 난 그냥 눈물밖에 안 나고 이러다가 이 한국 교회에 주님의 생명의 복음이 서서히 약해져서 한 동네에 큰 교회, 우리 교회나 여기 장석교회나 몇 개 교회만 남고 개척 교회들 다 없어져 버리고 해서 지극히 적은 하나의 종파로 한국 교회는 결국 한동안 세계가 부러워하는 교회로 성장했다가 시들어 갈 것을 생각하니까 오늘 아침에 일어나서 눈물밖에 안 나더라고요.

Ⅳ.
묵은 누룩을 내어버리자

그러나 우리 오늘 마음을 다시 한번 가다듬고 사랑제일교회가 이 나라, 이 민족을 구원합시다. 우리 교회가 이 나라, 이 민족을 책임지고 100% 복음의 나라를 만들어 보자. 과거에 유럽보다 더 세게 예수 믿는 나라, 하나님만 섬기는 그 나라를 우리가 한번 소제가 되어서 생명의 떡이 되어서 순수한 하나님의 떡이 되어 보자. 고린도전서 5장 6절 시작

(고전 5:6-8)

6. 너희의 자랑하는 것이 옳지 아니하도다 적은 누룩이 온 덩어리에 퍼지는 것을 알지 못하느냐

7. 너희는 누룩 없는 자인데 새 덩어리가 되기 위하여 묵은 누룩을 내어버리라 우리의 유월절 양 곧 그리스도께서 희생이 되셨느니라

8. 이러므로 우리가 명절을 지키되 묵은 누룩도 말고 괴악하고 악독한 누룩도 말고 오직 순전함과 진실함의 누룩 없는 떡으로 하자

그러니까 무교절의 떡이 되려면, "이러므로 우리가 명절을

지키되 묵은 누룩도 말고." 따라서 합니다. <u>묵은 누룩.</u> 이 묵은 누룩이 뭐가 묵은 누룩이냐면 잘못된 교훈이니까 여기에 근거를 둔 교훈이. 따라서. <u>자기의 견해 자기의 의지 자기의 뜻.</u> 이것이 섞여 들어간 떡을 이걸 묵은 누룩이라고 해요. 썩은 누룩이라 그러는 거예요. 우리는 순수한 깨어진 흠 없는 떡이 돼야 해요. 썩지 아니한 떡이 되어야 하는 거예요. 8절 말씀 시작.

(고린도전서 5:8)
이러므로 우리가 명절을 지키되 묵은 누룩도 말고 괴악하고 악독한 누룩도 말고 오직 순전함과 진실함의 누룩 없는 떡으로 하자

여기에 괴악하다, 누룩이다, 악독하다, 이러한 것들이 다 이 세 가지가 섞여 들어간 거예요. 따라서. <u>자기의 견해, 자기의 의지, 자기의 뜻.</u> 이것이 섞여 들어간 떡을 덜 깨진 떡, 이걸 썩은 떡이라 그러는 거예요. 이것은 하나님이 이렇게 냄새 맡아보고 "못 쓰겠다 못 먹겠다." 못 먹겠다는 건 "쓸 수 없겠다. 이건 못 쓰겠다 내가 먹을 수 없다."

구약 시대에 제사장들이 성소, 지성소를 다니면서 여기 성소 안에 있는 떡 상의 떡을 주워 먹어요. 이걸 진설병이라고

해요. 이 진설병을 이렇게 만드는 거예요. 제사장들이 배가 고프지 않도록 그 떡을 주워 먹으려고 이런 방법으로 만드는 거예요. 아까 내가 말했지요? 먹는다는 것은 쓴다는 것과 같은 거라고?

그러니까 먹을 떡이 없다는 것은 쓸 사람이 없다는 거예요. 사랑제일교회 성도들이여, 하나님이 쓰시기에 편한 사람이 됩시다. 하나님이 물질로, 환경으로, 여러 가지로 하나님이 쓰시기에 하나님이 좀 마음대로 편하게 쓸 수 있는 편한 떡이 됩시다. 그걸 먹을 만한 떡이라는 거예요. 목사님이 좀 먹을 만한 떡이 되어 주십시오. 제사장들이 다니면서 떡을 이렇게 먹으려고 한 개 주웠더니, 떡이 쉬었어. 예수님은 바리새인들을 향하여 뭐라고 하냐면 누룩 섞인 떡이라고 했어요. 바리새인들도 떡인데 잘못된 떡, 누룩 섞인 떡이라고 했다고요.

오늘 저녁에 사랑제일교회 모든 성도들은 몰랑몰랑한, 금방 나온 인절미가 되어서 하나님이 먹을 때 김이 모락모락 나도록 하나님이 군침이 살살 도는 떡이 되기를 바랍니다. "야! 내가 진짜 쓰기가 편하다. 정말 내가 사용하기 편하다." 하나님이 얼마나 모세한테 반했는지 "정말 이 지구상의 모든 인간 다 죽여버리고 너 하나를 새로 시조로 삼아서 네가 제2의 아담이 돼라. 제2의 노아가 돼라. 모든 인간 다 죽여 버리고 너와 네 후손을 통해서 새로운 역사 새로 시작하자." 하나님이 그렇게 제안한 적이 있어요. 하나님이 그렇게요. 모세가 하나님 앞에 하나님의 마음을 사로잡은 사람이에요. 그때 모세가 거절했다고요. "하나님! 정신 좀 차려요. 그러지 맙시다. 내가 그러면 좋을 줄 알아요? 차라리 그러시려면 나를 잡아 지옥에 던지소서." 그러니까 하나님이 더 미치는 거예요. 이게 바로 먹을 만한 떡인 거예요. 하나님이 빠져들어 가는 떡이에요.

오늘 모인 우리 모든 성도들이여, 하나님이 마음대로 쓸 수 있도록 먹을 만한 떡이 됩시다. 이번 주에도 하나님의 복음이 여러분을 통해 흐를 수 있도록 성령이 통과할 수 있도록 성령이 나를 통하여 통과하는데 제한이 되지 않도록 합시다. 따라서 합니다. 성령이여, 통과하여 주세요. 나를 통하여 다른 사람을 만지소서. 나를 통하여 다른 사람에게 생명으로 연결하소서. 성령이여, 나를 써 주시옵소서.

이번 한 주일도 진정한 소제가 우리의 삶 속에 이루어져서 우리 주위에 있는 사람들이 다 냄새를 맡을 수 있도록 고운 가루를 느낄 수 있도록. 한 번 따라서. 이야! 저 사람은 진짜 소제에 들어갔다. 우리 한번 그렇게 됩시다. 이번 주에 우리 소제의 능력을 한번 발휘해 보자고요. 한꺼번에 안 돼도 깜짝깜짝 깨어나서 '아이고! 또 덜 깨졌구나. 아이고! 목사님이 깨어지라고 하는데 나는 안 깨지고 다른 사람을 깨트리려고 덤볐네. 안 돼! 안 돼! 안 돼!' 따라서. 안 돼. 내가 가루가 돼야지 내가 맷돌이 될 수는 없어. 내가 언제까지 맷돌로 등장할 수 없어.

 두 손 높이 드시고, "주님, 온전한 소제가 되게 하여 주시옵소서. 바싹 깨어지고 고운 가루가 되고 성령이 내 속에서 나 자신 인격을 변화시킬 수 있는 가루 속까지 성령이 젖어들게 하여 주시고 하나님의 성령이여, 축축이 적셔 주시옵소서. 이번 한 주일도 먹기 좋은 떡이 되게 하여 주시고 하나님이 나를 쓰시는데 조금도 거친 돌이 되지 않게 하여 주세요." 다 같이 우리 "주여" 삼창하며 기도하겠습니다. "주여! 주여! 주여!"

09

소제 ④
기드온의 보리떡

설교 일시 2008년 10월 26일(주일) 오후 7시

대　　상 사랑제일교회 주일 저녁 예배

성　　경 사사기 7:10-16

10 만일 네가 내려가기를 두려워하거든 네 부하 부라를 데리고 그 진으로 내려가서

11 그들의 하는 말을 들으라 그 후에 네 손이 강하여져서 능히 내려가서 그 진을 치리라 기드온이 이에 그 부하 부라를 데리고 군대가 있는 진 가에 내려간즉

12 미디안 사람과 아말렉 사람과 동방의 모든 사람이 골짜기에 누웠는데 메뚜기의 중다함 같고 그 약대의 무수함이 해변의 모래가 수다함 같은지라

13 기드온이 그 곳에 이른즉 어떤 사람이 그 동무에게 꿈을 말하여 이르기를 내가 한 꿈을 꾸었는데 꿈에 보리떡 한 덩어리가 미디안 진으로 굴러 들어와서 한 장막에 이르러 그것을 쳐서 무너뜨려 엎드러뜨리니 곧 쓰러지더라

14 그 동무가 대답하여 가로되 이는 다른 것이 아니라 이스라엘 사람 요아스의 아들 기드온의 칼날이라 하나님이 미디안과 그 모든 군대를 그의 손에 붙이셨느니라 하더라

15 기드온이 그 꿈과 해몽하는 말을 듣고 경배하고 이스라엘 진중에 돌아와서 이르되 일어나라 여호와께서 미디안 군대를 너희 손에 붙이셨느니라 하고

16 삼백명을 세 대로 나누고 각 손에 나팔과 빈 항아리를 들리고 항아리 안에는 횃불을 감추게 하고

Ⅰ.
소제
: 떡의 제사

1. 5대 제사

할렐루야. 5대 제사입니다. 타락한 인생을 향하여 하나님께서는 하나님이 다시 타락한 사람을 만나주는 장소를 제단으로 정했습니다. 제단으로. 나를 만나려거든 제단으로 오라. 제단은 뭐냐? 이 제단은 예수 그리스도의 십자가를 말한다고 했어요. 하나님은 예수님 없이는 사람을 만나주지도 않고 예수님 없이는 사람과 상대하지 않겠다. 누구든지 나를 만나는 것은 예수를 통하여. 오직 중보자 되시는 예수님이십니다. 할렐루야.

그러면 예수님은 십자가에서 단번에 5가지 제사를 단번에 히브리서에 쓰여있는 그대로 다 이루셨는데 성경에 나와 있는 창세기부터 요한계시록까지의 모든 제사는 여러 가지가 복잡한 것 같아도 실제 그 내용을 딱 간추려 보면 5가지다, 그랬어요.

첫째, 번제. 이 번제는 사람의 원죄를 해결하고 인간에게 구원의 역사예요. 구원의 역사. 두 번째 따라서 합니다. 소제. 이 소제는 이것은 곧 깨어짐의 제사예요. 깨어짐의 제사니까 이것은 곧 자아의 파쇄. 자아가 깨어지는 거예요. 따라서 합니다. 화목제. 화목 제사 이것은 관계의 제사예요. 관계의 제사. 따라서 합니다. 속죄제. 이 속죄제는 이것은 자범죄예요. 인간의 자범죄를 해결하여 하나님과의 교제를 회복시킨다. 따라서. 교제를 회복시킨다. 할렐루야. 마지막으로 속건제. 속건제는 이것은 보상의 제사라고 했어요. 보상의 제사. 이와 같이 5가지 제사가 우리의 타락한 성도들 여러분과 저의 심령 속에 5가지 제사가 살아있는 사람은 하늘과 땅의 복을 받아요. 이 사람을 신령한 성도라 그리고 능력 있는 성도라 그래요. 온전한 성도라 그래요. 축복받는 성도예요. 할렐루야. 우리 모든 사랑제일교회 성도들에게는 이 5가지 제사가 늘 살아있기를 바랍니다. 큰 능력 있는 신앙 한번 해봅시다. 아멘.

2. 가루의 제사

우리가 그래서 번제 했고 소제를 하는 중인데 소제는 깨어짐의 제사고 이것은 제물이 곡식이에요. 곡식. 밀이나 보리나 곡식이란 말이에요. 곡식인데 이 곡식의 첫 단계가 뭐냐면 가루가 되는 거예요. 가루의 제사라고요. 가루의 제사. 바싹 갈려야 되는 거예요. 따라서. 가루가 되자. 하나님은 가루가 되는 사람을 열납한단 말이에요. 가루가 되는 사람을 쓰신단 말입니다. 믿습니까? 그러니까 자아가 깨어진 사람을 가루가 된 사람이라고 그래요. 우리 옆 사람 다 손잡고. 가루가 됩시다. 앞뒤로 다시. 고운 가루가 됩시다. 고운 가루가 돼야 해요.

   고운 가루가 되어야 그 고운 가루에 하나님이 기름을 부어요. 기름을 붓는다고요. 기름을 붓는단 말이에요. 깨어지지 않는 가루에는 기름을 부어도 기름이 깊이 안 들어가요. 밀이 통밀 깨어지지 않는 밀에다 기름을 바르면 밀 껍데기에 번질번질하게 발라지는 이렇게 성령 받으면 안 되는 거예요. 기름을 아주 속에까지 꼭 받아야 하는 거예요. 성령이 깊이 임재해야 해요. 괜히 겉으로 성령이 임재하면 안 돼요. 성령이 깊이 임재하여 고운 가루 구석구석 속 깊이깊이 임재해야 해요. 믿습니까? 막 그냥 들고뛰고 막 "주여" 소리 지르고 해도 성령이 깊이 임재하지 않는 사람은 왜 성령이 깊이 임재 안 하느냐? 성령이 겉으로만 왜 임재하냐? 깊이 임재하지 않는 그 사람은 깨어짐이 적은 사람이에요. 깨어짐이 적은 사람은 성령의 깊은 내적 기름 부음이 적어요. 그러니까 우리 사랑제일교회 성도들은 그 성령의 불을 받아도 겉 불 받으면 안 되고 속 불을 받아야 해요. 성령이 깊이 들어가야 해요. 믿습니까? 그래서 성령과 깊은 교통이 이루어져야 한다, 이거죠.

3. 떡의 제사

이렇게 되면 이제 소제를 통하여 가루의 제사였고 그 다음은 이것은 떡의 제사예요. 따라서. 떡의 제사. 떡이란 말이에요. 이 떡이 이루어지는데 깨어지고 기름 부어서 그다음에 뭉쳐서 구우면 떡이 돼요. 이것이 떡이 되는데 떡이 되면 이 떡이 굉장한 능력이 있습니다.

II.
기드온의 보리떡

1. 적진을 무너뜨린 기드온의 보리떡

성경에 보면요? 여기에 대한 상징적 말씀 중에서 기드온에 대한 얘기가 있어요. 기드온 말씀을 한번 넘겨볼까요? 사사기서 한번 넘겨보세요. 여기 보면 떡이 어떤 역할을 하는가? 이것은 곧 소제가 이루어진 상태를 말하는 겁니다. 7장 10절부터요.

(사사기 7:10-16)

10. 만일 네가 내려가기를 두려워하거든 네 부하 부라를 데리고 그 진으로 내려가서

11. 그들의 하는 말을 들으라 그 후에 네 손이 강하여져서 능히 내려가서 그 진을 치리라 기드온이 이에 그 부하 부라를 데리고 군대가 있는 진 가에 내려간즉

12. 미디안 사람과 아말렉 사람과 동방의 모든 사람이 골짜기에 누웠는데 메뚜기의 중다함 같고 그 약대의 무수함이 해변의 모래가 수다함 같은지라

13. 기드온이 그 곳에 이른즉 어떤 사람이 그 동무에게 꿈을 말하여 이르기를 내가 한 꿈을 꾸었는데 꿈에 보리떡 한 덩어리가 미디안 진으로 굴러 들어와서 한 장막에 이르러 그것을 쳐서 무너뜨려 엎드러뜨리니 곧 쓰러지더라

14. 그 동무가 대답하여 가로되 이는 다른 것이 아니라 이스라엘 사람 요아스의 아들 기드온의 칼날이라 하나님이 미디안과 그 모든 군대를 그의 손에 붙이셨느니라 하더라

15. 기드온이 그 꿈과 해몽하는 말을 듣고 경배하고 이스라엘 진중에 돌아와서 이르되 일어나라 여호와께서 미디안 군대를 너희 손에 붙이셨느니라 하고
16. 삼백명을 세 대로 나누고 각 손에 나팔과 빈 항아리를 들리고 항아리 안에는 횃불을 감추게 하고

이게 무슨 뜻이냐? 이게 사사기의 그 기드온 얘깁니다. 기드온 300명 용사 잘 아시죠? 기드온이 미디안하고 싸울 때 아말렉하고 싸울 때 앞의 얘기는 다 건너뛰고 300명 용사로 정예부대를 만들었어요. 300명입니다. 기드온 300명 용사만 있으면 오늘날도 여러분, 무슨 일이든지 다 해내요. 오늘 저녁에 여기 오신 분들을 다 세면 300명은 넘을 것 같아요. 여기 300명 여러분과 제가 기드온 300명 용사가 되자! 그러면 마귀가 거꾸러지고 민족 복음화도 할 수 있어요. 할렐루야.

기드온이 이제 300명 정예부대를 만들어서 적군하고 딱 대치했습니다. 그때 기드온이 전술을 부린 거예요. 자! 누가 정탐꾼으로 가라! 이거예요. 그래서 그 미디안 진중에 숨어서 요렇게 가보니까 자기들끼리 뭔 얘기를 하는데 그 이야기 내용이 이런 얘기예요. 어떤 한 놈이 저녁에 자다가 꿈을 꿨다는 거예요. 꿈을 꿨는데 꿈의 내용이 뭐냐 하면 진중에

보리떡이 굴러들어 왔어요. 보리떡이 굴러들어 왔는데 이 보리떡 앞에 말이야? 성경이 어떻게 돼 있나요? 이렇게 돼 있잖아요? 다시 한번 보실까요? 여기 보면,

(사사기 7:9)
이 밤에 여호와께서 기드온에게 이르시되 일어나 내려가서 적진을 치라 내가 그것을 네 손에 붙였느니라

적진을 치라. 적진을 칠 때에 영적으로 보리떡이 되어 있는 사람은 적진을 치면 이깁니다. 이 보리떡이 바로 기드온 300명 용사예요. 그것은 오늘 말씀으로 말하면, 기드온 300명 용사는 소제가 이루어졌다는 거예요. 300명의 가슴속에 소제가 이루어졌다는 거예요. 그래서 "치라. 적진을 치라. 내가 그것을 네 손에 붙였느니라."

(사사기 7:10-11)
10. 만일 네가 내려가기를 두려워하거든 네 부하 부라를 데리고 그 진으로 내려가서
11. 그들의 하는 말을 들으라 그 후에 네 손이 강하여져서 능히 내려가서 그 진을 치리라 기드온이 이에 그 부하 부라를 데리고 군대가 있는 진 가에 내려간즉

부하를 데리고 내려가 봤단 말이에요. 내려가니까 미디안 사람과 아말렉 사람과 동방의 모든 사람이 골짜기에 누워서 이제 집결지 군대에서 숙영지를 만들어서 누워서 있는데 그 숫자가 얼마나 많냐면 메뚜기 같아요. 메뚜기. 그러니까 기드온 군대는 300명이고 그 아말렉 사람 미디안 사람 동방 사람은 그 숫자를 다 셀 수 없어서 메뚜기 같다, 그랬어요. 메뚜기 같은 수백, 수천, 수십만 군대하고 300명하고 어떻게 싸워서 이기겠습니까? 숫자적으로 보면 기드온 군대는 300명밖에 없어요. 그 대적은 메뚜기 같다, 그랬어요. 숫자적으로 보면 아말렉이 이겨요? 이스라엘이 이겨요? 당연히 아말렉이 이기죠. 숫자적으로 보면. 그렇지요?

그런데 이제 꿈 내용을 한번 보세요. 그러니까 군대가 많다고 이기는 게 아니에요. 오늘날도 마찬가지예요. 똑같아요. 잘 들어야 해요. 13절을 보면 "기드온이 그곳에 이른 즉 어떤 사람이 동무에게 꿈을 말하여 이르기를." 미디안 진에 딱 들어가보니까 군대 중에서 메뚜기같이 누웠는데 숨어서 가만히 들어가 보니까 자기들끼리 뭔 얘기를 하는 거예요. 적군의 진지 안에서. "동무에게 꿈을 말하여 이르기를 내가 한 꿈을 꾸었는데 꿈에 보리떡 한 덩어리가 미디안 진으로 막 굴러들어 왔다." 이거예요. "한 장막에 이르러 그것을 쳐서 무너뜨리니 곧 쓰러지더라."

그러니까 이 메뚜기 같은 군대들이? 군대 직영지 알잖아요? 군인들이 이게 싸울 때면 집결지에 모여서 여기서 작전 하달을 받고요? 옛날 전쟁이나 지금 전쟁이나 똑같아요. 여기에다 막 대대별로 여기에 막 중대별로 이렇게 텐트를 쳐놓고 군인들이 싸울 준비를 하다가 전쟁이 시작되면 여기서 보급을 다 받아야지? 여기서 물도 넣고 양식도 채우고 전쟁 무기도 보충받고 해서 그래서 하나는 이쪽 산으로 저쪽 산으로 대대 연대 이렇게 작전계획 한단 말이에요. 군대에서 이 포병 출신들은 잘 알지요. 포병 출신들은요. 군대에서 포병 해 본 사람 손 들어 봐요. 포병 주특기. 포병? 포병이요? 포병이 타깃(target)으로 노리는 제1타깃이 뭐냐 하면 숙영지에요. 숙영지. 여기다가 포탄 한 발만 딱 때려버리면 일개 연대가 죽어요. 우리나라 포병의 주력 화기가 155미리(mm)예요. 106미리로부터 시작하여 155미리. 요즘 신형탄은요? ICM인가 하는 이 신형 포탄이 있는데 이것은 포탄이 세 번 터져요. 세 번. 155미리의 주력 화기에다 넣어서 꽝 때리면, 가운데 꽝 포가 터지면, 포가 깨어지면서 한꺼번에 파편으로 탁 퍼지는 게 아니고. 일단은 이것이 10조각 20조각 큰 덩어리로 펑 튀어 올라. 펑 튀어 오르면 여기서 다시 떨어져요. 그러면 여기서 다시 또 터져요. 이것이 다시 이중 삼중으로 터지면 여기서 터질 때는 뭐로 터지냐 하면 수류탄만 하게 터져요. 주먹만 한 수류탄만 하게 터져서 이 수류탄이 공중에 여기서 펑 튀어서 공중에 1미터(m) 위에서 폭발해요. 이런 무기가 있는 거예요. 1미터 위에서 폭발하면 이 전체가 전부 한 방의 포탄 앞에 그냥 전멸되는 거예요. 포탄 한 발에 일개 연대를 죽일 수 있는 거예요. 내가 뭔 말을 하려고 하는데, 모르지? 방위는 몰라. 방위가 어떻게 이런 얘기를 알겠어. 방위는 이런 개념 모른다니까. 그러니까 한 발만 탁 포병한테 걸리면 팡 팡팡 마지막 세 번째 터질 때는 전부 구석구석 나뉘어져서 요만한 수류탄이 1미터 위에서 팍 퍼지면서 터지는 거예요. 여자들은 잘 들어요. 그러면 그냥 일개 연대가 그 자리에서 그냥 다 죽는 거예요. 이해가 돼요?

이걸 집결지, 숙영지라 그래요. 숙영지. 군인들이 모여서 잠자는 데. 전쟁터에 기드온이 여기에 숨어 들어갔어요. 하나님이 들어가 보라고 해서. 얘들이 무슨 말을 하는가? 그랬더니 이 아말렉 사람들이 얼마나 숫자가 많은지 메뚜기 같아요. 전쟁은 숫자에 있지 않다. 전쟁은 여호와께 속한 것입니다. 사람의 숫자나 무기에 있지 않다는 거예요. 오늘날도 똑같아요. 오늘날도. 아멘.

갔더니, 요놈 둘이 텐트 안에서 붙어 자면서 오손도손 얘기하는데 기드온이 밖에 숨어서 가만히 들었더니 한 놈이 이렇게 말했어요. "야야! 나 어젯밤에 꿈을 꿨는데 말이야. 갑자기 우리 부대에 이렇게 모였는데 갑자기 말이야 보리떡 하나가 굴러들어 오더라고. 보리떡." 수류탄이 굴러들어 온 게 아니고 보리떡이 굴러들어 오더라는 거예요. 굴러들어 오더니 이 전체를 다 쓰러뜨려서 박살 났다, 이거예요. 그랬더니 다른 놈이 "그 꿈을 내가 해석해 줄게. 그게 뭐냐 하면 이 보리떡이 지금 우리가 싸우는 바로 누구냐 하면 기드온 군대야. 그래서 우리는 오늘 저녁에 다 죽어. 너도 죽고 나도 죽고." 요 애기를 기드온이 들은 거예요.

2. 소제가 이루어진 기드온의 300 용사

1) 300명 의지가 깨어져 한 떡이 된 기드온 군대

그러면 여러분, 생각해 봐요. 왜 기드온의 300명 용사를 하나님이 이걸 보리떡으로 표현했을까? 보리떡이 어떻게 굴러들어 왔는데 모든 적군이, 메뚜기 같은 적군이 어떻게 다 죽을까? 보리떡 앞에. 오늘 밤에 여러분과 저도 오늘 예배 마치고 세상 나가서 세상에서 우리가 다 돈 버는 전쟁, 삶의 전쟁, 일하는 전쟁, 그 모든 영육 간의 전쟁에서 이기려면 오늘 여러분과 저도 보리떡이 돼야 합니다. 아니 여기에 무슨 뭐 탱크가 갔다? 탱크 앞에 다 죽었다? 하면 이해가 되지. 무슨 화살을 쐈는데 죽었다? 해야 이해가 되지만 보리떡이 굴러

들어갔는데 보리떡 앞에 다 죽은 거예요. 보리떡 앞에.

　왜 하나님이 이렇게 기드온 300명 용사를 보리떡이라 그
랬을까요? 떡 앞에 다 죽은 거예요. 떡 앞에 다 죽었어요. 왜
이 떡 앞에 죽었냐면 이 떡이 바로 이 떡이에요. 기드온 300
명 용사 속에 바로 이 깨어짐이 이루어졌어요. 할렐루야. 깨
어짐과 소제가 이루어져서 이제는 300명이 다 각자 개인플
레이 하는 게 아니에요. 밀알이 300개로 흩어져 있는 게 아
니라 밀알 300개가 다 가루가 되어서 300개가 아니라 이거
는 1덩어리가 된 거예요. 이것은 결속력을 말하는 거예요.
결속력. 사랑제일교회도 모든 성도의 심령에 소제가 이루어
지면 사랑제일교회는 한 떡이 되는 거예요. 한 떡이 되면 우
리 교회가 하는 모든 일 앞에 천하에 당할 사람이 없는 거예
요. 믿습니까? 이해되시면 아멘.

2) 10만 개 의지가 성성한 10만 명 군대의 필망
　그런데 이게 소제가 이루어지지 않는 이러한 사람들은?
내가 지난주에 말하기를 깨어지는 것이 견해 의지 뜻 이것
이 깨어진다고 그랬잖아요? 이걸 박살 나는 걸 가지고 이걸
가루가 된다고 하는 거예요. 그런데 여기 메뚜기같이 이게
숫자가 많이 모이면 뭐 해? 이거는 전부요? 10만 명 모여도
전부 10만 명이 뜻이 각자가 10만 개의 뜻이 있는 거예요.

이런 군대는 능력이 없는 거예요. 이런 군대는 10만 명이 모이면 뭐 하겠어요? 이건 전부 10만 명의 견해가 다 다른 거예요. 다 다르니까 결속력이 하나도 없는 거예요. 기드온 300명 용사는 숫자가 300명밖에 안 되지만 거기는 아무런 의지 없어요. 하나님의 의지 그다음에 기드온의 의지 하나밖에 없어요. 기드온이 "일어나 들어가서 죽어!" 그러면 죽는 거예요. 죽고자 한 자는 사는 거예요. 그래서 결국은 기드온 군대 앞에 애들이 다 죽은 거예요. 믿습니까?

3. 교회는 소제가 이루어져야 한다

그래서 교회는 소제가 이루어져야 하는 거예요. 교회 안에는 소제가 이루어져야 해요. 사랑제일교회는 하나님의 말씀이 깊이 임하여 전부 다 깨어져서 다 가루가 되고 거기에 기름이 부어져서 우리는 한 떡이 되어야 해요. 한 떡. 아멘. 그런데 한 떡이 안 될 때가 많아요.

보면 우리 교회도 가만히 보면 1년에 한두 명씩 말이야 하이고 웃겨요. 아이고 아버지! 아이고 아버지! 내가 이렇게 설교를 자세하게 가르쳐주고 성경을 이렇게 자세히 가르쳐주고. 지구상에서 나만큼 성경을 자세히 가르치는 사람 없어요. 아멘 안 하지 또? 아멘 안 해? 고것까지도 흉보려고 지금 핸드폰을 만졌다 안 만졌다 또 하고 있지? 또 핸드폰을 만졌다 안 만졌다 하지? 지구상에서 목사님만큼 성경을 깊이 가르치는 사람이 없다니까! 이렇게 깊이 가르쳐도 못 알아들어요. 못 알아듣고 죽도록 가르쳐줘도 또 말이야 며칠 전에 또 왔어요.

"목사님, 내 생각에는요? 그래서 그렇습니다." 내가 "주일 저녁 설교는 뭐 하러 듣고 앉았냐?"고. 나는 개인적으로 1대 1로 만나면 약해서 그냥 다 맞다고 해줘요. "예, 맞습니다. 그렇지요. 그래요." 그리고 딱 상담 끝나면 나 혼자 그래요. "미친년." 그래요. 나 혼자. "너는 주일 저녁 설교를 왜 듣냐?" 이래요. 나는. 아니 소제가 되라고 했잖아요? 깨어지라고 그랬잖아요? 깨어지라? 뭐가 깨어지라고 그래? 따라서. <u>견해 의지 뜻</u>. 이걸 깨어지는 걸 소제라고 그렇게 가르쳐줬는데도 목사님 앞에 와서 또 자기 견해와 자기 의지를 발동시켜서 거꾸로 말이야 자기 앞에 내가 깨어지라네? 또? 아이고 이런 참나! 도대체가 그러면 돼요? 안 돼요? 안 되는 거야. 안 되는 거야. 사랑제일교회 성도들은.

4. 생명의 한 떡이 되자

이게 성경에 봐요. 원래 가루라고 하는 것은 제일 연약한 거잖아? 가루는 보들보들하잖아? 그런데 가루가 능력이 있다! 떡이라고 하는 것이 뭐, 떡이 그것이 뭐, 떡 가지고 찌르면 들어가요? 떡 가지고 대가리 딱 때려봐? 찰싹 달라붙지. 떡 가지고 때린다고 죽겠어요, 그게? 그런데 성경에 말이야 기드온의 이 300명 용사가 아말렉과 미디안을 치는 것을 떡이 굴러가서 쳤다고 했어요. 그런데 그 떡 앞에 이게 다 죽었다, 그랬어요. 떡 앞에. 떡이 가장 물렁물렁하고 떡이 가장 약한 것 같지만 어떻게 떡이 능력이 있냐? 그것은 뜻이 소제라는 뜻이에요. 소제. 기드온 300명 용사는 이제는 300명이 아니에요. 일사불란한 거예요. 일사불란해. 아멘.

그래서 군인들은 일사불란해야 이기는 거예요. 몽골의 칭기즈칸이 유럽을 칠 때? 아시아 사람 동양 사람으로서 유럽을 점령한 예는 딱 칭기즈칸 하나밖에 없어요. 유럽 군대들이 늘 아시아를 치고 동방을 쳤지. 이 동방 군대 칭기즈칸이 서양을 쳐서 세계를 다 점령한 것은 칭기즈칸 하나밖에 없는데. 지금 몽골 있잖아요? 그 후진국 몽골 개들이란 말이야. 옛날에 몽골리안. 그런데 칭기즈칸이 말을 몰고 서양을 칠 때 말이야 이 칭기즈칸 군대가 숫자가 안 많았어요. 숫자는 적으니까, 저쪽 서양 군대들이 늘 칭기즈칸 군대를 깔봤어요. "아유~ 저것들 말이야 말 몇 마리 타고 와서 우리를 이겨?" 그래서 서양 사람들은 말로 안 싸우고 전부 로마식으로 큰 갑옷을 입고 방패를 손에 들고 투구를 쓰니까. 웬만한 장정은 다 갖춘 투구와 갑옷이 무거워서 일어나지도 못해요. 로마 군대 전법이에요. 옛날 시대에나 통했던 거예요. 그걸 앞에 1줄 2줄 3줄 세워서 긴 창을 가지고 웃샤! 웃샤! 이러면서 온단 말이에요. 그런데 그것이 로마가 헬라를 칠 때나 로마가 마케도니아 칠 때 그때는 그게 된 거예요. 그 시대는. 덩치 큰 사람만 앞세워서 나처럼 목사님처럼 덩치 큰 사람, 거기다가 막 투구를 하늘 높이 이만하게 쇠로 만들어서요. 그런데 원체 무거운 이 장구를! 갑옷에다가 철갑옷에다가 그리고 투구를 썼지! 눈알만 이렇게 내놨지! 하니까 100미터만 전진하면요? 으~ 나중에 힘없어서 주저앉아 버려요. 이걸 칭기즈칸이 안 거예요. 이해돼요? 칭기즈칸이 서양 군대의 약점을 알아낸 거예요.

칭기즈칸의 군대는 뭐냐. 투구도 없어요. 칭기즈칸 군대는 갑옷도 없어. 쇠로 만든 옷도 없어. 전부 다 뭐냐. 17, 18살들. 나이가 조금 먹어서 장가를 간 사람은 이게 처자식을 생각하느라고 "공격 앞으로!" 해도 '내가 죽으면 우리 애새끼 누가 키우나?' 이래서 안 되는 거예요. 칭기즈칸이 장가간 놈은 전부 다 뒤로 물리고 전부 17, 18, 19살만 딱 뽑는 거예요. 애들은 단순해서 술 한 잔만 먹여놓으면! 17, 18, 19살이 제일 무서운 거예요. 그래서 걔들 딱 뽑아서 그냥 날 선

말을 태워서 전쟁을 하는 게 아니에요. 로마 군대가 서 있는 바깥으로 돌리는 거예요. 말 타고 다그닥~ 그러면 이게 으이샤~ 으이샤~ 하다 보니까 저리 와서 또 이리 와서 나중에 몇 번 따라다니다가 전부 제자리에서 다 누웠어요. 누워 있는 놈에게 가서 말에서 내려가지고 칼 가지고 모가지에다 탁탁. 이래서 칭기즈칸이 세계를 점령한 거예요. 일사불란하게 칭기즈칸 한마디의 말에 그 17, 18, 19살의 기마병 애들이 숫자는 아주 적은데 그냥 칭기즈칸이 "동쪽으로!" 그러면 말을 타고 다다닥, 다다닥, 다다닥 하고 여기 와서 메롱, 메롱, 메롱 그러니까 현란하게 움직이니까 이 덩치 큰 갑옷을 입은 사람들이 으이샤~도 한두 번이잖아요? 그래서 다 고꾸라진 거예요. 이해돼요?

내가 이런 말들을 말이야 청교도 목회자 집회할 때 말씀학교 할 때 이런 말을 하면요? 목사님들이 그래요. "참! 전광훈 목사님은 아는 것도 많다. 아니, 맨날 학교 다닐 때 꼴등 했다 그리고 62명 중에서 61등 했다고 그러는데 거짓말이야. 거짓말. 어떻게 그렇게 아는 게 많아?" 그런데 사실 나는 이게 책도 별로 안 읽었거든요. 그런데 안 믿어요. 성령이 나타나면 다 알아요. 성령이 나타나면 역사도 보이고. 오늘 낮에도 내가 과학 얘기 봐요. 그죠? 오늘 낮에 여기 누가 왔냐 하면 김영삼 대통령 보좌관 그 박종훈 의원이 왔단 말이야.

여기에 국회의원 3번 한 사람. 김영삼 대통령 비서예요. 비서. 나한테 뭘 전달하러 왔단 말이에요. 오늘 낮에 왔는데 그 사람 예수 안 믿어요. 예수 안 믿는데 그래도 교회는 많이 가봤대요. 왜냐하면 김영삼 대통령이 장로님이기 때문에, 자기가 이제 비서 일을 하니까 늘 대통령 모시고 다니다 보면 주일날은 교회 따라간대요. 그런데 그 사람이 와서 박종훈 의원이 와서 그러는데, "이야~ 나요? 국회의원 3번 하면서 선거 운동하려고 부산 전역의 교회 안 가본 데가 없어요. 그냥 선거철 되면 다 목사님들 꼬시려고 예배 시간에 가서 헌금 10만 원 하고 다 꼬시려고 했는데 나는 목사님같이 설교 하는 사람 처음 봤어요." 처음 봤대요. 오늘 낮에 내가 설교하는 거 보고. 목사님같이 설교했으면 자기도 이미 예수 믿었을 거래요. "야~ 쏙쏙 들어오네요. 쏙쏙 들어와." 그런데도 여기서 은혜 못 받는 인간이 있어요. 참! 기가 막히지. 참! 목사님같이 그렇게 설명한 사람 처음 봤대요. 처음 봤대. 세상에~ 주일날 낮에 무슨 뭐 칠판을 갖다 놓고, 막 그냥 뭐, 우주가 어떻고, 뭐 어떻고! 그러니까 성령이 나타나면 다 보여요.

그러니까 칭기즈칸이 그 적은 군대 가지고 17, 18, 19살짜리 어린애들을 데리고 말을 가지고 유럽을 평정했던 것은 칭기즈칸 하나를 중심 하여! 이게 성경 원리가 거기도 적용

된 거예요. 딱 생명을 연합한 거예요. 단독 밀끼리 존재하면 안 돼요. 밀이 깨져서 하나의 생명 공동체로 오늘 저녁에 사랑제일교회 이렇게 되어야 하는데! 이렇게만 되면요? 이 나라를 우린 건질 수 있어요. 마귀가 물러가! 아멘. 우리 다 생명의 한 떡이 됩시다! 옆 사람 다 손잡고. 생명의 한 떡이 됩시다.

⟨보리떡과 같은 이 몸 축복 하시사⟩

1. 보리떡과 같은 이 몸 축복 하시사
하늘 생명 떡이 되어
복음으로 우리 동포 먹여 살리게
말씀 내려주옵소서

(후렴) 나는 지금 당나귀 턱뼈 같은 몸이나
주님 손에 맡기고 복종하고 가오니
주여 잡아가지고 블레셋을 치소서
영광 돌립니다 아멘.

2. 양각 나팔 불며 성을 돌고 또 돌 때
여리고 성 무너졌다
주여 나를 복음 나팔 만들으시사
크게 불어주옵소서

3. 지팡이가 능력 있어 행함 아니요
   잡은 손에 능력 있네
   마른 막대 같은 나를 잡아 주시사
   역사하여 주옵소서

4. 시냇가의 작은 돌로 골리앗 대장
   쳐서 넘어뜨림같이
   나와 같이 작은 돌을 취해 가지고
   사탄이를 치옵소서

5. 폐물 이용 잘하시는 우리 하나님
   지금 믿고 바칩니다
   약한 자로 강한 자를 물리치시는
   그 능력을 믿습니다

6. 상한 갈대 꺾지 않는 하나님께서
   생명 약동시키시며
   꺼져가는 등불까지 끄지 않고서
   기름 쳐서 피우시네

7. 저주 받아 죽을 인생 살려주시니
   아까울 것 무엇이며
   무용지물 선택하사 사명주시니
   안 바치고 견딜쏘냐

Ⅲ.
한 떡의 능력

1. 생명 공동체가 되자

보리떡이 능력 있습니다. 보리떡 한 덩어리가 굴러가니까 미디안이 박살 났어요. 그러니까 300명의 생명이 300개가 아니라 한 의지 앞에 하나가 된 거예요. 기드온 한 사람의 말 앞에 300명의 생명이 기드온한테 자기 생명을 내놓은 거예요. 기드온에게 "내 생명을 마음대로 쓰세요." 그러니까 300명 앞에 메뚜기 군대가 다 무너지는 거예요. 믿습니까? 사랑제일교회도 마찬가지예요. 오늘 우리 주님 앞에 다 자기의 생명을 깨뜨려 예수 앞에 던져봐요. 그러면 우리가 죽는 게 아니에요. 이게 사는 원리예요. 가정도 마찬가지예요. 가정에 4식구가 산다고 하면, 4식구가 다 생각이 다 달라요. 아빠 생각이 다르고 엄마 생각이 전부 독립된 의견들을 다 가져요. 이거는요? 보리떡이 아니라 개떡이에요. 개떡. 그런 집구석은 망해요. 그러니까 한 집안도 엄마 아빠 아들딸 이렇게 4식구가 살면 이것이 생명 공동체가 돼야 해요. 자기의 견해 자기의 의지 자기의 뜻은 내려놓고 하나의 뜻으로 깨어져서. 이러면 그 가정은 승리해요. 그 가정은 살아요.

아멘. 교회도 마찬가지예요. 성경은 바로 그걸 말하는 거예요. 그걸 표현하기 위해서 기드온의 꿈이 나타난 거예요. 믿습니까? 할렐루야. 오늘 다 생명 공동체가 됩시다. 옆 사람 다시 손잡고 자, "우리 모두 생명 공동체가 됩시다." 생명 공동체 됩시다. 목사님하고 생명 공동체가 될 사람은 아멘! 여기 붙어요. 목사님하고 생명 공동체가 될 사람 여기 붙어. 이렇게 잡아야지. 붙어! 그러면 우리도 보리떡이네! 이제 다 한 떡이네! 사랑제일교회가 굴러가는 앞에는 어떤 대적이든지 다 거꾸러지네! 틀림없네! 민족 복음화도 이룰 수 있네! 진짜요? 아멘만 커.

2. 깨어져야 한 떡이 된다

1) 실제로 깨어지자

한 떡이란 게 뭐라고 그랬어요? 내가 지난주에 말한 걸 다시 설명하면. 견해, 자기의 견해를 내려놓고 할렐루야! 의지를 내려놓고 뜻을 내려놓고 할렐루야! 그래서 자기의 뜻 자기 의지 견해 내려놓고. 그것이 바로 깨어짐이라고 그랬잖아요? 그것이 밀가루가 보들보들하게 깨어짐이라고 그랬잖아요? 할렐루야. 그런데 말이야 이게 진짜 자기의 의지? 모를 때는 계속 반복으로 가르치는 길밖에 없어요. 의지 뜻 견해? 이게요? 참, 사람이 미쳐요. 성도들에게 내 설교해 보면 설교할 때는 얼굴 보면 다 알아들은 것 같아서 내가 속고 설교를 끝내요. 표정 보면. 봐! 이거! 아주 보면 눈도 아주 그냥 반짝 뜨고 아멘 하는 걸 보면 저 정도면 알아들었겠다 하고 내가 속아요. 속고 설교를 끝내는데 실제로 삶에 적용해서 딱 들어가 보면 하나도 안 깨진 거예요. 그러니까 내가 미치는 거야. 그냥 미쳐. 오늘 여러분, 위장술 쓰지 마. 안 깨진 놈들은 안 깨진 그대로 표정 좀 내. 박살 좀 나요? 할렐루야요?

그러니까 우리 사랑제일교회는 우리 교회는 최소한 세상의 어떠한 단체보다 결속력이 강해야 해? 시루떡이 돼야 해? 강해야지?

2) 떡 중의 떡, 카타콤의 성도들

세상의 어떤 단체도 로마의 지하교회 카타콤(catacomb)을 이길 길이 없었어요. 카타콤의 단결력은요? 로마 정부 네로가 못 이기는 거예요. 카타콤도 이 동네 저 동네 서로 기독교인이 한두 명이에요? 수도 없이 많아요? 차 타고 가면 차 뒤에다가 이렇게 '예수 그리스도'라고 하는 그때 로마의 글자 물고기 있잖아요? 물고기? 차 뒤에 그리스도인들의 표시. 알지요? 저 사람 만나서 손으로 이렇게 하면 이게 암호예요. 나 예수 믿는다는 뜻이에요. 물고기가 예수 믿는다는 뜻이에요.

이것이 암호란 말이에요. 카타콤 지하교회 암호예요.

  그러면 처음 본 사람이나 저쪽 동네 카타콤 성도나 이쪽 동네 카타콤 성도나 예수 그리스도라는 이름만 부르면 마치 벌써 10년 같이 살아온 부모 형제보다 더 빨리 그냥 확 섞여 버리는 거예요. 결속력이. 그러니까 로마의 정부가 못 이겨요. 떡 중의 떡으로 되어 있는 연합돼 있는 그 카타콤 성도들을 로마 정부가 그렇게 군대 가지고 강력한 군대 가지고도 땅속에 숨어있는 카타콤 성도를 못 이겨요. 카타콤 성도들은 소제가 이루어져 있기 때문에 생명의 연합이 이루어졌어요. 다 깨어져서 너 생명 내 생명이 하나예요. 생명의 공동체가 이루어져 있었기 때문에 그런 겁니다. 믿습니까? 이해되시면 아멘. 할렐루야.

〈나의 힘이 되신 여호와여〉

1. 나의 힘이 되신 여호와여 내가 주님을 사랑합니다
주는 나의 반석이시며 나의 요새시라
주는 나를 건지시는 나의 주 나의 하나님
나의 피할 바위시요 나의 방패시라
나의 하나님 나의 하나님
구원의 뿔이시요 나의 산성이라
나의 하나님 나의 하나님
그는 나의 여호와 나의 구세주

2. 나의 생명이신 여호와여 내가 주님을 찬양합니다
주는 나의 사랑이시며 나의 의지시라
주는 나를 이끄시어 주의 길 인도하시며
나의 생의 목자 되시니 내가 따르리라
나의 하나님 나의 하나님
생명의 면류관으로 내게 씌우소서
나의 하나님 나의 하나님
그는 나의 여호와 나의 구세주

3. 기꺼이 깨어질 수 있는 이유

1) 자아의 깨어짐

지난 주일 저녁에 드린 말씀을 내가 다시 요약할 테니 따라서 하면, 소제가 되자. 소제가 되려면 첫 번째 과정이 깨어짐이에요. 깨어지는 것은 뭐가 깨어지냐. 인간으로 말하면 자아. 이 자아는 자기의 자아라고 하는 것은 자기 쪽에서 보면 대표 기관이에요. 이걸 자기 쪽에서 보면 이거는 자아의 생명이라고 해요. 자기 쪽에서 보면 자기의 전체를 대표하는 기관이라고요. 그러니까 자아를 깨라고 하면 우리 듣는 사람 쪽에서는 '나는 뭐야? 그럼? 나는 그러면 개똥이냐? 하나님 하나를 위해서 나는 그럼 존재도 없어야 하고 그냥 뭐, 그럼 뭐냐?' 목사님 앞에 깨지라고 하면 '목사님 혼자

만 왕 노릇하고 나는 뭐냐? 난 존재도 없고? 그럼, 목사님 혼 자만 대장 노릇 하려고 하고 나는 그러면 뭐냐? 그러면 나는 그럼 뭐, 존재도 없잖아?' 이렇게 해서 자아가 깨어지라고 하면 박탈감을 느낀다고요.

2) 번제를 거치면 기꺼이 깨어진다

그러니까 잘 들어보세요. 그러니까 제사의 순서 중에서 아벨과 가인의 제사 중에서 가인과 아벨의 제사는 순서를 바꾸었다고 그랬어요. 그러니까 번제가 전제되지 않은 소제를 드릴 때는 부작용이 일어나는 거예요. 아멘. 그래서 번제에 먼저 젖어야 하는 거예요. 그래서 번제가 먼저 가야 하는 거예요. 번제는 뭐냐. 그리스도가 나를 위해서 십자가에 피 흘려 죽었다 이거예요. 그것이 깔려 있으면 바로 소제에서 내가 주님을 위하여 다 내어놓고 오늘 나는 주님을 위하여 복음을 위하여 목사님을 위해서 난 오늘 이 자리에 죽어도 나는 영광으로 생각한단 말이에요. 번제를 겪었기 때문에요.

번제 없는 소제로 가면 하나님이 열납을 하지 않는다는 것은 번제 없는 소제는 분명히 부작용이 일어나요. 그래서 "생명을 내놓으세요. 깨뜨리세요." 그러면 자기 쪽에서 보면 인간이 이게 뭐냐 하면 이게 꼭 교회가 공산주의같이 비슷해져요. 공산주의하고 교회하고 다른 것은요? 생명을 내놓으라고 하는 것은 똑같아요. 공산주의도 생명을 내놓으라고 해요. 김일성을 위해서 생명 내놓으라고 해요. 북조선 애들이 와서 죽을 때 "수령님 만세!" 하고 죽어요. "수령님을 위하여!" 그러고 죽어요.

3) 그리스도가 우리를 위하여 먼저 죽으심

기독교인들도 다 순교하라 그래요. 주님을 위하여 생명을 내놓으라고 해요. 똑같은데 앞엣것이 달라요. 공산주의는 번제가 없는 거예요. 그리스도가 먼저 우리를 위하여 죽은 것이 없는 거예요. 김일성이 먼저 자기 백성을 위해 죽은 적이 없는 거예요. 그러나 우리는 이 복음은 주님이 우리를 위해서 먼저 죽었어요. 주님이 우리를 위해서 먼저 죽었기 때문에 생명 교환을 이루어도 나는 박탈감을 느끼지 않고 주님께 내 생명을 드리는 것이, 나는 더 기쁜 거예요. 주님이 내 생명을 써주는 거, 받아주는 자체를 우린 더 좋아하는 거예요. 아멘이요?

그래서 번제가 없이 소제로 바로 가면 이것은 마치 하나님이 사람의 생명을 착취하는 것처럼 하나님이 사람의 생명을 따먹는 것처럼 느껴지기 때문에, 인간이 박탈감을 느끼고 '나는 그러면 뭐냐?' 공허함을 느끼고 '그럼 나는 그럼 아무것도 아니네?' 이렇게 돼버리는 거예요. 그렇지만 번제에서 주님이 날 위해 십자가에서 죽어서 피 흘려 내 가슴에 성찬이 이루어진 상태에서는 소제가 내게는 기쁨이 되는 거예요. 내 생명을 주님께 드리는 것이 최고의 영광으로 느껴지는 거예요. 믿습니까? 그걸 통하여 하나님은 우리를 더 나은 부활로 이끌어가려고 그럽니다. 할렐루야.

4) 백해무익한 인간의 자아, 버리자

여러분과 저에게 우리의 혼적 생명인 견해 의지 뜻 이것을 내려놓는 것을. 혼적 생명이라고 그래요. 혼적 생명을 내놓으라 그러면 우리는 굉장히 참, 사실 번제가 없이는 이런 말을 들으면요? 진짜 엉뚱할 정도가 아니라 이건 정말 말도 안 되는 말이에요. 생명을 내놓으라 그러면 말이 되겠어요? 생명을 내놓으라는 게? 그것도 인간의 육체 생명보다 더 강한 혼적 생명, 내 의지 내 견해 이것을 내려놓으라는 것이 그것이 받아들여질 만한 얘기냐고요? 못 받아들여요. 우리는. 그것이 나의 대표 기관이기 때문에. 그러나 하나님은 바로 그 부분에 대해서 우리에게 칼을 대는 거예요. "너의 혼적 생명은 그것은 하늘나라를 향하여 가는 길에 백해무익한 것이야."

인간의 혼적 생명의 대표 기관인 견해 의지 뜻 이것은 이미 사단에게 오염돼 있어요. 못 쓰는 거예요. 못써. 사단에게 감염돼 있기 때문에 이거는 폐기 처분만이 답이에요. 만약에 우리의 견해 나의 견해 나의 뜻 내 생명 내 견해 이것을 여러분의 대표 생명으로 그대로 가지고 있으면요? 그 사람은요? 번제를 통과한 후에도 그 사람은요? 부끄러운 구원이에요. 하여튼 간에 오늘 저녁 예배 여기 오신 분들은 참, 목사님 설교 길게 하게 하지 말고 이해 안 되더라도 그냥 내려놔요. 이해 안 되더라도 그냥 생명 좀 내려놔요. 왜 자꾸 그걸 붙잡고 있어요? 내려놔요. 알았지? 내려놓자! 그것이 우리에게는 부활의 길로 가는 길이에요. 그것이 사는 길이라고요. 사는 길이에요. 사는 길. 믿습니까?

Ⅳ.
소제의 능력으로 전도하자

1. 영원한 시간에 초점을 맞추자

아이 참나. 어떻게 하면 좋으냐. 이거 참. 나는 욕심이 많은 사람이에요. 나는 우리 성도들이 그냥 이 시대의 흐름에 그냥 고만고만하게 그냥 끌려가는, 그냥 다른 교회보다 그냥 한 5점 정도 더 높은, 그냥 그런 신앙으로 가는 것을 나는 원치 않는 거예요. 그러지 않고 나는 지금 욕심이 많아요. 우리 교회 성도들을 초대교회 지하교회 카타콤교회 성도 이상으로 끌고 가고 싶은 거예요. 생명 공동체로 끌고 가고 싶은 거예요. 그 안으로 몰고 가고 싶은 거예요. 성경에 있는 그 수준까지 끌고 가고 싶은 거예요. 믿습니까? 성경의 그 수준까지 한번 끌고 가고 싶은 거예요. 우리 한번 해봅시다. 이왕 예수 믿는 거 말이에요.

내가 맨날 부흥회 할 때 하는 말 들어봐요. 내 이런 말을 거듭하면 자꾸 그래요. 세뇌하려 한다고 그래요. 세뇌하는 게 아니에요. 그리고 세뇌도, 좋은 것은 세뇌되는 게 좋은 거예요. 들어봐요. 여기서부터 여기까지가 영원한 시간이에요. 여기서 여기까지가. 1년이요? 100년이요? 천년이요? 영원한 시간이라고요. 영원한 시간. 영원한 시간에서 이 땅의 100년을 표시하려면 얼마만큼 하면 될까? 아직도 못 알아들었어요? 여기서 여기까지가 영원한 시간이에요. 영원한 시간에서 이 땅의 100년을 표시하려면 얼마만큼 하면 될까? 얼마만큼? 여기 찍혔지? 이것도 너무 커요. 이것도 너무 크다고. 그러니까 우리는 영원한 시간에서 이 땅에 사는 100년이 이거 이 점 하나 요것도 채 안 되는 거예요. 그러니까 우리는 요 점 하나도 안 되는 이 땅에 100년 여기다 초점 맞춰 살면 안 되는 거예요.

그런데 인간의 본능적 견해와 본능적 의지와 인간의 본능적인 뜻은 영원한 세계를 생각하기 싫어해요. 사단에게 오염됐기 때문에 견해 뜻 의지 이건 사단에게 오염됐기 때문에 나의 견해와 내 뜻과 내 의지는 100년 여기 점 하나에 여기에만 눈이 밝아서 여기다가 그냥 전체를 다 거는 거예요. 그래서 하나님은 "너의 견해 의지 너의 뜻 위에 인생을 살면 너는 망한다."는 거예요. 망한다는 거예요.

2. 생명 교환의 원리

그래서 우리는 오늘 온전한 소제가 이루어져서 그것도 억지로 아니고 율법적으로 아니고 수동적이 아니고 번제를 통하여 우리에게 성령의 불이 임해서 성령의 도움으로 능동적으로 기쁨으로 내가 주님께 생명을 내려놓고도 기뻐서 어쩔 줄 모르는 거예요. 할렐루야. 내가 하나님께 극도로 이용당하자! 이용당한다는 것이 곧 반대로 하나님을 내가 가지고 놀 수 있다는 거예요.

이 원리를 생명을 주고받는 원리를 생명의 교환 원리를 성경은 여러 가지로 표현하는데, 그 중에 하나가 부부간의 관계예요. 처녀의 생명이 뭐예요? 처녀의 생명이? 처녀의 생명이 남자하고 하룻밤 안 잔 깨끗한 몸 처녀성을 가진 것을 처녀의 생명이라 그래요. 그런데 처녀가 남편을 만나면 자기의 처녀성을 몸을 남편한테 바친다고요. 일생 한 번밖에 없는 생명을 남편한테 바치는 거예요. 그런데 그것이 아까워서 남편한테 "손대지 마. 가까이 오면 발포 준비. 빵!" 그러면 일생 처녀의 생명은 지킬 수 있지만 그거는 영원한 노처녀예요. 영원한 노처녀. 결혼식 딱 마치고 신혼여행 가서 남편이 "벗어!" 그럼 벗어야 해요. "벗어!" 그러면 벗어야 해. "가만있어." 그러면 눈 딱 감고 "알았어. 그 대신 책임만 져." 이래서 생명을 남편한테 바침으로 반대로 남자의 생명을 내가 틀어질 수 있는 거예요. 그날부터 남자는요? 여자한테요? 일생 종살이 되는 거예요. "월급 타와!" "알았어!" 그거 봐요. 생명을 주니까 남편이 일생 내 종노릇 하잖아요? 맞지요? 성경이 그렇게 설명한 게 그리스도와 우리와의 관계예요. 그리스도와 우리와의 관계.

아이고 그럼 뭐, 이거 설명을 이렇게 해도 안 되고 저렇게 해도 안 되고 뭐 이걸 어떻게 해야 하겠나. 두 손 다 앞으로 내밀어요. 따라서 합니다. "주님! 오늘부로 나의 자아의 생명을 나의 견해를 나의 의지를 나의 뜻을 온전히 예수님의 십자가 앞에 내려놓겠나이다." 손을 이렇게 내려놓으라는 거지. 손을 들고 "내려놓겠나이다." 그러면 안 되지. 다시 들어요. "나의 사랑하는 주님, 목사님이 땀을 찔찔 흘리면서 가르쳐도 나는 뭔 말인지 대체 이해가 안 됩니다. 그래도 목사님의 전체 말은 내 생명을 포기하라는 뜻이네요. 뭔 말인지 몰라도 직방으로 갑니다. 내려놓으면 되지 않습니까? 오늘 받아주시옵소서." 다 내려놨어요? 생명을 다 내려놨어요? 나의 생명이 뭐라 그랬어요? 자아는 뭐로 구성돼 있다고 했어요? 자아 견해 의지. 진짜요? 그러면 실습해 보자. 이번 주 내로 전부 집을 다 팔아오라고. 저거 봐. 견해가 싱싱히 살아서. 저래서 안 된다고 내가 그랬잖아요? 내가? 봐요. 안 된다고 그랬잖아요? 갑자기 초신자들이 성경을 덮었어요. '그렇지 않아도 마을에서 이단이라 그러더니 확실히 이단이 틀림없네.'

3. 부활의 영광을 바라본 카타콤 성도들의 순교

이게 초대교회 지하교회 카타콤은 보면요? 초대교회 성도들은요? 생명을요? 초대교회 성도들은 누구 하나 바깥에 라면 사러 갔다? 초대교회? 땅굴이잖아요? 카타콤이 땅굴이란 말이에요. 그런데 참! 하나님이 역사적으로 예비한 것이 초대 그리스도인들이 예수님 시대 예수님의 열두 사도 시대 해서 로마가 기독교인을 탄압하는 로마의 그때, 하나님이, 네로가 나와서 기독교인을 다 잡아 죽일 줄 알고 50년, 100년 전에 로마의 시내를 건설하기 위하여. 요즘 우리 한국적인 상황에서 뭐냐 하면 이 골재 채취예요. 자갈과 모래. 공사하기 위해서 모래를. 난 로마 안 가봐서 몰라요. 그런데 이제 한번 가 봐야지. 나도 가 봐야 하는데. 모래를 채취하려고 땅굴을 판 거예요. 땅굴을 파서 그것을 꺼내서 건설하는 데 쓰려고 도로를 평평하게 하는 데 쓰려고. 그런데 그렇게 해서 뚫어서 했는데 이것이 더 좋은 모래를 찾으려고 예를 들면 이렇게 평지가 있으면 땅굴을 파고 들어가면 들어가다가 요쪽으로 보니 더 좋은 모래 색깔이 있는 거예요. 그래서 여기로 호작호작 파고 들어간 거예요. 가다 보니까 또 금광의 줄을 캐고 들어가는데 또 꼬리를 물고 여기로 막 파고 들어가는 거예요. 그러니까 개미집처럼 들어가서 막 이리로 뻗고 이리로 뻗고 이리로 뻗고 이리로 뻗고 이리로 이래서 카타콤이 이루어진 거예요. 카타콤이 기독교인들이 자기들이 숨으려고 판 게 아니고 그 앞의 세대에서 로마의 시내를 건설하기 위해서 이렇게 판 거예요. 하나님이 예비하신 거예요. 기독교인 탄압이 딱 들어오니까 다 이 땅굴 속으로 들어가니까 로마의 군대가 잡을 수가 없는 거예요. 들어갔다가 못나와요. 길을 못 찾아서 못 나와. 신혼부부들이 여기 성지순례 갔다가 신혼부부가 들어가서 죽는 경우가 많아요. 들어가긴 들어가는데 나오는 길을 못 찾아서요. 이렇게 혼란하게 돼 있는 거예요.

　그런데 이 안에서 집단 생활하는데 기독교인들이 집단 생활하는데 잘 들어보라고요. 요즘 말로 말해서 양식 구하러라면 사러 나갔어요. 그래서 이 땅굴 속에서 태어나는 애들 중에 햇빛을 못 봐서 유아들이 여기서 태어나서 2달 3달 만에 죽은 애들이 수도 없이 많은 거예요. 죽으면 이 벽을 다시 뚫고 이 벽을 뚫고 벽 안에다가 죽은 애를 딱 장례식하고 바깥에 다시 모래로 덮었어요. 초대교회 성도들이. 이해가 돼요? 그러면서도 예수를 믿은 거예요. 초대교회 성도들이. 생명 바꾸기가 뭔지 보세요. 바깥에 라면 사러 갔단 말이에요. 라면 사러 갔는데 여기에 누가 있냐. 로마 군대한테 잡혔어요. 사러 갔는데 잡혔다고. 아무리 기다려도 라면 사서 안 돌아오네? 보니까 잡힌 거야. 그때 이 생명을 구하러 사람이 하나 나가는 거예요. 나가는데 이때 로마의 이 군대 장교가 뭘 요구하냐면 애를 풀어줄 테니까 애보다 더 높은 조직을 더 높은 조직을 아는 사람을 데려오면 애를 풀어준다고 그래요. 그런데요. 이 카타콤 안에서 서로 나가려고 해요. 자기가 대신 죽겠다고. 자기 애도 아니에요. 자기 친애도 아니야. 애를 살리고 끌고 들어오고 나가서 서로 죽으려고 후보생들이 서로 죽으려고 나가려고 해요. 이것이 어떻게 그런 일이 있을 수 있을까? 인간의 집단 세상에서 어떻게 그런 일이 있을까? 완전히 깨어짐의 소제가 이루어진 거예요. 완전히 생명 공동체가. 아멘. 그러면 이 사람도 계산이 있지, 남의 애 하나 살리려고 대신 나가서 자기가 잡혀? 대신? 사랑의 절정이에요. 이게 카타콤 안에는 그야말로 천국이에요. 사랑의 절정이 이루어져 있는 거예요. 어떻게 그러냐? 이 사람들은 죽은 뒤에 이루어지는 순교자의 영광을 더 크게 생각한 거예요. 그것을 눈으로 훤하게 보고 있는 거예요. 그러니까 이 땅의 생명을 남을 위하여 죽는 것이 가장 영광스러운 것으로 거꾸로 생각하고 서로가 자원하는 거예요. 서로가.

4. 소제의 완성을 전도로써 증명하자

이런 걸 생각해 봐요. 이걸 생각하고 여러분과 제가, 지금, 현재 나의 상태를 한번 생각해 보라고요. 그러니까 우리는 먼 거예요. 아직도 이 초대교회의 신앙 수준을 우리가 따라붙으려면 우리는 아직 먼 거예요. 더 많이 깨어져야 해요. 자, 그런데 우리 교회가 거기까지 한번 가보자는 거예요. 그것까지 한번 능가해 보자. 할 수 있을까? 한번 해볼까? 진짜로? 할렐루야? 목사님의 욕심이 너무 많은가? 커트라인(cut line)이 너무 높은가? 그래도 복음을 우리 원색적으로 한번 가봐야지? 그러니까 뭐, "이번 주 내로 집을 다 팔아

오시오." 이런 거는 카타콤 속에서는 이런 거는 일도 아니에요. 생명을 바꾼다는 거예요. 생명을 완전히 내려놓는데. 생명을. 오늘 저녁 예배 잘못 왔지? 이럴 줄 알았으면 안 올텐데. 이러한 생명의 연합이 이루어져 있는 이러한 앞에는 300명의 기드온 용사 앞에 메뚜기 같은 미디안이 다 꺼꾸러졌다는 말이 이게 일리가 있는 거예요. 이 앞에는 대적이 있을 수 없는 거예요. 이건 다 날아가는 거예요. 다 날아가요. 믿습니까?

오늘 사랑제일교회 저녁 예배 오신 여러분이 다 우리가 초대교회 카타콤의 성도들의 신앙까지 생명 연합이 이루어져서 소제가, 다 깨어져서 내 의지 견해가 다 깨져서 성령의 결속시키는 유기체적인 힘으로. 아멘. 밀가루와 밀가루를 연결시키는 매개체가 성령이에요. 성령이 내 밀과 너 밀을 깨뜨려서 성령이 하나로 탁 짜주면 이 상태까지 우리가 딱 가버리면요? 대한민국 정부고 마귀고 무엇도 이길 길이 없는 거예요. 우리는 이 땅을 복음의 나라로 만들 수 있는 거예요. 아멘. 할렐루야. 옆에 우리 다 같이 손잡고 자, 우리 한번 해봅시다. 한 번 거기까지 한번 들어가 보자! 거기까지! 아멘! 오늘날도 그런 교회를 이룰 수 있을까? 왜 되냐 하면 첫째는 하나님이 도와주시기 때문에 첫째는 하나님이 계시기 때문에 되고 둘째는 목사님이 있기 때문에 돼요. 목사님이 이렇게 잘 가르치는데 안 될 수가 있겠어요? 이건 분명히 될 수 있는 거예요. 분명히 될 수 있어요.

〈나의 힘이 되신 여호와여〉

1. 나의 힘이 되신 여호와여 내가 주님을 사랑합니다
주는 나의 반석이시며 나의 요새시라
주는 나를 건지시는 나의 주 나의 하나님
나의 피할 바위시요 나의 방패시라
나의 하나님 나의 하나님
구원의 뿔이시요 나의 산성이라
나의 하나님 나의 하나님
그는 나의 여호와 나의 구세주

2. 나의 생명이신 여호와여 내가 주님을 찬양합니다
주는 나의 사랑이시며 나의 의지시라
주는 나를 이끄시어 주의 길 인도하시며
나의 생의 목자 되시니 내가 따르리라
나의 하나님 나의 하나님
생명의 면류관으로 내게 씌우소서
나의 하나님 나의 하나님
그는 나의 여호와 나의 구세주

할렐루야. 다 우리 한번 소제 속으로 깊이 들어가자. 어떻게 기드온의 떡이 전쟁터에 나타나서 이 미디안을 다 쳤을까? 수류탄이 터져야 죽지, 어떻게 떡이 굴러왔는데 죽을까? 요 300명 용사가 요것이 300명이 아니라 전부 300명이 다 개인의 의지 이걸 전부. 300명을 만들 때 그 과정 알잖아요? 처음에는 뭐냐 하면 엄마 아빠 보고 싶은 사람은 다 집에 가라 그랬다고요. 왜냐하면 자기 견해를 못 내려놓는 사람은 집에 가라는 거예요. 아멘. 두려워하는 사람도 집에 가라 그랬더니 집에 갔다고요. 아멘이요? 또 "가서 물 먹어봐라." 해서 "물을 대가리 처박고 먹는 사람은 집에 가라." 이렇게 해서 다 고를 때 최후의 300명 용사를 어떻게 만드느냐? 완전히 자기의 견해 자기의 의지를 내놓고 기드온의 손짓 하나에 말 하나에 일사불란하게 움직일 "기드온의 칼이여!" 외치면 바로 생명을 포기하고 적진으로 들어갈 수 있는 300명만 딱 고르는 거예요. 이거 앞에 다 날아간 거예요. 메뚜기 같은 군대가 다 날아간 거예요.

복음의 기초도 모르는 것들이 말이야 무슨 하나님의 일을 한다고? 아이고! 하나님 일 같은 소리 하고 앉았어. 한국 교회는 복음의 복자도 몰라요. 뭐가 예수인지 모르는 거야. 뭐가 무엇이 예수인지 모르는 거야. 우리 사랑제일교회는 이제는 밑바닥 신앙 여기서 헤매는 거 이젠 졸업해야 해요. 졸업하고 우린 깊이 들어가야 해요. 하늘 영광의 문이 열려야 해요. 믿습니까? 하늘 영광의 눈이 열려야 되고. 할렐루야.

이번 주에는 정말로 우리가 우리 속에 정말로 우리 속에 한 번 소제가 이루어져서 견해 의지 뜻 요걸 완전히 내려놓고 예수의 견해 예수의 의지 예수의 뜻만 나를 주장할 수 있도록. 믿습니까? 그러면 그게 됐나 안 됐나를 이번 주에 한 번 시험 해보자. 뭐냐 하면 다음 주에 올 때 꼭 한 명씩 전도하자. 집 파는 거는 조금 아직도 힘든 것 같아요. 덜 익었어요. 여러분이. 그러니까 그거는 뒤로 밀어놓고 꼭 한 명씩 전도해 보자.

목사님이 여러분에게 메시지 넣는 거 받아봐요? 안 받아 봐요? 내가 핸드폰에 메시지 넣는 거, 들어온 사람 손들어 봐요. 번쩍 들어봐. 안 들어온 사람은 교구장들이 담당 교육자들이 뒤지도록 혼나. 안 들어와? 너 안 들어와? 메시지 안 들어와? 목사님이 "안녕!" 그런 거 안 들어와? 너 어느 기관이야? 담당 전도사님 누구야? 오늘 예배 마치면 뒤져. 당회장실에서 뒤져. 너, 남의 기관 돼버려. 그러니까 이번 주에는 목사님이 메시지 보내거든 그냥 감전이 돼서, "주님, 한 명의 생명을 꼭 붙여서 내 견해가 죽었는지 안 죽었는지 내 의지가 죽었냐 내 뜻이 죽었느냐 안 죽었는지를 이것으로 하나님,시험하겠습니다." 하여 여러분, 이번 주에는 꼭 한 명 생명을 우리가 살릴 수 있도록 투자를 하고 희생을 하고 정성을 들여서 꼭 한 명 전도해서 다음 주일 날은 꼭 저녁 예배에 배가 와야 해요. 배가. 한 명도 빠짐없이. 그것이 바로 내 생명을, 견해를 내려놓는 것이지? 뭐, 지금 설교할 때 아멘만 그냥 꼭 무슨 말이야 아멘만 하고 앉아서 실제로는 그거 안 되면 그건 소제가 안 되는 거예요. 이번에 한 번 해봅시다. 이만큼 가르쳤으니까 정말 내가 내 의지와 나의 자아를 내려놨는가 정말 소제가 내 속에 이루어졌는가 한번 이번 주에 전도하는 것으로 한번 시험해 봐요. 자기를 증명하는 거예요.

전도 안 된다? 그거는 아직도 자기 의지가 살아서 안 되는 거야. 자기 의지가 살아서 자기 견해가 살아서 안 되는 거야. 완전히 생명 자체를 내려놓는 마음으로 한 생명을 예수 앞으로 인도해 보자 이거예요. 믿습니까? 그것으로써 내 속에 소제가 이루어졌는지 안 이루어졌는지 이번 주에 한 번 자기를 시험해 봐요. '아! 내 의지는 없어졌다. 내게 흐르는 것은 주님의 의지 하나님의 의지 목사님의 의지만 흐르지, 나는 이제는 허수아비야. 나는 생명 자체가 없어. 하나님이 다 주장해. 예수님이 다 주장해. 이젠 내게 흐르는 건 주의 의지밖에 없어.' 요것을 이번 주에 한 번 자신을 시험해 볼 수 있도록 깊은 경지로 한번 들어가 봅시다. 그러면 성령이 막 밀어줄 거예요. 성령께서 "잘한다. 잘한다. 잘한다. 너 진짜다. 너 진짜 깊은 세계로 들어가겠다. 너 복음의 정수를 붙잡았다." 이것이 바로 "죽고자 하는 자는 살 것이오." 주님의 말씀이 그 말씀이에요. "우리 산 자가 항상 예수를 위하여 죽음에 넘기움은 또한 우리 죽을 육체에 예수의 생명이 나타나게 하려 함이니." 예수 생명이 가려져서 안 나타나? 그건 소제가 안 이루어진 거예요. 소제가 이루어지면 능력이 나가는 거예요. 믿습니까?

두 손 높이 들고 "주님, 이번 주에 소제의 극치가 전도로서 나타나게 하여 주소서. 내 의지 없어졌습니다. 내 뜻도 없어졌습니다. 내 견해도 없어졌습니다. 이젠 주님의 생명만이 내게 존재할 뿐입니다. 아버지여, 받아주시옵소서. 주여, 성령이여, 밀어주시옵소서." "주여" 삼창하며 기도하겠습니다. "주여! 주여! 주여!"

The Peace
Offering

화목제

10

화목제 ①
관계의 제사

설교 일시 2008년 11월 2일(주일) 오후 7시

대   상 사랑제일교회 주일 저녁 예배

성   경 레위기 3:1-5

> 1 사람이 만일 화목제의 희생을 예물로 드리되 소로 드리려거든 수 컷이나 암컷이나 흠 없는 것으로 여호와 앞에 드릴찌니
>
> 2 그 예물의 머리에 안수하고 회막 문에서 잡을 것이요 아론의 자손 제사장들은 그 피를 제단 사면에 뿌릴 것이며
>
> 3 그는 또 그 화목제의 희생 중에서 여호와께 화제를 드릴찌니 곧 내장에 덮인 기름과 내장에 붙은 모든 기름과
>
> 4 두 콩팥과 그 위의 기름 곧 허리 근방에 있는 것과 간에 덮인 꺼풀 을 콩팥과 함께 취할 것이요
>
> 5 아론의 자손은 그것을 단 윗 불 위에 있는 나무 위 번제물 위에 사 를찌니 이는 화제라 여호와께 향기로운 냄새니라

Ⅰ.
구원을 확실히 하고 살자

자, 우리 옆에 좌우에 다 같이 "이 나라 이 민족을 복음화합시다." 앞뒤로 다시. "이 나라 이 민족을 복음화합시다." 아멘. 누가 해야 해요? 누가요? 아이, 대답이 또 시원찮네. 누가 해야 해요? 언제 해야 해? 진짜요? 말로만 그래요. 말로만. 말로만 그래. 꼭 한번 해봅시다. 그런데 오늘도 한 사람이 꼭 1명씩 전도하라 그러는데. 보니까 시원찮아. 시원찮아. 다음 주에는 꼭 성공합시다. 아니, 자기가 구원을 받았으면 구원받은 비밀이 진짜로 큰 것을 아시는 분들은 그 복음을 돌려줘야 한다는 거예요. 돌려줘야 해. 돌려줘야 해. 그래서 전도는. 따라서 "전도는 하는 것이 아니라 되어지는 것이다." 전도하려고 애쓸 필요가 없어요. 전도는 구원이 임한 자에게 나타나는 자연적 현상이라고요. 되어지는 거예요. 되어지는 거. 할렐루야.

자, 5대 제사입니다. 5대 제사. 하나님께서는 타락한 인생들을 향하여 말씀하시기를 "나를 만나려거든." 어디로 오라? "제단으로 오라."라고 했어요. 제단으로 오라. "나는 제단에서만 너희를 만나주겠다." 그랬어요. 그래서 타락한 인생,

에덴동산을 떠난 사람들은 하나님을 만나는 장소로 하나님은 제단으로 정했기 때문에 제단을 찾아가야 하나님을 만날 수 있어요. 그러면 이 제단은 이것은 무엇을 상징하느냐? 제단은 예수 그리스도의 십자가의 제단을 말하는 것이죠. 예수님의 십자가 제단은 이 제사가 구약성경에 보면 크게 나누어 5가지거든요. 5가지. 그러니까 성경에 보면 특별히 레위기에 보면 수 없는 제사가 나와 있잖아요? 성경 읽다가 레위기서가 되면 골치 아파서 "그냥 통과. 통과. 아유, 골치 아파." 그런데 5대 제사의 설명을 듣고 나면 레위기서가 딱 정돈이 됩니다. 레위기뿐이 아니라, 성경에 보면 이 제사법에 대하여 얼마나 복잡한지? 창세기부터 요한계시록까지 기록된 모든 말씀 중에 그 모든 말씀 중에 제사는 크게 나누면 5가지로 딱 줄여지는 거예요. 그럼, 제사는 성경에 몇 가지가 있느냐? 5가진데. 첫째, 따라서 합니다. 번제. 번제라는 게 있어요. 번제. 아멘. 따라서 합니다. 소제. 제사 중에는 소제란 제사가 있어요. 따라서 합니다. 화목제. 무슨 제예요? 화목제. 따라서 합시다. 속죄제. 속죄제란 제사가 있어요. 따라서 합니다. 속건제. 이것이 5가지 제사라는 거예요. 5가지 제사. 할렐루야. 예수님은 십자가에서 한 사건으로 히브리서의 약속하신 말씀하신 그대로 이 십자가 한 사건으로 예수님은 단번에 이 5가지 제사를 단번에 예수님은 다 이루신 거예요. 예수님은 십자가 한 사건 안에 5대 제사의 완성이 여기에 다 들어가 있다는 거예요. 할렐루야.

  그러면 그러면 번제는 뭐냐? 모든 제사의 순서의 첫 번째 가 번제인데 번제는 이것은 사람의 원죄를 해결하는 거예 요. 원죄. 원죄를 해결함으로. 이 번제가 사람 속에 이루어 지면 이 사람에게는 인간 최고의 축복인 구원의 역사가 일 어난다고요. 구원의 역사. 사람에게 가장 큰 축복이 구원이 에요. 구원은 교회 다닌다고 구원이 이루어지는 게 아니에 요. 우리의 심령 속에 번제가 이루어져야 해요. 번제가 이루 어져야 구원의 역사가 일어나는 거예요.

  저는 얼마 전에 며칠 전에 아주 한국의 큰 교회입니다. 그 교회 명예를 위해서 내가 말씀 안 드리겠어요. 큰 교회, 만 명도 더 모이는 큰 교회의 장로님, 장로님도 그냥 장로님이 아니에요. 목사님에게 제일 인정받는 장로님인데 세상에 장 로님이 말이에요? 간암이 걸려서 병원에서 임종을 앞두고 있는데, 깜박 죽었대요. 그런데 깜박 죽었는데 보니깐요? 자 기에게 구원이 이루어지지 않았더라는 거예요. 이야~ 무서 운 얘기야~ 장로님인데 일생 장로님 하셨는데 깜박 죽었는 데 구원이 이루어지지 않았다 그러는 거예요. 그래서 막 두 발 다 빌었대요. "한 번만 다시 돌려주시면 내가 꼭 구원받 고 오겠다." 그래서 일어나 보니까 막 똥을 다 쌌고? 하도 몸

부림을 쳐서요. 그래도 하나님이 그 장로님을 사랑해서 그래도 다시 돌려보내 줬으니 다행이지, 그대로 끝나버렸으면 인간으로는 그걸로 끝나는 거예요. 오늘 이 가운데는 그런 사람 하나도 없기를 바랍니다. 구원에 대해서 착각하고 교회 다니면 안 돼요. 구원도 못 받았으면서 구원받은 줄 생각하고 집사님 되고 권사님 되고 장로님까지 되고 수석 장로님까지 된들 그게 무슨 소용이 있겠냐, 이거예요. 왜 그런 현상이 일어나느냐? 교회는 다녀도 그 심령 속에 번제가 이루어지지 아니하면, 그 사람은 구원과 관계없는 거예요. 이제 우리가 5대 제사에 대해서 쭉 말씀을 상고해 왔으므로. 여러분 다 번제 하나만큼은 분명하기를 바래요. 이건 사람에게 구원과의 문제이기 때문에 '번제' 하나만큼은 분명히 있어야 해요. 분명히. 믿습니까?

따라서. <u>소제.</u> 이것은 제물이 짐승이 아니라 밀이나 보리나 곡식으로 드리는 제사니까, 구원받은 사람에게 주어지는 이것은 뭐냐? 깨어짐의 제사예요. 깨어짐의 제사. 다시 말해서 자아의 파쇄예요. 자아의 파쇄, 구원받는 사람에게 잘 넘기 어려운 것이 뭐냐? 자아예요. 자아. 이 자아 때문에 혈기 부리지? 자아 때문에 말이에요. 오늘 우리도 다 자아가 박살 나야 해요. 목사님도 자아가 조금 남았는데. 목사님도 요 자아를 완전히 밀가루 갈듯이 갈아야 해. 고운 가루처럼. 이게 가루의 제사거든요. 가루의. 오늘도 여러분, 가루가 되지 않고 보들보들한 가루가 되지 않는 사람은 맷돌 속에 넣어서? 하나님의 맷돌 속에 한 번 들어가 봐요. 하나님의 맷돌 속에 들어가면 아파요. 여러분, 하나님 맷돌이 살살 갈아도 다 우리 가루가 됩시다. 이것이 가루의 제사란 말이에요. 가루. 고운 가루. 고운 가루로 드리는 제사예요. 아멘이오? 자아가 박살 나야 해요. 자아가. 깨어지자. 따라서. 깨어지자. 박살 나자. 우리 옆 사람 다 손잡고 자, 박살 납시다. 앞뒤로 다시요. 바싹 깨어집시다. 아멘. 〈낮엔 해처럼〉 한 번 불러봐요.

〈낮엔 해처럼 밤엔 달처럼〉

1. 낮엔 해처럼 밤엔 달처럼 그렇게 살 순 없을까
욕심도 없이 어둔 세상 비추어
온전히 남을 위해 살듯이
나의 일생에 꿈이 있다면 이 땅에 빛과 소금 되어
가난한 영혼 지친 영혼을 주님께 인도하고픈데
나의 욕심이, 나의 못난 자아가
언제나 커다란 짐 되어
나를 짓눌러 맘을 곤고케 하니
예수여 나를 도와주소서

2. 예수님처럼 바울처럼 그렇게 살 순 없을까
남을 위하여 당신들의 온몸을
온전히 버리셨던 것처럼
주의 사랑은 베푸는 사랑 값없이 그저 주는 사랑
그러나 나는 주는 것보다 받는 것 더욱 좋아하니
나의 입술은 주님 닮은 듯하나
내 맘은 아직도 추하여
받을 사랑만 계수하고 있으니
예수여 나를 도와주소서

아멘. 따라서 합니다. 다 깨어지자. 소제란 말이에요. 소
제. 우리는 소제를 통하여 성화가 된다고요. 성화. 이건 구
원과는 관계없어요. 성화예요. 성화. 따라서. 성화. 성도들
이 자꾸 변해진다는 거예요. 깨어짐을 통하여. 더 구석구석
깊이 깨어짐이 더 깊이 임하여 아직도 우리가 덜 깨어진 부
분이 어디 있는가? 거기까지 깨어짐이 임해서 아멘. 다 고운
가루가 될 수 있도록. 우리는 건성으로 예수 믿으면 안 됩니
다. 우리 깊이, 깊이 들어가자고요. 깊이.

Ⅱ.
화목제
: 우리 속에 쌓은 담을 제거하자

한 번 더. 화목제. 자, 오늘은 화목제에 대한 말씀을 상고하겠습니다. 화목제. 화목제입니다. 우리가 교회 안에서 '번제'를 통하여 구원받고 '소제'를 통하여 자아가 깨어졌으면 우리는 옆 사람과의 관계인 사람과의 관계예요. 관계. 우리는 화목 제사가 우리 속에 이루어져야 해요. 교회 다니면서 성도와 성도 간에 벽이 있거나 사람을 미워하는 마음을 가슴에 품고 살면 그 사람은 기도도 응답이 안 돼요. 기도도 응답이 안 되고 그 사람 속에 화목의 제사가 이루어지지 않기 때문에 하나님 앞에 큰 많은 축복을 잃어버리게 된다는 거예요. 이해되시면 아멘. 그래서 예수 믿고 교회 다니는 성도들은 우리는 다 그리스도 안에서 마음의 벽을 쌓으면 안 되는 겁니다. 그런데 교회 안에도 보면 같은 교회 다니면서도 한 사람이 이쪽 계단으로 올라오면 이렇게 보고 '아유~ 꼴보기 싫은 년.' 해서 또 자기는 저쪽 계단으로 올라와요. 그러면 주님이 보실 때 "야, 너는 아주 대단하다. 너는 아주 거룩하고 착하다." 그럴 줄 알아요? 제일 죄 중에 무서운 죄가 뭐냐 하면 남을 정죄하는 죄예요. 남을 정죄하는 죄는요. 절대 여러분들은 남을 정죄하는 자리에 서지 마십시오. 너는 뭘 잘났다고 너는 뭘 잘났다고 남을 정죄해? 너도 죄인이에요. 너도 죄인. 이해되시면 아멘. 정죄하면 안 되는 거예요. 남을 정죄하면 하나님 앞에 동의를 못 얻어요.

"그러면 목사님. 그러면 아~ 하는 짓마다 다 꼴 보기 싫은 짓 하고 저렇게 사고 치고 하는데 그러면 그걸 가만히 둬요?" 성경에 봐요. 그런 사람은 불쌍히 여겨 정말로 마음속에 사랑하는 마음으로 기도해 주라고 그랬잖아요? 기도해 주라고. 사람을 정죄하는 거와 책망하는 거와 권면하는 것이 다 달라요. 한번 따라서. 정죄. 정죄라고 하는 것은요? 이거는 자기도 죄를 지는 거예요. 정죄는 죄 된 사람을 정죄하는 사람은? 정죄와 책망. 따라서. 책망. 정죄와 책망은 달라요. 또 하나 따라서. 권면. 이게 다 다르다고요. 다. 그런데 정죄는 이건 사람이 하는 일이 아닌 거예요. 사람은 책망과 권면은 할 수 있어요. 절대 정죄는. "죄를 정한다." 정죄라는 것은 저 사람 죄인이라고 몰아붙이는 거거든요? 정죄는 이것은 사람이 하는 분야가 아니라고요. 사람은 책망과 권면을 하는데 책망과 권면도? 잘 들으셔야 해요. 책망과 권면도 그 사람에 대한 사랑이 없는 사람은 책망과 권면도 접어야 하는 거예요. 그러니까 책망 전에 권면 전에 그 사람에 대한 사랑이 불타야 하는 거예요. 불타는 사랑이 없는 사람은 영혼에 대한 사랑, 그 사람에 대한 깊은 사랑이 없는 사람은 책망? 너는 하면 안 돼. 그리고 너는 권면하면 안 돼. 권면과 책망은 그 사람을 난처하기 위해서, 그 사람을 몰아넣기 위하여, 코너에 망신시키기 위하여 책망하는 것이 아니에요. 책망과 권면은 기본적 조건이 그 사람을 살리기 위해서 하는 거예요. 그러니까 최소한 연민의 정이라도 가지고 있어야 하는 거예요. 할렐루야. 그것이 밑바탕에 깔리지 않는 상태에서는 책망과 권면하면 안 되는 거예요.

오늘 저녁에 비싼 거 배웠지? 할렐루야. 그냥 무조건 저녁 예배 나오면 은혜받아요. 안 나와 봐. 지금 텔레비전에서 뭐 보겠어? 일본의 이승엽 야구 보고 앉았지? 나도 야구가 좋아서. 나는 스포츠를 다 좋아해. 스포츠 다 좋아하는데 그래도 저녁 예배에 나오면 은혜받아요. 여러분은 제1 순서를 예배에 두기를 바랍니다. 오늘도 여기 보면 저녁 예배에 나오기 싫은데 옆에서 마누라한테 여기 지금 강제로 끌려온 사람이 있고. 나오기 싫은데 지금 부모님한테 끌려 나온 사람이 있어요. 지금 대가리를 꽉 처박고 묵상에 들어갔는데 그 묵상의 제목이 뭐냐? "빨리 설교나 끝내주시오." 이게 기도의 제목이에요. 기도의 제목인데 너무 그러지 마요. 그러면 난 더 길게 하니까. 더 길게 하니까.

그러니까 우리가 어떤 사람을 책망 하려는 마음이 딱 들거든 먼저 마음속에 물어봐야 해요. '너, 그 사람 사랑하냐?' 이렇게 물어봐야 해요. '사랑하냐?' 따라서. 사랑하냐? 너 정말로 그 영혼을 사랑하냐? 그리고 너는 책망하기 전에 그 책망 말고 다른 사랑의 행위를 먼저 해본 적이 있느냐? 사랑도 안 해보고 너 벌써 책망부터 시작하려고 하지? 그러면 너는 나쁜 년이에요. 너는 그 사람보다 더 나쁜 년이에요. 요런 말씀 들으면 마음속에 꼭꼭 찔리는 게 많지? 따라서. 주여, 듣고 보니 내가 죽을 년입니다. 다시. 주여, 듣고 보니 내가 죽일 놈입니다. 오늘 저녁에 여기 다 죽일 년, 죽일 놈들만 모였으니까. 오늘 밤, 이 자리가 우리 회개의 밤이 되기를 바랍니다. 회개의 밤. 우린 쉽게 실수하는 게 뭐냐? 우리는 책망부터 먼저 앞서 가지고 책망부터 먼저 하려고 덤빈단 말이에요. 우리는 권면에 대해서 먼저 앞서 권면부터 먼저 하려고 덤빈단 말이에요.

권면과 책망 전에 무엇이? 사랑이. 사랑이. 사랑 최소한 인간적인 연민의 사랑이라도. 할렐루야. 그래야 우리가 책망과 권면을 할 수 있다, 이거예요. 이해되시면 아멘. 우리 교회 다니는 성도들은 화목 제사가 늘 우리 속에 이루어져서 일단은 우리 속에 담을 쌓는 일이 없어야 해요. 믿습니까? 담을 쌓는 일이 없어야 해. 내 속에 담쌓는 일이 있으면,

그 사람은 세 번째 제사가 이게 지금 이루어지지 않고, 실패라고요. 실패. 실패하면 하나님께 크게 못 쓰임 받아요. 하나님께 크게 못 쓰임 받아. 그래서 오늘 저녁에 다 여러분, 마음속에 섭섭함이 있거나 사람을 향하여 감정이 있거나 하는 것은 다 털어버립시다. 따라서 합니다. <u>예수 이름으로 명하노니 섭섭 마귀야, 싹 물러가라.</u> 싹 물러가라. 아멘.

Ⅲ.
빌레몬서
: 화목 제사의 대표 사례

1. 바울, 로마 감옥에 갇히다

1) 빌레몬서 : 옥중 서신

그래서 이 화목 제사에 대해서 성경에 잘 기록된 성경 제목이 하나 있는데, 그것이 성경에 보면 신약성경 중에 빌레몬서라고 있어요. 빌레몬서. 이 빌레몬서가 옥중 서신인데 옥중 서신이라는 것은 사도바울이 감옥에 갇혔을 때. 감옥에 갇혔으니까 설교 못 하잖아요? 그러니까 감옥에서는 설교 못 하니까 바깥으로, 편지로 설교한 것을 옥중 서신이라고 해요. 옥중 서신. 그것이 뭐냐? 에베소서를 옥중 서신이라 그래요. 에베소서가 사도바울이 감옥에서, 감방에서 쓴 거예요. 에베소서. 그다음 뭐냐? 엡빌골몬. 빌립보서. 골로새서. 그다음에 빌레몬서입니다. 엡빌골몬. 엡빌골몬을 옥중 서신이라고 해요. 옥에서 기록하였다고요. 이해가 돼요?

2) 감방 선배 오네시모를 만나다

그러니까 사도바울이 하루는 복음을 전하다가 로마의 감옥에 들어갔습니다. 사도바울이. 성경의 위대한 사도들은 다 감옥에 들어간 적이 있어요. 바울도 베드로도 감옥에 들어갔는데 성경에 보니까 바울뿐이 아니라 바울을 함께 수종하는 디모데도 감옥에 들어갔어요. 복음 때문에. 복음 때문에. 여기 감방 한번 갔다 오신 분 한번 손들어 봐. 감방 갔다 오신 분. 별로 없어요? 이 양반들 감방도 한번 못 가보고. 한국에서는 감방을 한번 갔다 와야 그래도 뭔 일을 하든지 뭘 합니다. 그런데 감방도, 이 참, 선후배가 분명하답니다. 1시간 전에 먼저 들어온 놈이 군기를 잡는데요. 군대 가봐요. 군대. 아유, 하루 먼저 들어왔다고 난리예요. 난리. 선임이 병장이 무서운 게 아니에요. 병장은요, 내일모레 제대할 병장들은요, 백전노장이 돼서 눈을 지그시 감고요. 이등병들이 와서 뭐 실수하고 해도 말도 안 합니다. 그냥 이럽니다.

"아가야." 이럽니다. 병장들이 이등병 부를 때 "아가야." 그래요. "아가야. 아가야." 그리고 겉으로는 이래요. "야, 지금부터 우리 집 아가 건드린 놈은 나한테 죽을 줄 알아." 병장이 그런다고요. 그러면 이등병이 막 울어요. 막 품에 안기고 싶어서 막 울어요. 그런데 병장이요? 저녁에 뒤에 그 바로 밑에 있는 상병을 말이에요. 저 페치카 뒤로 불러서 이래요. "야, 이 새끼야. 어제 들어온 그 새끼 교육 좀 해. 알았어? 이 새끼야? 이 자식이 말이야." 또 뒤로는 그렇게 시켜요. 그러면 상병이 말이야 데리고 나가서 말이야 그냥 "앞으로 굴러. 뒤로 굴러. 처박혀." 막 하다가 한참 하다가, 병장이 모른 척하고 있다가, 다 계산에 넣고 하는 거예요. 그냥 "울려고 내가 왔나?" 막 부를 때 그때 병장이 기침을 "흠흠~ 김 상병! 그 애를 왜 그러는 거야?" 자기가 시켜놓고 그래요. 그러면 서러워서 막 우는 거예요. "일어나. 일어나. 우리 아가를 누가 때렸어?" 그냥 서러워서 눈물 콧물을 말이에요. 막 엉엉울고 난리예요. 난리. 병장이 무서운 게 아니에요. 제일 무서운 게 군번이 바로 앞에 있는 사람이 제일 무서워요. 감방도 그렇대요. 나는 안 가봐서 모르지만.

사도바울이 감방에 들어갔는데 빌레몬서에는 자세히 안 쓰였어요. 그런데 그 당시에도 틀림없이 그랬을 거라고요. 사도바울이 딱 들어가니까 감방에 계급이 있나요? 감방에 무슨 뭐, 계급이? 감방은 소용없어요. 여기 지금 남한산성이라고 하는 곳이 뭐냐? 일반 교도소가 아니라 군인들이 죄 짓고 들어간 곳이 남한산성입니다. 남한산성은, 군법회의에 회부 돼서 재판받으면 남한산성에 들어가는 사람이 계급장이 있어요? 없어요? 무등병이에요. 무등병. 작대기 한 개 이등병도 대단하죠? "계급장 떼고 붙자."는 말이 그 말입니다. "계급장 떼고 붙자."는 말이 거기서 나온 말이에요. 남한산성은 계급장이 없어요. 죄수들이 들어가는 곳이니까. 그런데 거기 가면 계급이 이등병 때 죄를 지고 들어오는 것부터 시작하여 장교, 중령, 대령까지 다 들어온단 말이에요. 중령, 대령까지 다 남한산성에 들어오거든요? 그러면 엊그저께 중령 하는 사람도 계급이 뭐예요? 계급이 없어요. 다 무등병이에요. 그러니까 군대 부대에 있을 때 대위, 소위한테 뒤지도록 맞았던 이등병들 있잖아요? 이런 애들이 남한산성에 죄수로 딱 들어오면 먼저 들어간 사람이 왕이에요. 장교들을 죽이는 거예요. "이 새끼, 너는 뭐 하다 왔어? 이 새끼야." 그러면 난리 난단 말이에요. 난리 난다고요. 그러니까 사도바울이 딱 들어가니까 감방 선배들이 바울을 가만히 뒀겠어요? 저 어두컴컴한 데서 군기를 잡는단 말이에요. 군기를. 군기를 잡아요. 소선옥 말에 의하면, 여자 감방이 더 무섭다네? 이 여자 감방이 이게 보통 악랄한 게 아니라고 해요. 여자 감방이. 내 소선옥한테 들은 얘기는 다 할 수는 없고. 여자 감방이 더 무섭대요. 그래서 사도바울도 들어갔는데. 그때 사도바울이 딱 들어가니까 "차렷. 앉아." 이래서 그냥 뺨 맞고 다 당하는 거죠. 그건 감방의 순서니까. 그때 그 감방의 선배 중에 오네시모라고 있었어요. 오네시모.

2. 복음만이 사람을 변화시킨다

1) 빌레몬의 종, 죄수 오네시모

오네시모는 바깥의 세상에서는 뭐 하던 사람이냐? 종이에요. 종. 종인데 주인집의 큰돈을 훔쳐서 도망갔다가 주인집 돈을 훔쳐 도망갔다가 잡혀서 감방에 들어간 사람이 오네시모라고요. 오네시모. 그런데 그 오네시모가 어느 집에서 종살이했냐 하면 지금 성경의 제목이 된 빌레몬이에요. 빌레몬. 성경에 이 빌레몬이라는 사람은 큰 부자였었다고요. 큰 부자란 말이에요. 빌레몬은 큰 부자, 엄청난 부자인데 종들이 수백 명 종들이 수천 명 있는 아주 큰 부자인데요? 그 오네시모가 예수를 믿기 전이에요. 예수를 믿기 전인데 이 빌레몬 집에서 종살이를 한 거예요. 종살이하다가 주인집에 돈을 몽땅 훔쳐서 옆에 사람 몇 사람 죽였는지 모르지만 큰 죄를 지고 로마의 옥에 갇힌 거 보니까, 좀도둑이 아닌 거예요. 로마의 옥은요? 로마의 옥에 갇힌 것은 평범한 죄인은 로마의 옥에 가두질 않아요. 로마의 옥에다 가두는 죄는 사람을 죽이거나 살인죄를 범하거나 또 국가적인 역모, 왕에 대하여 테러, 음모를 하거나 이러한 사람들이 주로 로마의 옥에 갇히는데 다른 것은 밑에 그 총독들의 재판에서 다 끝나요. 그런데 사도바울은 어떻게 로마의 옥에 갇히게 됐냐? 사도바울이 복음을 전하다가 재판을 받게 되었는데 사도바울의 죄목은 뭐냐 하면 "로마 가이사 황제를 거역했다." 하는 그 죄목입니다. 그러니까 시대적인 사상범이란 말이에요. 사도바울은. 그래서 사도바울이 아그립바 총독으로부터 시작하여 재판을 단계를 밟아서 알렉산드리아 배를 타고 로마를 가서 로마의 옥에 갇히게 된 거예요. 사도바울이. 이해가 돼요? 가게 됐는데. 그때 사도바울이 갇힌 그 감옥은, 일반적인, 좀도둑 이런 사람들이 갇힌 감옥이 아니라 시대적인 이런 정치범이나 시대적인 이런 그 아주 중대한 죄를 범한 사람이 갇히는 감옥이에요. 거기서 누구를 만났냐 하면 바로 오네시모를 만난 거예요. 오네시모. 아멘.

2) 민간 기독교 교도소 설립 노력

그런데 사도바울이 그 감옥에서도 복음을 전하려고요? 식사 때가 되면 밥이 나올 거 아니에요? 요즘은 한국의 감옥도 이게 민주화가 돼서 밥도 잘 나오고 또 바깥에서 돈을 넣어주는 사람이 있으면 사식을 먹으니까 바깥에서 먹는 밥보다 더 잘 먹을 수 있어요. 돈만 넣어주면. 사식을 먹을 수 있으니까. 외국 같은 그 호주 같은 데나 미국 같은 유럽 같은 감옥은요, 감옥이 아니랍니다. 난 안 가봤지만. 그런데 거기는요. 거의 그냥 분리해서 사는 수준이에요. 거기 가면 감옥 안에 정원도 다 있고 집 다 있고 단지 가족과 함께 못 살도록 격리만 해놨을 뿐이지, 그 뭐 감옥이라고 할 수 없을 만큼 그게 잘돼 있대요. 그러는데 우리나라도 지금 민간 교도소를 허가받았어요. 특별히 큰 교회 김삼환 목사님 명성교회, 김홍도 목사님 이런 목사님들이 돈을 수십억씩 내서 몇백억 걷어서 지금 경기도 이천에다가 기독교 교도소를 만들었습니다. 지금 거의 다 지었습니다. 이제는 감방에 딱 가면 "종교가 뭐요?" "난 기독교예요." 그러면 "기독교 교도소에 갈래요?" 이렇게 물어보면 "예." 그러면 기독교인들은 그리로 데려가는 거예요. 하루 종일 일 안 시키고 예배만 드려요. 그러니까 여기서 성경 공부하기 싫어하는 놈들은 감방에다 집어넣어요. 거기 가서 실컷 성경 공부하고 나오도록요. 왜 그러냐 하면 우리나라의 재범률이 아시아에서 제일 높은데요? 재범률이 뭐냐? 감옥에 들어갔다 나온 뒤에 똑같은 죄를 지고 또 들어가는 걸 재범률이라 그래요. 그게 강간, 간음죄, 강간죄를 지었다 그러면 강간죄를 진 사람이 형을 10년 살고 나온 뒤에 한 달 내로 또 그 죄를 짓고 또 들어가는 거예요. 그러니깐 재판해서 격리시켜서 감옥에 가둬놔도 사람은 변한다? 변하지 않는다? 변하지 않는다. 사람은 변하지 않는다. 그래서 정말로 감옥은 사람을 변화시키는 감옥이 돼야 한다, 해서 지금 기독교계에서 만들어 놨어요. 곧 시작할 겁니다. 시작하는데, 사람이 감옥에서 변화돼서 나오는 비율이 그렇게 많지 않습니다. 많지 않고. 사람은 감옥에서 칼을 갈고 나온대요, 칼을 갈고. '이번에 나가면 내가 그때 내가 못 죽인 놈을 내가 완성하고 들어온다.' 해서 감옥에서 칼을 갈고 나오지, 사람이 변화 안 된대요. 그런데 감옥에서 변화될 수 있는 것이 딱 한 가진데, 복음이에요. 복음과 깊이 만난 사람은 변화돼요. 그게 복음밖에 없는 거예요. 우리가 남의 종교를 비방하는 건 아니지만, 절대 불교는 변화되지 않습니다. 감옥 하나만 놓고 토탈(total) 통계를 내봐도, 불교 교리를 공부하고 불경을 읽은 사람 변화 안 됩니다. 예수 그리스도의 복음은 생명이거든요? 이것은 사람이 변화시키는 게 아니라 주님이 변화시켜요. 예수가 들어가면 사람이 변화시키는 게 아니라 주님이 그 사람을 변화시켜요. 예수님이. 그래서 감옥에서 목사님 돼서 나온 사람 많이 있습니다.

3) <가시관을 쓰신 예수>, 옥중에서 만난 예수

우리 교회 그때 부흥회 하고 가신 그 목사님도 감옥에서 이 김석균 전도사님이 쓰신 가사인 〈가시관을 쓰신 예수〉 있잖아요? 복음성가? 〈가시관을 쓰신 예수〉라고 하는 그

가사가 바로 감방 생활했던 목사님 책의 수기에서 나온 가사입니다. 감옥에서 예수님 만나고 난 뒤에 쓴 그 수기, 수기를 요약한 것이, 그게 〈가시관을 쓰신 예수〉예요. 감옥에서 쓴 겁니다. 감옥에서. 한번 불러볼래요? 이게 감옥에서 쓴 가사인데 감옥에서 예수님을 진하게 만난 거예요. 예수님을 진하게 만나자!

〈가시관을 쓰신 예수〉

1. 가시관을 쓰신 예수 날 오라 부르실 때에
방탕한 길 못 버리고 세상 길로만 향했네
사랑하는 내 아들아 부르시는 내 아버지
눈 어두워 보지 못하니 내 죄가 너무 큼이라

2. 어찌할꼬 이 내 죄를 어찌 다 용서 받을까
두 손 모아 참회하니 흐르는 눈물 뿐이라
골고다의 보혈의 피 무거운 짐 벗기시어
천국 백성 되게 하시니 그 사랑 갚을 길 없네

3. 넓고 큰 길 가기보다 가시밭 길을 택하리
하늘 영광 사모하며 주님 가신 길 가오리
아버지여 나에게도 십자가 들려 주소서
땅 끝까지 증거하리다 주님 사랑 전하리다

아멘 할렐루야. 이 목사님이 감옥에서 쓰신 글을 요약한 건데 그 목사님도 권사님 아들로 태어났다고요. 권사님 아들. 권사님 아들이니까 주일날 교회 가자고 할까? 안 할까? 잔소리가 "교회 가자."이지. 교회 가자. 교회 가자. 교회 가자. 그런데 성령으로 거듭 못난 사람들이 교회를 같이 따라가는 것보다 차라리 감방 가는 게 나은 거예요. 그게 힘든 거예요. 영의 일치가 안 되는 사람은요. 그러니까 엄마 말 안 들어요. "어머니나 다녀오세요. 엄마만 갔다 오세요." 그래서 권사님이 교회 가서 피눈물 나게 기도하는 거예요. 새벽마다 "우리 아들 구원시켜 달라"고. "예수님 만나게 해 달라"고. 아멘. 그런데도 이 권사님 아들이 교회 안 다녀요. 교회 안 다니니까 하나님이 결국은 권사님의 기도를 응답시켜요. 예수 믿게 하는 방법이 어떻게요? 가두는 길밖에 없어요. 그래서 친구하고 싸우다가 뭐 어떻게 해서 감방에 갇혔는데? 감방도 한번 가기가 힘들어 그러지 그다음에 감방에 대하여 담대함이 생긴답니다. 예를 들어서, 딱 때려서 이빨 부러졌다? 감방 갔다 석 달 살고 나왔다? 또 싸울 일이 화가 딱 나면 '이 새끼, 내가 2개 부러뜨리고 이번엔 6개월만 살면 된다.' 해서 그게 감방에 대하여 자신이 붙는데요. 그래서 막 5범, 10범 계속 가는 거예요. 이제 가는데, 감방에 갔다가 그 감옥에서 목사님의 전도를 듣고 예수님을 딱 영접하니까 성령이 속에서 소리를 칠 것 아니에요? "내가 너를 구원시키려고 이곳까지 데려왔다."

그걸 깨닫고 1절 가사가 그거예요. 그걸 깨닫고. 1절을 한 번 보라고요. 1절 보면 1절 내용이 그런 거예요. 가시관을 쓰신 예수 날 뭐 하실 때? 엄마를 통하여 맨날 교회 가자. 교회 가자. 그럴 때 방탕 한 길 못 버리고 세상 길로만 향했다. 엄마 말이 귀에 안 들리는 거예요. 교회 가자는 말이. "사랑하는 내 아들아 부르시는 내 아버지 눈이 어두워 보지 못하니." 내 죄가 너무 컸기 때문에요. 예수님 만나고 나서가 이제 2절이에요. "어찌할꼬 이 내 죄를 어찌 다 용서받을까 두 손 모아 참회하니 흐르는 눈물뿐이라." 2절은 예수님 만나고 난 뒤에고 3절은 구원받고 난 뒤에 "넓고 큰길 가기보다 가시밭길을 택하리." 할렐루야. 그래서 그 목사님은 지금도 저처럼 이렇게 좋은 동네에서 목회 안 해요. 일부러. 넓고 큰길 가기보다 가시밭길. 악조건 속에서 목회해요. 일부러 그런 데만 찾아다니면서요.

그러니까 우리 여러분들도 병원 심방 가보면 환자가 되어서 의사 선생님으로부터 사형 선고를 받은 환자들 또 형무소에 심방을 가보면 공통적으로 하는 말이 그겁니다. 다 똑같아요. 병원에 사형 선고받고 누워있는 환자들 심방 가보면 다 똑같은 말을 해요. 뭐냐 하면, 이렇게 말해요. "주님이 나를 이렇게 하지 아니하면, 이렇게 하지 않으면 내가 주님을 가까이할 수 없었기 때문에." 다 그렇게 말해요. 거기 먼저 가신 분들이요. 그러니까 오늘 저녁에 이 자리에 오신 우리 성도들도 이제 여러분, 하나님이 우릴 감방에 가두기 전에요. 누가 감방을 가고 싶어서 가요? 운전하다가 잘못하면 감방 가는 거지? 운전하다가 턱 박으면 인사 사고 나면 감방 가는 거예요. 그리고 또 우리가 병원에 가서 드러눕기 전에 우리가 열심히 주님을 사랑합시다. 기도합시다. 사명 감당합시다. 하나님이 꼭 그리로 옮겨놓은 뒤에 깨닫지 말고요. 할렐루야.

3. 바울, 오네시모를 전도하다

1) 감동으로 복음을 전하자

이 오네시모가 바로 그런 사람이에요. 하나님이 오네시모를 사랑했단 말이에요. 사랑했어요. 그냥 세상에 놔둬서는 이 사람이 구원을 못 받는 거예요. 그러니까 하나님이 감방에다 집어넣었는데, 어디다 집어넣냐? 그 당대에 뿐이 아니라 기독교 2천 년 역사에 한 번이라도 만나보면 영광이지. 사도바울이 갇힌 그 감옥, 그 감옥에서 사도바울과 만나게 한 거예요. 할렐루야요? 그러니까 감옥에서부터 오네시모의 신분이 바뀌는데요?

그래서 이제 사도바울이 전도하려고요? 밥이 나왔어요. 밥. 감방에 가면 밥 나오잖아요? 안이숙 여사가 쓴 『죽으면 죽으리라』는 책 보시면 감옥에서 전도하려고요? 감옥에는 다 배고프니까 요즘 감옥 말고 옛날 감옥은 그 밥도 먹을 거 3분의 1밖에 안 주잖아요? 그런데 그것을 자기가 안 먹는단 말이에요. 안 먹고 "나 지금 배가 아파서 못 먹는다." 그래요. 배가 아픈 게 아니에요. 옆 사람 전도하려고 "형제여, 난 갑자기 배가 아파서 밥을 못 먹으니 이거 2그릇 드세요." 한 이틀 사흘 동안은 진짜 배가 아파서 주는 줄 알고 맛있게 먹는단 말이에요? 맛있게? 아멘. 그런데 나중에 3~4일 지난 뒤 이 사람이 금식한 것을 보니까 배가 아파서 밥을 안 먹는게 아니라 자기를 사랑하여, 자기한테 밥 한 주먹 더 먹이려고. 이때 복음이 들어가는 거예요. 이때 감옥에서는요. 감동으로 감동을 통하여 복음이 들어가는 겁니다. 아멘이요? 그래서 사도바울이 오네시모 한 사람을 변화시키려고 찬 바람 나오는 쪽으로 자기가 앞에서 잠을 자주는 거예요. 바람막이로. 성경에는 안 쓰였는데 내 추측에 그런 것 같아요. 빌레몬서에는 안 쓰였어요. 내 추측에 바람 문 쪽으로 거기에 사도바울이 대신 바람을 맞고 자는 거예요.

여러분들, 지금 매 주일 1명씩 "전도하라. 전도하라." 해도. 전도 지금 안 해오지? '목사님이 뭐 전도는 하는 게 아니라 되는 거라고 했는데 나는 계속 되지도 않더라.' 감동을 안 끼치니까 그런 거예요. 여러분 주위의 사람을 복음으로 감동을 끼쳐야 해요. 감동. 따라 해 봐요. 감동. 감동을 끼쳐야 복음이 증거되지 그냥 입만 가지고 전도가 되겠어요? 이번 주에는 다 감동 끼칩시다. 옆 사람 다 손잡고 해봐요. 자, 우리 "감동으로 복음을 전합시다." 감동으로 복음을 전해야지 감동으로. 할렐루야.

2) 감옥에서 낳은 아들 오네시모

그래서 사도바울이 감옥에서 먹을 거 안 먹고, 찬 바람 부는 쪽으로 잠을 자면서 그러니까 처음에 이 감방 선배인 오네시모가 "선생님. 선생님은 뭐 하다가 오셨어?" 사도바울이 그랬어요. "나는 사실 여기에 사실 들어올 입장이 아니었습니다." "왜 들어왔어요?" "내 이름은 내 이름은 폴(Paul)인데 폴. 바울인데." "뭐라고요?" "내 이름이 바울이라고." 오네시모도 세상에서 들었어요. 바울 사도에 대한 소문을, 아멘. 천하를 소동케 한 예수의 제자, 다메섹 도상에 가다가 예수를 만난 바울. "당신이 정말 바울 맞아?" "내가 바울입니다." "그런데 왜 당신은 듣기에 세상에서 젊은 나이에 공부도 잘하고 사법고시도 합격하고, 그리고 아주 유망한 사람이라 들었는데 그 왜 예수라고 하는 이단한테 걸려서 인생을 왜 그렇게 사냐?"라고. 사도바울이 "그 이유를 내가 설명해 드릴까?" 해서 사도바울이 쭉 그 말로부터 시작해서 오네시모에게 복음을 전하는 거예요. 복음을. 할렐루야. 이 오네시모가 사도바울의 진지한 복음 전함을 듣고 거기서 회까닥 뒤집혀서 감옥에서 바울한테 세례를 받고 아멘. 그러니까 뭐 정말로 기독교 2천 년에 최고의 스승이지요. 사도바울과 함께 감옥에서 성경 공부를 하는 거예요. 할렐루야지. 그래서 이 오네시모가 사도바울의 수제자가 된 거예요. '감옥에서 낳은 아들이다.'라고 합니다. 감옥에서 낳은 아들. 빌레몬서 성경 한 번 넘겨봐요. '내가 감옥에서 낳은 아들이라.' 그래요. 바울이 이 오네시모를 향하여 자기 아들이라고 그래요. 아들이라고. 1절부터 읽으시면 빌레몬서 제1장 1절 시작.

(빌레몬서 1:1-3)

1. 그리스도 예수를 위하여 갇힌 자 된 바울과 및 형제 디모데는 우리의 사랑을 받는 자요 동역자인 빌레몬과

2. 및 자매 압비아와 및 우리와 함께 군사 된 아킵보와 네 집에 있는 교회에게 편지하노니

3. 하나님 우리 아버지와 주 예수 그리스도로 좇아 은혜와 평강이 너희에게 있을찌어다

그다음에 9절 한번 읽어보시면 시작.

(빌레몬서 1:9-10)

9. 사랑을 인하여 도리어 간구하노니 나이 많은 나 바울은 지금 또 예수 그리스도를 위하여 갇힌 자 되어

10. 갇힌 중에서 낳은 아들 오네시모를 위하여 네게 간구 하노라

여기 봐요. 감옥에서 옥중에서 낳은 아들이라 그러잖아요? "갇힌 중에서 낳은 아들 오네시모를 위하여 네게 간구 하노라." 할렐루야. 그래서 복음을 다 증거하고 예수를 믿고 세례를 받고 그 감옥이 변하여 교회가 됐는데요? 사도바울이 가는 곳은 감옥이 변하여 교회가 되는 거예요. 감옥이 변하여 교회가 되는 거예요.

3) 삼각관계 : 바울-빌레몬-오네시모

그래서 사도바울이 오네시모의 신상에 대해서 물어봤어요. "젊은이, 젊은이는 여기를 어떻게 오게 됐소?" 물어봤더니, "나는 어디 사람이냐면요? 나는 우리 주인이요?" 사도바울을 깜짝 놀라게 하는 거예요. "우리 주인이 굉장히 큰 부자였었어요." "그런데, 주인의 이름이 누구야?" 그랬더니, 뭐라고 했냐면 "빌레몬이다."라고 해요. 빌레몬. 따라서. 빌레몬. 빌레몬, 그러면 누구냐? 복음으로는 이 빌레몬이 바울의 제자란 말이에요. 큰 부잔데. 할렐루야? 사도바울이 "뭐

빌레몬? 주소 한번 얘기해 봐. 핸드폰 번호 몇 번이야? 핸드폰 번호." 그때는 핸드폰 없었잖아요? 핸드폰 번호 맞춰보니까 딱 맞아요. "그래서 빌레몬하고 어떻게 됐다고?" "내가 거기서요. 맏머슴이었습니다. 맏머슴. 그런데 내가 욕심이 생겨서 돈을 훔쳐서 도망가다 잡혔는데, 내가 지금 감옥에 갇혔어요." 그래서 사도바울이 오네시모를 향하여 "빌레몬은 나의 수제자다. 수제자." 아멘. 그러면 봐요. 이제 자, 옥중에서 삼각관계가 이루어졌어요. 바울이요. 바울. 따라서. 바울. 바울이 있고 바울과 누구와의 관계냐면 빌레몬이에요. 빌레몬. 바울과 빌레몬과는 제자의 관계예요. 제자의 관계. 믿습니까? 그다음에 또 오네시모예요. 오네시모. 자, 빌레몬과 바울과는 생명을 나누는 사이에요. 생명을 나누는 사이. 서로 생명을 주고받는 사이라고요. 아멘. 그리고 오네시모와 바울과의 관계도 이제는 감옥에서 생명을 나누는 사이에요. 그런데 문제는 빌레몬과 오네시모와의 관계는 이건 아직 또 원수인 거예요. 빌레몬이 오네시모를 잡으면 죽이려고 해요. '이놈의 새끼 말이야.' 때려죽이려고 해요. 그리고 이 오네시모도 빌레몬이 무서워서 가까이 가지를 못해요.

IV.
화목제물의 중재자 바울

1. 간구하노니 용서하라

이 중간에 화목제물의 중재자 역할을 하는 사람이 바울이에요. 바울. 할렐루야. 용서할 수가 없어. 성경에 뭔지 구체적으로 잘 안 나와 있어요. 성경학자들이 여러 가지 추측을 하지만, 빌레몬은 오네시모를 자기의 힘으로는 용서할 수가 없는 거예요. 빌레몬은 오네시모를 현장에서 지금 봐도 당장 "저놈을 죽여버려야 해!". 용서할 수가 없는 거예요.

그래서 사도바울이. 오네시모가 사도바울보다 먼저 형무소에서 먼저 나가요. 먼저 출소한단 말이에요. 출소하는데 그래서 오네시모의 손에다가 이 사도바울이 빌레몬에게 편지를 쓰는 거예요. 어떻게 쓰느냐 하면, 먼저 이 빌레몬에게 비행기를 태워요. 사랑한다. 뭐 한다. 뭐 한다. 쭉 칭찬해 놓고. "그런데 내가 옥중에서 낳은 아들이 하나 있는데, 이름이 오네시모다." 그러니까 빌레몬이 편지를 딱 받아 읽는데 보니까, 이게 오네시모 때려죽일 놈인데 이게 어떻게 또 예수를 믿었냐, 이거예요. 때려죽일 놈인데. 이게 왜 예수를 믿었냐, 이거예요. 그래서 사도바울이 뭐라 그러냐면 "너와 오네시모와의 관계로서는 도저히 그를 용서할 수 없으냐." 따라서. 용서할 수 없으냐. "네가 나에게 빚진 것이 있지 않느냐? 복음으로 빚진 거?" 아멘. "너 나한테 신세 진 거 있지 않느냐?" 이거예요. "나를 봐서. 나에게 신세 진 걸 생각해서 너 이 오네시모를 용서할 수 없겠느냐? 네가 나에게 신세 지고. 너 나에게 복음으로 빚진 것을 생각하면? 내가 너를 위해서 금식기도 해줬지? 내가 너를 위해서 철야기도 해줬지? 내가 너를 위해서 한 수고를 생각하면 너에게 명령으로" 무엇으로? "'용서해! 오네시모를 용서해.' 이렇게 명령도 할 수 있으나, 너에게 억지가 되지 않게 하기 위하여." 사도바울이 빌레몬보다 더 밑의 자리로 내려와서 간구한다고 그랬어요. "간구하노니" 따라서. "간구하노니 옥중에서 낳은 오네시모를 이 편지를 받는 즉시 용서하라." 아멘.

이 편지를 받고 난 뒤에 빌레몬이 갈등이 생기는 거예요. 편지를 보면 바울 생각이 나고, 편지를 가지고 나온 이 오네시모, 앞에 있는 이놈을 보면 완투(one two) 펀치가 그 자리에서 나가고 싶고, 이 속에서부터 갈등이 생기는 거예요. 이해되시면 아멘. 그때 빌레몬이 오네시모를 자기의 눈으로 보는 그 눈을 접고 사도바울의 편지를 보고 용서할 수 없는 오네시모를 용서하게 된다, 이거예요. 아멘. 그리스도 안에서 화목제를 위하여요.

2. 화목제를 위하여 용서하자

화목제를 위하여 오늘 밤에 이 자리에서 여러분과 저도 용서할 수 없는 사람이 있다고 하면? '내 마음의 감정과 내 마음의 상태로는 영원히 저놈은 용서할 수 없어.' 당연히 용서할 수 없지. 우리는 그렇게 큰 사람이 못 되니까요. 그럴 때 우리는 누구를 봐야 하냐면 예수님의 십자가를 봐야 해요. 내가 용서받은 주님의 십자가를 보고, 아멘. 사람을 용서하기 힘들 때 우리는 내 힘으로는 용서할 능력이 없어요. 그래서 예수 그리스도의 십자가를 보고 내가 주님께 용서받은 그 용서를 생각하고 우리에게 용서할 수 없는 사람의 벽을 허물자는 거예요. 화목제가 이루어지게 하라. 따라서. <u>화목제가 우리 속에 이루어지게 하라.</u> 할렐루야. 그래서 오늘 이 자리에 오신 우리 모든 성도들의 가슴속에 화목제가 이루어져야 해요. 용서할 수 없는 사람이 단 한 명이라도 있으면 기도문이 막히고 결국은 내가 손해 봐서 안 돼요. 다 우린 내려놔야 해요. 아멘이요? 이해되시면 아멘. 두 손 들고 아멘. 할렐루야. 내가 이렇게 여러분 잘 가르쳐 드려도, 그래도 이렇게 딱 속에 또 걸고 말이에요. 예수 믿는 사람이 한 번 걸면 안 푼다 그래요. 예수 믿는 사람이. 예수 믿는 사람한테 한번 찍히면요? 영원이래요. 영원히. 특별히 황수넴한 테 찍히면 죽어요. 황수넴. 너는 오늘 오네시모가 돼야 해. 오네시모. 하나라도 너는 용서 못할 사람이 있으면 안 되는 거예요. 황수넴하고 나하고 지금 여기 오기 전에 1부 예배 를 우리 집에서 하고 왔어요. 저녁 먹으면서 하고 왔어. 황 수넴, 내 너 사랑하는데 너 진짜 넌 내 말 잘 들어야 해. 진 짜 내 말 잘 들어야 해. 세상 살날 멀지 않았어요. 우리가 끽 살아봤자 15년이면 끝나요. 15년. 15년이면 끝나요. 영원한 시간에서 15년 금방 지나가 버려요. 우리가 마귀한테 속으 면 안 돼요. 다 용서하자. 옆 사람 다 손잡고 "용서합시다." 자, 앞뒤로 다시. "벽을 허뭅시다." 아멘. 같은 집에 살면서 도 담쌓고 살면 돼? 안돼? 언니하고 동생하고 앵~하면 돼? 안돼? 대답해 봐요. 돼? 안돼? 같은 교회 다니면서도 딱 걸 고 살면 돼? 안돼? 그러면 기도가 응답 안 되지. 성령의 기 쁨이 없어지지. 예수 믿는 즐거움이 다 없어지지. 우리는 오 늘 다 우리 속에 진정한 화목제가 이루어져서 사랑제일교회 는 우리 다 한 떡이 돼야 해요. 화목제가 다 이루어져야 해 요. 그래서 따라서 번제. 소제. 용서는 그 사람을 위해서 용 서하라는 게 아니잖아요? 용서는 누구를 위해서? 자기를 위 해서 용서하라고 하잖아요? 자기를 위해서. 누굴 위해서? 용서 안 하면 두 번 피해를 본다고요. 한번 피해는 뭐냐? 그 놈한테 한번 당해서 피해 봤지? 그다음에 또 뭐냐? 그놈한테 당한 것 때문에 그놈한테 당한 것을 보복하는 마음을 가지고 있으니까 내 속에서 엔도르핀이 안 나오고 다 내 속에서 내 척수에서 쓴 물이 나오니까 암병 걸려서 죽고. 그러니까 두 번 피해 볼 수 없으니까 우리는 무조건 성경에 원수까지도 사랑하라는 거예요. 원수를 위해서 사랑하라는 게 아니에요. 원수를 사랑하라. 따라서. 사랑하라. 하나님이 원수를 사랑하라는 것은 원수를 위해서 사랑하라는 게 아니에요. 나를 위해서. 나를 위해서 화목제가 이루어지도록. 아멘. 할렐루야. 찬송 한번 불러봐요.

⟨내가 먼저 손 내밀지 못하고⟩

1. 내가 먼저 손 내밀지 못하고
   내가 먼저 용서하지 못하고
   내가 먼저 웃음 주지 못하고
   이렇게 머뭇거리고 있네
   그가 먼저 손 내밀기 원했고
   그가 먼저 용서하길 원했고
   그가 먼저 웃어주길 원했네
   나는 어찌 된 사람인가
   오 간교한 나의 입술이여
   오 더러운 나의 마음이여

(후렴) 왜 나의 입은 사랑을 말하면서
왜 나의 입은 화해를 말하면서
왜 내가 먼저 져줄 수 없는가
왜 내가 먼저 손해 볼 수 없는가
오늘 나는 오늘 나는 주님 앞에서
몸 둘 바 모른 채 이렇게 흐느끼며 서있네
어찌할 수 없는 이맘을 주님께 맡긴 채로

2. 내가 먼저 섬겨주지 못하고
내가 먼저 이해하지 못하고
내가 먼저 높여주지 못하고
이렇게 고집부리고 있네
그가 먼저 섬겨주길 원했고
그가 먼저 이해하길 원했고
그가 먼저 높여주길 원했네
나는 어찌 된 사람인가
오 추악한 나의 육신이여
오 서글픈 나의 자존심이여

3. 예수 십자가를 보고 용서하자

아멘 할렐루야. 우리 속에 화목 제사가 늘 살아있게 하자.
그런데 사실 이게 성경의 이론은 이래도 사실 우리 현장에
서 부딪치면 쉬워요? 어려워요? 어려워요. 나도 사도바울

흉내를 한번 내보려고요? 우리 교회에서도 보면 철천지 원수지간들이 있거든요? 우리 교회도 있어. 누구하고 누구하고 누구하고. 내가 다 알아요. 철천지 원수지간이에요. 보니까 절대 천당은 하나 있어서는 안 돼요, 그 집은. 왜냐면 그 사람이 천당 가면 안 간대요. 그 천당 안 간대. 철천지 원수지간인 사람이 있어요. 우리 교회도 1~2명이 아니에요. 하도 원수를 지기에 하루는 내가 어떤 자매를 불러서 당회장실에 불러서 내가 말이야 이 덩치 큰 놈이 의자에 앉았다가 내가 땅바닥에 이렇게 무릎을 꿇었다고요. 그 계집애한테 그 미친년한테. 그래서 내가 빌었어요. 진짜 빌었어. "자매님, 내 소원이 하나 있는데, 내 소원 좀 들어줘." "목사님, 왜 이래요?" 그랬더니, "자매님, 나한테 신세 진 적 있어? 없어?" 있대. "은혜받았어? 안 받았어?" 하니까 받았대. "나한테 물질적으로도 나한테 덕 본 적이 있어? 없어?" 있대. "그러니까 내 소원 하나만 들어다오." "말해 보세요." 그래서 "나를 봐서 그 사람 용서해." 그랬더니 뭐, 자기도 양심 있으니까 어떻게 하겠어요? "꼭 목사님, 이렇게 해야 하겠습니까?" "그래. 내 소원이야. 난 너 때문에 목회를 못하겠다. 그러니까 나를 봐서라도 좀 용서해 달라." 그랬더니 "용서하겠다." 그래요. 용서하겠다고. 그래서 내가 불렀어요. 불러서 "내 앞에서 용서한다고 말해다오." 그래서 내 앞에서 용서한다고 얘기하더라고요. 그래서 거기서 나는 끝난 줄 알았어요. 그게 끝난 줄 알았는데 이 미친년이 바깥에 나가서 뭐라고 소리 지르며 다녔냐 하면 "목사님이 나한테 굴복했다. 목사님이 나한테 싹싹 빌었다." 아우~ 내가 용서한 게 부활이 다 되려고 해요. 그러니까 목회하기가 만만치 않아요. 그런데 그런 년도 또 용서해야 해? 안 해야 해? 이 사람들이 남의 소리니까 용서하라고 난리야. 너희들도 목회 한번 해 봐. 목회가 그렇게 쉬운가? 좋아. 용서해야 해. 그것까지도 용서해야 해. 용서 안 할 사건은 하나도 없어. 우리가 십자가 앞에서 주님께 용서받은 그 사건 앞에는 용서 못할 사건은 단 하나도 없어. 다 해야 해. 그 대신 여러분들이 앞으로 내가 당회장실로 불러서 내가 여러분 앞에 무릎 꿇는 일이 딱 일어나면 여러분은 속으로 생각해요. '나는 화로다.' 이렇게 생각하라고. 내가 오죽하면 짐승 같은 너한테 무릎을 꿇겠냐? 내가 마지막으로 하는 게 너한테 무릎 꿇는 거예요. 당회장 목사가 이 덩치 큰 104킬로(kg)가 너 계집애 같은 여자 말이에요. 미친년 같은 너한테 내가 무릎을 꿇고 "자매님, 나를 살려줘." 할 때는 그때는 너는 마지막 카드인 줄 알아. 그래도 네가 내 이 진정을 못 받으면, 너는 하나님 앞에 죽어. 죽어. 아멘. 다 용서해야 해요. 다 용서할래? 용서 못하면 내가 여러분 앞에 무릎 꿇고 빌게. "자매님, 날 봐서라도 용서해." 내가 무릎 꿇고 빌 테니까 다 하실래? 다 하실래요? 오늘 다 내려놓고 가자. 그래야 마귀가 역사 못해. 우리 속에 진정한 화목제물이 이루어져야 해요. 진정한 화목제물이 이루어져야 하는 거예요. 진정한. 아멘. 다시 한번만 부르고 기도하고 가자고요. 다시 한번 부르고. 자, 〈내가 먼저 손 내밀지 못하고〉입니다.

〈내가 먼저 손 내밀지 못하고〉

1. 내가 먼저 손 내밀지 못하고
내가 먼저 용서하지 못하고
내가 먼저 웃음 주지 못하고
이렇게 머뭇거리고 있네
그가 먼저 손 내밀기 원했고
그가 먼저 용서하길 원했고
그가 먼저 웃어주길 원했네
나는 어찌 된 사람인가
오 간교한 나의 입술이여
오 더러운 나의 마음이여

(후렴) 왜 나의 입은 사랑을 말하면서
왜 나의 입은 화해를 말하면서
왜 내가 먼저 져줄 수 없는가
왜 내가 먼저 손해 볼 수 없는가
오늘 나는 오늘 나는 주님 앞에서
몸 둘 바 모른 채 이렇게 흐느끼며 서있네
어찌할 수 없는 이맘을 주님께 맡긴 채로

2. 내가 먼저 섬겨주지 못하고
내가 먼저 이해하지 못하고
내가 먼저 높여주지 못하고
이렇게 고집부리고 있네
그가 먼저 섬겨주길 원했고
그가 먼저 이해하길 원했고
그가 먼저 높여주길 원했네
나는 어찌 된 사람인가
오 추악한 나의 육신이여
오 서글픈 나의 자존심이여

두 손 높이 드시고 우리 다 같이 통성으로 "주님, 내 속에 화목제가 살아 있게 하여 주세요. 내가 용서 못할 사람이 어디 있습니까? 그가 나보다 더 큰 죄를 지었단 얘기지 나도 죄인이고, 그가 나보다 더 엉망진창이란 얘기지 나도 주님 앞에 서면 같은 사람이고, 나는 누구를 정죄할 권리도 없습니다. 나는 주님, 누구를 책망과 권면하기 전에 그를 향한 사랑하는 마음이 심히 적었습니다. 주님, 용서하여 주세요. 오늘 주님을 생각하고 나는 다 내려놓겠습니다. 먼저 내 죄가 큼을 보고 있습니다. 용서하여 주시옵소서. 용서하지 못한 죄를 용서하여 주시옵소서. 용서하지 못한 나의 편협한 마음을 용서하여 주시옵소서. 이 시간에 사단의 거처가 다 떠나가길 원합니다. 내 속에 용서하지 못하는 사단의 거처가 떠나가길 원합니다. 화목제물로 열납하여 주시옵소서." 다 같이 "주여" 삼창하며 기도하겠습니다. "주여! 주여! 주여!"

11

화목제 ②
십자가의 자세를 갖자

설교 일시 2008년 11월 9일(주일) 오후 7시

대 상 사랑제일교회 주일 저녁 예배

성 경 레위기 3:1-11

1 사람이 만일 화목제의 희생을 예물로 드리되 소로 드리려거든 수컷이나 암컷이나 흠 없는 것으로 여호와 앞에 드릴찌니

2 그 예물의 머리에 안수하고 회막 문에서 잡을 것이요 아론의 자손 제사장들은 그 피를 제단 사면에 뿌릴 것이며

3 그는 또 그 화목제의 희생 중에서 여호와께 화제를 드릴찌니 곧 내장에 덮인 기름과 내장에 붙은 모든 기름과

4 두 콩팥과 그 위의 기름 곧 허리 근방에 있는 것과 간에 덮인 꺼풀을 콩팥과 함께 취할 것이요

5 아론의 자손은 그것을 단 윗 불 위에 있는 나무 위 번제물 위에 사를찌니 이는 화제라 여호와께 향기로운 냄새니라

6 만일 여호와께 예물로 드리는 화목제의 희생이 양이면 수컷이나 암컷이나 흠 없는 것으로 드릴찌며

7 만일 예물로 드리는 것이 어린 양이면 그것을 여호와 앞으로 끌어다가

8 그 예물의 머리에 안수하고 회막 앞에서 잡을 것이요 아론의 자손은 그 피를 단 사면에 뿌릴 것이며

9 그는 그 화목제의 희생 중에서 여호와께 화제를 드릴찌니 그 기름

곧 미려골에서 벤바 기름진 꼬리와 내장에 덮인 기름과 내장에 붙은 모든 기름과

10 두 콩팥과 그 위의 기름 곧 허리 근방에 있는 것과 간에 덮인 꺼풀을 콩팥과 함께 취할 것이요

11 제사장은 그것을 단 위에 불사를찌니 이는 화제로 여호와께 드리는 식물이니라

Ⅰ.
바싹 깨어져서
하나님께 쓰임 받자

자, 우리 좌우에 다 같이 <u>이 나라, 이 민족을 복음화합시다.</u>
아멘. 할렐루야. 자, 5대 제사입니다. 타락한 인생들을 향하
여 하나님께서 사람과 만나는 장소를 하나님은 제단으로 정
했습니다. 나를 만나려거든 제단으로 오라, 그랬어요. 하나
님은 제단 외에는 사람과 만나지 않겠다 그랬어요. 이 제단
은 곧 예수 그리스도의 십자가 제단을 말하는 것입니다. 바
꾸어 말하면 하나님은 예수 그리스도 없이는 사람과 만나지
않겠다, 중보자 예수 없이는 하나님이 사람하고 상관을 하
지 않겠다, 상대하지 않겠다는 거예요. 우리가 하나님께로
깊이 나아가려면 여러분과 저는 십자가 제단으로 나아가야
하는 거죠. 이 제단은 성경에 크게 5가지인데 하나는 번제입
니다. 이 번제는 사람의 원죄를 해결하는 제사라서 이건 사
람에게 구원의 역사를 일으킨다고 했어요. 그다음 소제입니
다. 소제는 구원받은 사람에게 이루어지는 제사인데 이것은
곧 밀이나 곡식을 가지고 드리는 제사니까 이것은 곧 깨어
짐의 제사예요. 이것은 자아의 파쇄예요. 세 번째는 화목제
입니다. 이것은 관계의 제사입니다. 하나님과의 관계 그다

음에 사람과의 관계, 오늘 저녁엔 이 말씀을 상고하려고 그럽니다. 그다음에는 속죄제입니다. 속죄제는 이것은 원죄가 아니라 자범죄, 구원받고 난 뒤에 짓는 죄인 자범죄를 해결하는 제사예요. 그다음에 마지막으로 속건제입니다. 속건제는 보상의 제사예요.

그래서 예수님은 십자가상에서 단번에 십자가의 한 사건으로 예수님은 이 5대 제사를 완성하셨다, 그랬어요. 여러분과 저도 하나님 앞으로 더 깊이 나가고 신령한 세계로 나가고 하나님께 더 큰 쓰임을 받고 축복을 받으려면 우리의 심령 속에서 이 5가지 이 제사가 늘 살아 있어야 한다는 거예요. 5대 제사가 속에 살아있어야 한다. 할렐루야. 우리 속에서 제사가 무너지면 그만큼 겉 사람은 하나님께 쓰임 받는 것이 뒤로 연기되고 축복을 잃어버리게 되고요. 그렇다고 구원이 없어지는 건 아니지만 이 땅에서 형통함이 없는 거예요. 우리 첫 번째 제사는 번제인데 번제는 구원의 제사니까 번제, 예수 그리스도의 피로 되어 있는 이 번제를 통과하는 사람은 겉 사람은 죽어도 천국 가는 구원이 이루어져요. 그다음에 소제는 무너져도 안 깨어져도 깨어지지 않아도 가루가 안 돼도 구원은 없어지지 않는 거예요. 구원은 한번 받으면 취소되지 않습니다. 그렇지만 하나님이 쓰질 않아요. 하나님께 쓰임 받지 못해요. 하나님께 크게 쓰임 받으려면 깨어져야 해요. 가루가 돼야 한다! 왜 하나님이 나를 안 쓰실까? 이렇게 말하지만, 하나님도 못 쓰는 이유가 있다고요. 왜냐하면 겉 사람이 아직도 아담의 성분으로 겉 사람이 싱싱하기 때문에 그런 사람에게는 능력 줄 수 없어요. 그런 사람에게 일을 맡길 수 없어요. 그런 사람은 돈도 맡길 수 없어요. 돈 줬다가는 꼴값 떨어요. 그러니까 우리가 우리 쪽에서 보면 나는 다 됐는데 왜 하나님이 나를 안 쓰실까? 지금도 안 쓰는 건 아니지만 써도 왜 이렇게 하나님이 돈을 주려면 몇백억을 한번 주든지! 안돼. 안돼. 돈 줬다가는 오히려 비극이야. 비극. 안 된다고. 왜냐하면 깨어지지 않았기 때문에. 여러분, 이제 이만큼 말씀을 들었으면 다 이해한 줄 믿어요. 깊이 깨어지세요. 깨어져야 할 부분을 찾아내세요. 어떤 사람들은 깨어져야 할 부분을 몰라요. 이게 5대 제사를 한 달째 설명하는데도 이 중에 성도들 보면요? 뭔 말인지 모르는 사람이 있어요. 난 진짜 너무너무 가슴 답답해. 불쌍해. 불쌍해. 아유, 아버지~ 따라서 해요. "<u>주여, 저를 버리지 마시고 나의 길을 열어주세요.</u>" 똑같은 설교를 그렇게 듣는데 어떻게 못 알아들을까? 아유, 불쌍해~ 몰라요. 하여튼 나는 내 사명을 내 책임을 다한 거니까 이제 듣는 여러분이 알아서 뭐, 더 이상 어떻게 가르치겠어? 그러니까 바싹 깨어지시라!

Ⅱ.
기독교 복음의 핵심은 십자가

1. 하나님과의 바른 관계는 예수와의 바른 관계

따라서. 화목제. 사람은 하나님께 범죄 하여 인간과 하나님과의 사이가 결코 이루어지지 않았어야 할 원수의, "원수 된 우리"라고 했어요. 하나님과 우리와의 관계가 로마서 5장에 보면 원수로 변했다는 거예요. 왜? 죄 때문에. 하나님께 반역하고 인간이 나왔기 때문에요. 예수 그리스도가 십자가를 통하여 원수 된 하나님과 사람의 사이를 하나님이 이제는 원수가 아니라 화목의 관계로 자녀의 관계로 만드셨어요. 로마서 5장을 다 한번 읽어보시면, 하나님과의 관계가 여러분, 불편하면 안 돼요. 1절부터 읽으시면 시작.

(로마서 5:1-11)

1. 그러므로 우리가 믿음으로 의롭다 하심을 얻었은즉 우리 주 예수 그리스도로 말미암아 하나님으로 더불어 화평을 누리자

2. 또한 그로 말미암아 우리가 믿음으로 서 있는 이 은혜에 들어감을 얻었으며 하나님의 영광을 바라고 즐거워

하느니라

3. 다만 이뿐 아니라 우리가 환난 중에도 즐거워하나니 이는 환난은 인내를,

4. 인내는 연단을, 연단은 소망을 이루는 줄 앎이로다

5. 소망이 부끄럽게 아니함은 우리에게 주신 성령으로 말미암아 하나님의 사랑이 우리 마음에 부은바 됨이니

6. 우리가 아직 연약할 때에 기약대로 그리스도께서 경건치 않은 자를 위하여 죽으셨도다

7. 의인을 위하여 죽는 자가 쉽지 않고 선인을 위하여 용감히 죽는 자가 혹 있거니와

8. 우리가 아직 죄인 되었을 때에 그리스도께서 우리를 위하여 죽으심으로 하나님께서 우리에게 대한 자기의 사랑을 확증하셨느니라

9. 그러면 이제 우리가 그 피를 인하여 의롭다 하심을 얻었은즉 더욱 그로 말미암아 진노하심에서 구원을 얻을 것이니

10. 곧 우리가 원수 되었을 때에 그 아들의 죽으심으로 말미암아 하나님으로 더불어 화목되었은즉 화목된 자로서는 더욱 그의 살으심을 인하여 구원을 얻을 것이니라

11. 이뿐 아니라 이제 우리로 화목을 얻게 하신 우리 주 예수 그리스도로 말미암아 하나님 안에서 또한 즐거워하느니라

〈주와 같이 길 가는 것〉 찬송 한번 부르겠습니다.

찬송가 456장 〈주와 같이 길 가는 것〉

1. 주와 같이 길 가는 것 즐거운 일 아닌가
   우리 주님 걸어가신 발자취를 밟겠네

(후렴) 한 걸음 한 걸음 주 예수와 함께
   날마다 날마다 우리는 걷겠네

2. 어린아이 같은 우리 미련하고 약하나
   주의 손에 이끌리어 생명길로 가겠네

3. 꽃이 피는 들판이나 험한 골짜기라도
   주가 인도하는 대로 주와 같이 가겠네

4. 옛날 선지 에녹같이 우리들도 천국에
   들려 올라갈 때까지 주와 같이 걷겠네

아멘. 따라서 합니다. 하나님과 화목하자. 하나님과 원수 되어서 좋을 일이 있어요? 없어요? 원수까지는 안 돼도 하나님과의 관계가 불편해서 좋을 일이 있어요? 없어요? 하나님과의 관계가 불편한 분들이 더러 있습니다. 구원받은 이후에도. 하나님은 어떤 사람하고 불편한 관계를 맺느냐? 하나님과의 불편한 관계가 왜 일어나느냐? 그 핵심을 말씀드리면, 하나님과의 관계가 불편한 사람은 곧 그리스도와의 관계가 무너진 사람이에요. 예수 그리스도와의 관계가 무너진 사람은 하나님과의 관계가 불편한 거예요. 다시 말해서 또 하나님과의 관계가 회복이 되는 사람은 화목제를 통하여 회복이 되려면 예수 그리스도와의 관계를 바로 가져야 해요. 이 말이 서로가 다른 말이 아니라 같은 말이에요. 하나님과의 화목의 관계가 곧 그리스도와의 관계고 하나님과의 원수 짓는 것도 그리스도와의 관계인데 우리는 예수 그리스도 우리 주님과의 관계를 올바로 가질 때 우리는 하나님과의 원수 관계가 불편한 관계가 다 없어지고요?

2. 예수와의 바른 관계는 십자가와의 바른 관계

그러면 예수님과의 관계는? 주님과의 관계가 올바로 되기를 원해요? 다른 게 없어요. 오직 그것은 십자가예요. 십자가. 그러니까 5대 제사를 쭉 검토해 보면 결국은 이 5가지 제사가 다 나누어진 것 같아도 결국은 쭉 들어가면 다 결국은 어디서 만나냐 하면 십자가에서 만나요. 결국 모든 것이 십자가에서 예수님의 십자가에서 단번에 이루었기 때문에 결국은 십자가에서 만나지더라는 거예요. 5대 제사도. 할렐루야. 그러면 예수님과의 관계가 바로 되려면 십자가와의 관계가 바로 돼야 한다는 거죠. 그럼, 십자가가 뭐냐 그럴 때 십자가는 나무 막대기 2개를 하나는 옆으로 놓고 하나는 밑으로 놓은 것이 이게 십자가가 아니고. 십자가는요? 내가 이 깨어짐에 대해서 말할 때도 같은 얘기 했지만, 십자가의 의미를 모르는 사람은 교회 천날 다녀봤자 5대 제사 냄새도 못 맡아요. 5대 제사. 그러니까 우리가 5대 제사로 깊이 들어가려면 십자가 안으로 들어가야 해요. 오직 십자가 안으로. 〈갈보리 산 위에〉 찬송 다시 한번 불러 봐요.

찬송가 135장 〈갈보리 산 위에〉

1. 갈보리 산 위에 십자가 섰으니 주가 고난을 당한 표라
   험한 십자가를 내가 사랑함은
   주가 보혈을 흘림일세

   (후렴) 최후 승리를 얻기까지 주의 십자가 사랑하리
   빛난 면류관 받기까지 험한 십자가 붙들겠네

2. 멸시함을 받은 주의 십자가에 나의 마음이 끌리도다
   귀한 어린양이 영광 다 버리고
   험한 십자가 지셨도다

3. 험한 십자가에 주가 흘린 피를 믿는 맘으로 바라보니
   나를 용서하고 내 죄 사하시려
   주가 흘리신 보혈일세

4. 주가 예비하신 나의 본향 집에 나를 부르실 그 날까지
험한 십자가를 항상 달게 지고
내가 죽도록 충성하리

우리는 오직 십자가로서만이 하나님과 화목해질 수 있고 하나님과의 화목이라고 하는 것은 곧 예수님과의 관계를 말하는 것이고 예수님과 관계가 바로 된 사람은 하나님과 화목되는 것이고 예수님과의 관계가 무너진 사람은 하나님과의 관계는 원수가 되는 것이고 우리가 하나님과의 관계가 어색하거나 불편하거나 서먹서먹하거나 하나님과의 관계가 뭔가 이상해질 때는 우리는 곧 예수 그리스도와의 십자가와의 관계를 점검해 봐야 해요. 십자가와의 관계. 그러니까 우리 기독교 복음은 처음에도 십자가요 중간도 십자가요 끝도 십자가라고요. 누가 십자가 속으로 깊이 들어가느냐의 문제예요.

3. 십자가의 의미 안으로 깊이 들어가자

1) 십자가는 외형이 아닌 의미

그러면 십자가가 이게 쉬운 것 같아도 어렵단 말이에요. 그렇지만 오늘 목사님 설명을 잘 듣고 십자가 안으로 푹 들어갑시다. 십자가는 십자가 목걸이를 목에다 달고 다닌다

는 뜻이 아니에요. 그런다고 관계가 십자가 안으로 들어가는 게 아니라고요. 아멘. 십자가를 방 방마다 갖다 붙여놓는다고 십자가와 관계가 되는 것이 아니에요. 십자가는 외형으로 이렇게 그려진 모양보다 십자가의 속성을 말하는 거예요. 십자가를 모가지에도 걸고 다니고 귀걸이로 걸고 다니고 오만데 십자가를 말이야 다 만들어서 다녔는데도 다니면 뭐 해요? 십자가는 속성을 말하는 거예요. 따라서. 의미, 뜻. 십자가의 의미와 뜻을 말하는 거예요. 그냥 뭐 외형적으로 지금 우리 교회도 십자가 많이 달렸습니다마는 그 십자가 이렇게 달아놓은 것은 그 의미를 깨달으라고 달아놓은 것이지 그 자체는 소용없는 거예요.

2) 십자가의 핵심으로 안 들어가려는 사람들

그러면 십자가의 의미가 뭐냐 그럴 때 십자가는? 예수님이 십자가 지는 걸 보시라고요. 많은 사람들이 십자가의 의미를 제1 의미, 제2 의미, 제3 의미, 이런 의미를 순서 바꿔서 생각해요. 우선 세상 사람들과 기독교인이 똑같이 아는 십자가의 덜 중요한 의미가 뭐냐 하면 희생이라 그래요. 희생. 희생을 '십자가 진다.' 이렇게 해요. 그것은 십자가 의미 중에서 아주 낮은 의미예요. 이건 세상 사람들도 십자가는 곧 희생이라는 말로 해서 "내가 십자가를 지기로 했습니다." 이것은 자기가 희생을 감수하기로 했다, 그렇게 말할 때 정치가들도 그렇고 다 "십자가를 내가 진다. 이 십자가." "누군가는 십자가를 져야 한다." 희생을 말할 때 씁니다. 이건 제일 밑바닥에 있는 의미예요. 밑바닥에 있는 의미. 이해되시면 아멘? 그러니까 십자가 안으로 깊이 못 들어가는 것은 덜 중요한 것으로만 십자가를 써먹고 정말 십자가의 핵심으로는 안 들어가려고 해요. 십자가의, 제일 십자가의 핵심은? 십자가는 의미가 1, 2, 3, 4, 5, 6, 수도 없이 많아요. 이 십자가의 뜻이 많은데, 뒤에 흘린 것보다 제일 중요한 우리는 핵심 아주 그냥 중심으로 들어가야 해요. 그런데 사람들이 십자가를 겉으로만 빙글빙글 돌고 핵심 안으로는 안 들어가려고 해요. 겁나서 거기를 안 들어가려고 하는 거예요.

III.
십자가
: 마음의 자세

1. 십자가의 정반대 - 선악과

그러나 사실은 바로 거기 정통, 제일 핵심 그 심장부로 들어가야 십자가가 뻥 뚫리고 거기에 능력이 쏟아지는 거예요. 할렐루야. 그러면 예수님이 이제 십자가를 지셨는데 하나님 앞에 예수님이 죽기까지 순종하시므로. 예수 그리스도는 하나님 앞에 죽기까지 순종했다고 그랬어요. 그러니까 내가 늘 가르치는 말대로 십자가와 정반대 대칭되는 것이 선악과예요. 선악과 때문에 십자가가 생긴 거예요. 아멘. 그러니까 십자가의 핵심이 뭐냐 하면 마음의 자세인데 우리의 자세가 내 마음의 자세가 하나님을 향하여 예수님을 향하여 이것은 자세적 문제예요. 자세적 문제. 우리가 하나님과의 화목이 왜 무너지느냐, 그리스도와의 관계가 왜 무너지냐 하면 우리가 무슨 실수 했다고 무너지는 게 아니에요. 뭔 죄를 지었다고 무너지는 게 아니에요. 죄를 지어도 알지 못하고 무의식중에 죄를 지는 것은 하나님이 그거는 그냥 "주여!" 한마디만 하면 없어져 버려요. 그런데 제일 문제는 내 마음에 이 잘못된 자세를 가지고 있으면 이건 하나님과의 관계가 무너진 상태로 계속 지속되는 거예요. 자세란 말이에요. 자세. 오늘 여러분의 마음의 자세를 십자가적 자세를 가지십시오.

2. 십자가적 자세 - 의지의 반납

십자가적 자세가 뭐냐? 예수님이 하나님 앞에 십자가 지실 때 죽기까지 순종하잖아요. 할렐루야. 그러니까 우리가

〈만유 회복〉할 때도 말씀드렸잖아요? 한 번 따라서. 천사의 나라, 아담의 나라, 메시야의 나라. 그런데 이 천사의 나라 처음에 하나님이 시작할 때에 이 천사의 나라 루시엘이 타락하기 전에는 이 우주 모든 존재의 의지라는 것은 하나밖에 없었어요. 하나님의 의지 하나밖에 없어요. 하나님의 의지. 하나님의 의지 하나밖에 없었어요. 모든 피조물도 모든 사물도 천사들도 모든 존재물도 하나님의 의지 안에서 모든 것이 다 존재하는 거예요. 하나님의 의지를 거스르는 것들이 하나도 없었단 말이에요. 믿습니까? 의지는 하나밖에 없었어요. 그런데 거기서 새로운 의지가 생겨난 출발점이 루시엘이에요. 그다음에 새로운 의지가 또 하나 생긴 것이 아담이에요. 아담이 하나님 앞에 단독적인, 독립된 의지를 가지려고 하는 거예요. 그래서 십자가가 생긴 거예요. 십자가는 하나님으로부터 독립된 의지를 인간이 가진 것을 다시 하나님께로 반납하겠다고 하는 것이 십자가라고요. 아멘. 루시엘의 타락이 없었으면 아담의 타락이 없었으면 십자가도 필요 없는 거예요. 십자가가 생길 필요가 없는 거예요. 루시엘과 아담이 하나님 외에 다른 의지를 가진 거예요. 그런데 인간들은 자기 나름대로의 색깔의 의지를 갖기 좋아해요. 언제부터? 타락한 후부터. 꼭 자기의 단독 된 의지를 오히려 주장함으로 자기가 튀고 싶어지고, 그리고 자기가 부각 되고 싶어 하고, 뭔가 그 가운데서 자기가 두각을 나타내고 싶어 하는 이런 아주 못된 성질이 있어요. 사람들에게는. 못된 성질. 이것을 전폭적으로 하나님께로 돌려드리는 거예요. 그것이 바로 십자가란 말이에요. 예수님께서 겟세마네 동산에서 "아버지여, 아버지여, 내 뜻대로 마옵시고 아버지의 뜻대로 되기를 원하나이다."

3. 하나님 뜻에 무조건 순종하겠다는 마음을 품자

그러니까 이 십자가는 십자가를 향한 나의 자세, 이 자세에 따라서, 마음의 자세에 따라서, 하나님과의 관계가 불편해질 수도 있고 하나님과의 관계가 화목할 수도 있어요. 그런데 오늘 저녁에 이 자리에 오신 모든 성도들은 하나님과의 관계가 화목해야 해요. 화목 하려면 마음속에 이런 자세를 가지세요. '아버지의 뜻이라면 목숨을 걸고 순종하겠습니다.' 정말이에요? 이런 마음의 자세를 가지면서 무의식 중에 실수하는 것은 하나님이 죄로 여기지도 않는 거예요. 반대로 죄 하나도 안 지어도 바깥으로 외형적인 사건의 죄가 하나도 안 나와도 마음속에 '하나님, 하나님 뜻도 내가 한번 검토해 보고, 사안에 따라서~' 그런 자세를 가지고 있으면 그것은 죄짓기 전에 이미 하나님과 원수예요. 하나님은 이미 겉 사람하고는 원수 관계가 들어가는 거예요.

Ⅳ.
다윗이 범한 자세의 죄

1. 외형의 죄는 순간, 자세의 죄는 연속

그러니까 이런 이해 못 할 일들이 있는 거예요. 내가 늘 말씀드렸죠? 다윗과 사울을 보세요. 다윗은 굉장히 외형적으로 큰 죄를 지은 거예요. 인간의 계명 중에서 '살인하지 말라.'가 6계명이잖아요? 여섯째 계명? 십계명 중에서 1, 2, 3, 4는 하나님에 대한 계명이잖아요? 아멘. 1, 2, 3, 4는 하나님에 대한 계명이고 5, 6, 7, 8, 9, 10은 인간에 대한 계명이에요. 다윗은 인간의 계명 중에서 큰 계명인 '살인하지 말라.' 우리아를 죽였잖아요? '간음하지 말라.' 밧세바를 뺏었잖아요? 남의 여자를 뺏어서 살았잖아요? 그러면 이건 다윗은요? 이것은 버림받아야 할 사람이에요. 굉장히 죄가 크게 바깥으로 드러난 거예요. 그런데 다윗은 죄를 짓고 난 후에도 자기의 죄를 정당히 여기지 않고 깨어지는 거예요. 아멘. 상한 심령을 갖는 거예요. 상한 심령. 자세만큼은 무너지지 않는 거예요. '내가 순간적으로 우리아를 죽이고 순간적으로 밧세바와 간음죄를 지었어도 나는 하나님께는 순종하고 싶었습니다. 하나님, 앞으로도 계속 순종하겠습니다.' 자세만큼은 이쁜 거예요. 하나님을 향하는 마음. 아멘.

  사울은 봐요. 큰 죄 안 지었어요. 사울은 바깥으로 나오는 결과가 큰 죄 지은 게 아니에요. 사울은 바깥으로는 크게 드러난 뭐, 사건을 일으킨 죄를 지은 게 아니에요. 그런데 마음속의 교만, 이건 자세예요. 자세가 틀린 거예요. 이 자세는 연속이에요. 사건은 순간적이에요. 따라서. 사건은 순간적이다. 순간적으로 사람이 실수할 수도 있어요. 순간적으로 죄지을 수 있어요. 자세는요? 자세는 순간이 아니에요. 자세는 계속 이어지는 거예요. 그러니까 내적인 자세의 죄가 훨씬 큰 거예요. 그래서 이것은, 사울은 하나님을 향한 대적의 죄란 말이에요. 그러니까 여러분들은 절대로 바깥으로, 순간적으로 짓는 다윗의 죄도 지지 말아야 하고 그보다 더 무서운 것은 자세의 죄를 지면 안 되는 거예요. 하나님을 향하여 대적하거나 하나님을 향하여 거스르는 이런 자세를 마음속에 가지고 있으면 안 되는 거예요.

  마귀가 사람을 죽일 때 마귀가 사람을 소유할 때 사단이 사람을 가지고 싶어 할 때 사단이 절대 사람을 자기 마음대로 못 가져요. 하나님의 내어줌이 없이는 절대 못 가져요. 하나님이 내어줘야 마귀가 사람을 가지지, 하나님이 내어주지 않는 것은 절대 마귀가 가질 수가 없어요. 그럼, 하나님이 어떤 사람을 마귀에게 내어주느냐? 이런 사람을 하나님이 마귀한테 허용을 안 해요. 순간적으로 다윗처럼 실수하여 짓는 이런 죄 때문에 마귀에게 "마귀야, 저거 네 맘대로 뜯어먹어라." 이렇게 안 해요. 그런데 하나님이 사람을 마귀에게 내어줄 때는 자세가 잘못된, 자세의 죄, 따라서. 자세의 죄. 거스르거나 하나님을 향하여 늘 높아진 마음을 가지거나 거드름 끼를 가지거나 불순종하고 싶어 하는 이러한 자세가 잘못된 채로 있을 때 하나님이 마귀에게 "야, 마귀야, 너 저 사람 좀 가져." 그러면 그때 마귀가 그 사람을 소유하는 거예요. 소유해서 그다음에 그 사람의 나타난 죄로. 마귀가 역사해야 죄로 나타나니까. 아멘. 그래서 그전에도 제가 말씀드렸습니다마는 잘 들어보십시오. 성경을 보면 참 이해 못 할 사건이 많이 있습니다. 다윗에 관한 말씀을 내가 다시 이야기하겠어요.

2. 다윗, 자세의 죄를 범하다

1) 다윗의 고난에 뒤따른 하나님의 위로

다윗이 베들레헴에서 태어나서 목동으로 이새의 아들로 태어나서 어린 시절 때 흠도 티도 없이 아버지 밑에서 양 치면서 정말 준수한 소년으로 자라났어요. 하나님이 이스라엘 백성들이 가나안 땅에 들어간 후에 두 가지를 찾았다고 그랬잖아요? 하나는 자기 이름을 둘 곳 장소, 그래서 거기에 택함을 받은 장소가 예루살렘이었어요. 또 하나님이 가나안 땅에 들어간 이후에 이스라엘 가운데 하나님이 또 한 사람을 찾았는데 자기를 대신하여 다스릴 사람을 찾아가요. 찾는데, 거기에 선발된 사람이 누구냐 하면 다윗이에요. "내가 다윗을 만나니 내 마음에 합하도다." 할렐루야. 여러분 다 다윗처럼 하나님께 합한 사람이 됩시다. "내가 내 종 다윗을 만나니 내가 너무 기쁘다." 하나님이 "내가 너 만난 것이 너무 기쁘다." 오늘 저녁에 모든 성도들이 그렇게 돼야 해요. "나는 너만 보면 기뻐. 난 너만 보면 너무 좋아. 내가 너를 보니 다 너무 기쁘다." 할렐루야. 오늘 우리 다 그렇게 됩시다. 하나님이 우리 성도 중에 각자 개인을 볼 때마다 하나님이 "너무 기쁘다. 내가 너를 보면 너무 기쁘다." 이렇게 되기를 바랍니다. 다윗이 하나님의 눈동자를 그렇게 사로잡은 사람이에요. 옆 사람 다 손잡고 해 봐요. 하나님의 눈동자를 사로잡읍시다. 앞뒤로 다시. 하나님의 눈동자를 온전히 사로잡읍시다. 온전히 사로잡읍시다.

그래서 다윗은 사무엘로부터 택함을 받아서 승승장구하여 쭉 가서 나중에 사울 왕과의 싸움에도 골리앗과의 싸움에도 이기고! 우리의 자세가 하나님께 열납이 되면 아무리 골리앗이 세도 우리 자세가 하나님 앞에 열려있는 사람은 다 이겨요. 다 이긴다고요. 아멘. 그리고 사울 왕이 그렇게 시기 질투해도 결국에는 사울 왕의 핍박을 다 이겼어요. 그때가 오히려 행복한 거예요. 육신은 사울 왕에게 쫓겨서 험산준령을 다니면서 밤잠 제대로 한번 못 자고 바위틈에서 끼어서 숨어 자고 다윗이 그렇게 해도 거기는 하나님의 위로가 있었어요. 왜? 억울하게 핍박을 당할 때는 하나님의 위로가 있거든요. 여러분, 하나님의 위로 크게 받고 싶어요? 억울한 핍박을 당하면 하나님이 위로가 넘쳐요. 진짜예요. 진짜. 하나님은 그런 사람을 위로하거든요. 억울한 핍박 억울한 누명을 뒤집어쓰고 억울한 말을 듣고 억울한 누명을 뒤집어쓰는 것이 보통 힘든 게 아니에요. 굉장히 힘든 거예요.

그런데 그것을 사람한테 막 화풀이하지 말고 주님 향하여 울어 봐요. 그러면 하늘의 위로가 넘쳐요. 한번 해 봐요. 여러분도 한번 해 봐. 그냥 하나님의 위로가 위로부터 막 넘쳐나 버려요. 억울한 누명 억울한 사정이 오는 사람은 그거는 복의 씨앗이에요. 억울한 누명 억울한 핍박 억울한 사정이 생기는 것은 오히려 하나님이 그 사람을 높이려고 그래요. 그 사람을 쓰시려고 하니까 여러분들은 억울한 누명이나 억울한 사정이 생기거든 감사하기를 바랍니다. 미치고 팔짝팔짝 뛰지 말고. 아멘. 억울한 사정이 생기거든 미치고 팔짝팔짝 뛰어야 해요? 미치고 팔짝팔짝 뛰지 말고 하나님을 향하여 그냥 하나님께 맡기고 주님을 바라봐요. 그러면 하늘의 위로가 와요. '무슨 일을 만나든지 만사형통하리라.' 억울한 사연이 생기고 억울한 사건이 생길 때는 하늘의 위로가 준비돼 있는 거예요. 그래서 다윗이 사울왕한테 쫓겨서 굴에서 그냥 찬 이슬 맞아가며 잠을 자고 그때가 오히려 다윗은 행복했던 거예요. 왜? 육신적인 환경으로는 자기 집에도 못 가고 가족과 만나지도 못하고 사울이 죽이려고 하니까 저 들판에서 바위틈에서 잠을 자고 해도 거기는 하나님의 위로가 뒤 따라다녔어요.

2) 왕이 되자 군림의 자세로 바뀐 다윗

그러다가 이제 육신적으로 이겼어요. 그걸 다 승리해서 하나님이 다윗을 예루살렘의 왕으로 세웠어요. 왕이 딱 되니까 이제 육신적으로 편하잖아요? 그러니까 다윗 마음속의 자세가 흔들리는 거예요. 겸손한 자세 낮아짐의 자세 기도하는 자세 깨어짐의 자세 이거보다는 뭐냐? 군림의 자세로 바뀌는 거예요. 다윗이 아무것도 없을 때 사울왕한테 쫓겨다닐 때는 늘 피해자 쪽에 섰거든요. 피해자 쪽에 서는 사람은 늘 하나님 편이에요. 하나님은 약한 자를 들어서 강한 자를 부끄럽게 해요. 그래서 우리는 육신적으로 강하고 돈을 많이 벌고 여러분, 지위가 높아져도 마음은 늘 낮아짐이 있어야 해요. 그리고 늘 피해자 쪽에 서야 해요. 피해자 쪽에서는 사람은 하나님의 도움을 받아요. 그런데 군림의 자리는 위험한 거예요. 우리 사람은 군림의 자리는 설 자리가 아닌 거예요. 군림의 자리에 서면 안 돼요. 다윗이 예루살렘의 왕이 되니까 마음의 자세가 흔들리는 거예요. 다시 말해서 피해자의 자세에서 군림의 자리로 바뀌는 거예요. 하나님이 보니까 안 되겠는 거예요.

다윗이 군림의 자리에 딱 서니까 자기의 참모를 통하여서 "나의 위세, 왕의 위세가 얼마나 큰지 조사 한번 해봐라. 인구조사 숫자를 한번 세어 봐라." 하나님이 보니까 다윗의 자세가 삐딱한 거예요. 이것은 사울로부터 저 산속에 숨어 다니면서 쫓기면서 피해당하면서 억울한 일을 당할 때 그때 마음하고는 다른 거예요. 보니까 벌써 다윗이 좀 건방진 거예요. 그런데 그 다윗이 이스라엘의 왕이 된 뒤에 그 왕으로서 군림의 자세는 하나님이 기뻐하지 않는 거예요. 군림의 자세란 말이 뭔 말인지 알아요? 옛날 말이에요, 군림의 자세. 뭘 굴린다는 게 아니고. 요즘 이 젊은 사람들이 말이 안 통해. 군림의 자세가 뭔 말인지 알아요? 뭐야? 군림의 자세가 뭐야? 파란 거 입은 너희들 얘기해 봐. 군림의 자세가 뭐야? 굴린다는 거야? 이렇게 뒤꿈치를 굴린다는 거야? 모르잖아? 알아요? 높은 자리에 있는 거 군림의 자세. 그리고 하여튼 군림의 자세야. 뭘 어떻게 설명하겠어요? 하여튼 군림의 자세지 뭐. 군림의 자세야.

3) 군림의 자세 곧 포만감은 교만의 전주곡

그러니까 그냥 마음속에 포만감, 포만감이 뭐냐 하면 나는 모든 걸 다 가졌다, 이제는 나는 부족함이 없다, 이것이 교만으로 가는 하나의 전주곡인데 포만감은 교만으로 가기 위한 전주 단계란 말이에요. 그런데 이미 자세가 다윗의 자세가 틀린 거예요. 산에 사울 왕한테 쫓겨 다닐 때 하고는 자세가 다른 거예요. 그런데 하나님이 요렇게 곁눈으로 다윗을 요렇게 째려보니까 옛날에는 큰 바위틈에서 그냥 잠잘 때도 하나님을 향하여 신음하며 잤거든? 신음하며? "아버지, 여호와는 나의 반석이시요, 나의 피할 바위시요, 요새시요." 이렇게 막 다윗이 하나님을 향하여 애원하며 잤는데 예루살렘의 왕이 딱 되니까 이제 하나님을 향하는 시간이 없어요. 하나님 없이도 나 혼자 모든 걸 할 수 있는 자신감이 생기는 거예요. 그것은 아주 나쁜 자세예요.

우리는 천국 갈 때까지 우리는 하나님과의 연관성이 없으면 우린 아무것도 못 해요. 착각하면 안 돼요. '이제는 하나님이 안 도와줘도 하나님 없이도 이제는 내가 내 힘으로 뭘 할 수 있겠다.' 하는 것은 나쁜 자세입니다. 그러니까 다윗이 지금 그런 자세까지 온 거예요. '하나님이 여기까지 날 도와줘서 감사한데 이제는 하나님이 안 도와주셔도 내가 이스라엘을 할 수 있어.' 이건 안 되는 거예요. 이건 영원히 안 되는 거예요. 믿습니까? 그러니까 하나님이 요렇게 다윗을 곁눈질하고 요렇게 본다고요. '이제는 네가 나 없이도 된다고 생각하는구나? 사울 왕한테 쫓겨 다닐 때는 위험하니까 하나님의 도움이 필요해서 "아버지, 도와주세요. 나의 부르짖음을 들으세요."' 이렇게 말하지만 40평 아파트 산다고 '이제는 하나님이 방해만 안 놓으면 돼.' 그건 아닌 거예요. 40평 아파트가 뭘 대단하다고! 아이고~ 그러니까 '이제는 하나님이 안 도와주셔도 괜찮지만 방해만 안 놓으면 된다.' 그거는 나쁜 생각이에요. 아니야! 우리는. 우리는 사글세 지하실에 살 때도 주님이 도와줘야 해요. 70평 아파트를 살아도 더 도와줘야 해요. 왜냐하면 관리비 많이 내려면 더 도와줘야 해. 하나님이 더 도와줘야 하는 거예요. 아멘. 그런데 사람들은 지하실 살 때는 "도와주셔야 합니다. 주님만이, 주님이 도와주셔야 내가 삽니다." 이러다가 아파트 평수가 높아지면 그때는 뭐냐? "하나님, 방해만 놓지 마시오. 나를 방해만 안 놓으면 나는 이대로는 잘 갑니다." 그건 아닌 거예요. 다윗이 포만감을 가졌다는 것은 그랬다는 말이에요. "하나님이 지금까지 도와주신 거 감사해요. 이제는 하나님이 멀리서 방해만 놓지 말고 멀리서 보고만 계셔도 내가 이제는 왕이 되었으니 할 수 있겠다." 하나님은 그 무너진 다윗의 자세를 아주 불쾌하게 생각했어요. 그래서 하나님이 요렇게 째려보는 거예요. 째려보니까 다윗, 이게 말이야. 사울한테 막 쫓겨 다닐 때는 막 하루에 기도를 말이야 분 단위로 기도 해요. 1분에 1번씩 기도하는 게 뭐냐? "주 예수여!" 이게 1분에 1번씩 기도하는 거예요.

목사님이 1분에 1번씩 기도하잖아요? "주 예수 아버지!" 한번 해봐요. 시작. "주 예수 아버지!" 목사님 입에서 나온 "주 예수 아버지!"라고 하는 이 말이 지금 전 세계 퍼졌어요. 전 세계 유행어가 됐어요. "주 예수여, 아버지!" 이게 기도예요. 여기는 여러 가지 뜻이 포함된 거예요. "나는 주님의 도움 없이는 살 수 없습니다. 주님은 나의 호흡이십니다." "주 예수여, 아버지!"니까. "난 영원히 당신의 다스림 밑에 거하겠나이다. 나는 당신의 다스림 밑에 있는 것을 행복으로 생각합니다. 영원히 나의 다스리는 주인이 되어 주세요." 이런 여러 가지 뜻에서 "주 예수여, 아버지!" 그러는 거예요.

다윗의 입에서 "주 예수여, 아버지!"라는 소리가 적어졌어요. 이제 별로 그 소리가 안 나오는 거예요. 하나님이 요렇게 째려보면서 '아이~ 참~ 요놈 봐라. 이제는 나 없이도 그래 잘 살겠다, 이 말이지?' 그러니까 다윗의 그 높아진 포만감, '하나님 없이도 나는 이제는 하나님이 방해만 안 놓으면!' 그렇다고 다윗이 하나님과 원수지겠다는 말은 없어요. 원수질 마음은 없어요. 그러니까 하나님과의 거리가 좀 멀어지는 거예요. 그래서 '내가 왕 하겠다.' 그러니까 하나님이 가만히 옆에서 이렇게 보니까 다윗이 옛날에 사울한테 쫓겨다닐 때와 마음 자세가 같을까요? 다를까요? 달라요. 다른 거예요. '하나님 없이도 자기 혼자 묵묵히 할 수 있다.' 이렇게 생각하는 거예요.

4) 하나님을 소외시킨 다윗

여러분, 하나님을 삐지게 하지 마세요. 하나님을 외롭게 하지 마세요. 하나님을 소외시키지 마세요. 아멘. 하나님 없이도 뭐가 된다고 생각하지 마세요. 여러분, 우리 교회 사랑제일교회도 목사님을 소외시키지 마세요. "목사님 없이도 우리는 신앙생활 잘할 수 있다." 제발 그 소리 좀 하지 마세요. 그 소리하면 나는 슬퍼. 알았지? 내가 나이 80살 90살 돼서도 "목사님 없이는 못 삽니다." 그렇게 해주세요. "에이그! 참! 이제는 설교 발음이 시원찮아. 알아듣지도 못하고. 에이그 정말." 그러면 사람이 소외될 때는 슬픔을 느끼는 거예요. 하나님도 동일한 거예요. 우리가 하나님을 소외시키면 안 돼요. 모든 삶 속에 하나님을 참여시켜야 해요. 적은 일도 "주님 없이는 살 수 없습니다. 예수님이 나의 기쁨이십니다." 적은 일까지도 입으로라도 그렇게 하세요. 새로운 좋은 집에 이사 가거든 40평 아파트 가거든 입으로라도 이렇게 기도해요. "주여! 이런 집이 내게 무슨 필요가 있나이까? 나는 냄새나는 지하실에 살 때도 주님이 함께하니까 더 좋았습니다." 이렇게 해야 주님이 좋아해요. 알았지요?

그러니까 다윗이 예루살렘의 왕이 딱 되니까 이제는 막 잠자리도 편해지지! 막 중국에서 온 비단도 깔아 주지! 또 전국에서 선발한 이쁜 처녀들 다 구해다가 그냥 매일 밤마다 처녀를 하루씩 바꿔서 그냥 잠 다 재워주지! 옛날엔 일부다처제니까. 그러니까 다윗이 산에 쫓겨 다니며 그냥 모래 위에 잠잘 때 그리고 바위틈 속에 잠잘 때 그냥 여우가 끼익 끼익~ 그때하고는 다윗의 마음이 다른 거예요. 그때는 매일 밤 "주여! 오늘 밤도 하나님이여! 내가 여우 밥 되지 않게 해주시고 하룻밤이라도 저를 지켜주세요. 내 오늘 밤에 자다가 호랑이 날 물어 가면~" 요렇게 하나님 앞에 경성 하여 주님과의 접촉점을 긴장하여, 아멘. 이렇게 다 해야 하는데 이제는 다윗을 가만 보니깐요? 여우가 물어갈 일도 없고 이젠 너무 좋은 거예요.

V.
자세의 죄를
밖으로 드러내시는 하나님

1. 밖으로 드러난 죄의 출발점은 바로 자세의 죄

그러니까 하나님이 다윗 마음속에 자세가 약간 벌써 포만감, 이렇게 된 것을 가지고 하나님이 다윗을 두들겨 패버리면 그냥 막 때려버리면 막 징계를 주고 막 옆에 나라를 크게 일으켜서 다윗의 나라를 치게 하거나 환란을 줘 버리면, 다윗이 이러한 깊은 하나님과의 심리전에 대해서 잘 이해를 못 하고 자기가 잘못한 자세의 죄에 대해서 수긍을 안 하고, 이렇게 하나님을 향하여 원망한단 말이에요. "하나님, 내가 뭘 잘못했기에 나를 이렇게 합니까?" 어디서 말 들어본 것 같아요. 어디서 많이 들어봤어. "하나님, 내가 무슨 잘못을 했기에 나를 요 모양 요 꼴로 만드십니까?" 어디서 많이 들었어. 그러니까 그걸 가지고 다윗을 다루면 마음의 자세가 틀린 그것만 가지고 다루면 다윗이 하나님에 대해서 반발하고 또 다윗 말고 백성들도 "야~ 여호와란 신은 말이야 참 나쁜 신이야. 우리 왕같이 하나님을 섬긴 사람이 어딨어? 세상에 어릴 때부터 우리 왕이 말이야 그 사울 왕한테 쫓겨 다니면서도 하나님께 충성을 다 했는데 세상에! 그런 우리 왕을 말이야~ 하나님이 이유도 없이 저렇게 벌을 주네? 여호와라는 신은 참 나빠." 이럴 수도 있으니까, 하나님이 그 인간들을 향하여 그러한 소리를 못 하도록 하나님이 오해를 안 받기 위해서 그 속에 있는 이 자세의 죄를 하나님이 바깥으로 꺼내려고 그러는 거예요. 꺼내서 공개적인 죄를 짓게 하려고 하는 거예요.

그래서 하나님이 우리아의 아내를 대낮에 홀랑 벗고 목욕하도록 하나님이 유도하는 거예요. 다윗이 죄를 짓는 게 아니에요. 다윗의 죄는 앞에 죄가 죄예요. 자세의 죄가 죄고 그다음에는 하나님이 갖다 붙이는 거예요. 대낮에 이렇게 말이야 커튼을 딱 열고 바깥을 요렇게 보니까 우리아의 아내가 말이야 그냥 대낮에 여자가 홀랑 벗고 말이야 막 이렇게 목욕하고 막 몸에다 막 기름을 바르고 젖을 만졌다 놨다 하고 막 그러니까. 그리고 하나님이 고렇게 이제 죄로 끌고 가는 거예요. 왜? 다윗 속에 있는 자세의 죄를 나타나는 죄로 하나님이 만들기 위하여서. 다윗이 "여봐라~ 저기에 있는 저 여인이 누군지 알아봐라." "우리아의 아내인데 우리아는 전쟁터에 전쟁하러 갔고 혼자 있는 여인입니다." "한번 오라 그래라." 그래서 불러서 그렇게 그렇게 했어요. 그렇게 그렇게 해서 죄를 지은 거예요. 그리고 또 그걸 은폐하려고 우리아를 죽인 거예요. 그러면 이제는 자세의 죄가 아니에요. 죽인 살인죄가 나타났지? 그렇지요? 그래 놓고 하나님이 다윗을 죽이는 거예요. "이 새끼야! 너 이 새끼야! 너. 이놈아! 사람을 죽여, 이놈아? 너. 이놈아! 너. 남의 여자를 뺏어? 이놈아?" 하고 막 죽이는 거예요. 다윗이 꼼짝 못 하지 뭐. 왜냐하면 자기가 잘못한 게 있으니까. 그러나 그 출발점은 자세의 죄로부터 출발하는 거예요.

2. 자세의 죄의 출발점 - 하나님을 소외시킴

지금도 똑같아요. 다윗의 죄만 그런 게 아니라 지금도 똑같아요. 지금도 하나님이 사람을 다루는 것이 똑같다고요. 그러니까 실제로는 죄의 출발은 자세로부터 출발하는 거예요. 하나님이 살인의 도구로 사탄에게 "저기 저 사람을 살인죄 짓도록 마귀야, 저 사람을 좀 가지고 놀아라." 사람은 가만히 놔두면 절대 살인하지 않거든요. 가만 놔두면 절대 간음죄 안 지어요. 사람은 중립이에요. 꼭 죄짓는 데는 영이 개입해야 죄를 지는 거예요. 사람은 중립이에요. 영이 개입하지 않으면 절대 죄 안 짓는 거예요. 하나님이 사람을 마귀한테 내어주는 거예요. "마귀야, 저 사람 좀 가지고 놀아라." 그때 그 사람이 막 살인죄도 간음죄도 짓고 거짓말하고 죄가 튀어나오는 거예요. 마귀가 이제 붙잡으면요.

왜 하나님이 사람을 마귀에게 내주느냐? 하나님이 사람을 마귀에게 내어주는 첫 출발점이 자세의 죄예요. 자세의 죄 중에 제일 민감한 첫출발, 아슬아슬한 출발점, 죄 같지도 않아요. 죄 같지도 않은 출발점이 뭐냐 하면 하나님 없이도 나 혼자 독립적으로 살 수 있다고 하는 생각, 거기서부터 죄가 시작되는 겁니다. 거기서부터 하나님이 빠지는 거예요. 하나님을 소외시키는 거예요. 하나님을 소외시키는 거로부터 사람은 죄 가운데 빠지기 시작합니다. 내가 죄 가운데 빠지지 아니하려면 하나님을 소외시키면 안 돼요. 늘 하나님과의 관계를 팽팽한 관계로 주님 없이는 살 수 없어요. 아멘. 〈주님 한 분 밖에는〉 불러봐요.

〈주님 한 분 밖에는〉

1. 주님 한 분 밖에는 아는 사람 없어요
가슴 깊이 숨어있는 주를 사랑하는 맘
주님 한 분 밖에는 기억하지 못해요
처음 주를 만난 그날 울며 고백하던 말

(후렴) 나는 행복해요 죄사함 받았으니
아버지 품 안에서 떠나 살기 싫어요
나는 행복해요 사랑이 샘솟으니
이 세상 무엇이든 채우고도 남아요

2. 주님 한 분 밖에는 사랑할 이 없어요
작은 가슴 뜨거웁게 주님 피가 흘러요
주님 한 분 밖에는 약속한 이 없어요
나를 믿고 따르는 자 반석 위에 서리라

요렇게 찬송을 부르면서 늘 주님과 팽팽한 관계를 유지해야 해요. 예수님을 소외시키면 안 돼요. 소외시키면 그게 죄의 출발이에요. 죄의 출발. 예수님을 소외시키는 것은 죄의 출발이에요. 우리는 매순간마다 예수님을 외롭게 하지 말고 소외시키지 말고! 소외시키는 그때부터 우리는 죄의 출발이에요. 자세의 죄가 이미 시작된 거예요. 시작이 되면 그다음에 하나님이 자세의 죄만 가지고 마음속에 생각만 잘못한 거 가지고 하나님이 막 "죽을래? 너 죽는다?" 막 이러면 사람들이 수긍을 안 해요. 하나님께. 또 옆에 사람도 보기 그러고 그러니까 하나님은 마음속에 포만감이나 자세의 죄가 이렇게 삐뚤어지면 하나님은 사단에게 내어줘요. "마귀야! 쟤가 지금 마음속에 나 없이도 살 수 있단다. 너 가져." 그때 마귀가 그 사람을 붙잡고 이제 나타나는 죄로 마귀가 만들어 가는 거예요. 이제 그래서 사람을 죄에 빠지게 만드는 거예요.

3. 하나님을 향해 십자가적 자세를 갖자

그러니까 우리가 하나님 앞에 늘 올바른 자세를 가지려면 "주님 없이는 살 수 없습니다." 매 순간 "주님 없이 살 수 없습니다." 이렇게 늘 그런 자세를 가지려면 우리는 예수님의 십자가를 붙잡아야 해요. 십자가가 바로 하나님을 향한 자세란 말이에요. 아멘. 순종의 자세, 복종의 자세, 받아들이는 자세, 사모하는 자세. 선악과를 반납하겠다는 거예요. 선악과는 뭐냐? 하나님 없이 나 혼자 살 수 있겠다고 하는 출발점이 선악과예요. 선악과가 가장 드라마틱(dramatic)하게 나타난 것이 탕자의 비유라고 했잖아요? 탕자의 비유는 창세기 3장을 설명하기 위한 하나님의 비유예요. 아멘. 둘째 아들이 아버지한테 큰 죄 지은 거 아니에요. 아버지 없이 나 혼자 한번 살고 싶어 하는 그 마음이 탕자의 마음이에요. 그게 아담의 출발점이다! 아멘.

그러니까 우리는 그러면 안 되는 거예요. 우리는 늘 십자가 밑에, 십자가 그늘 아래 거하면서, 할렐루야 아멘. 그래서 우리는 늘 하나님과의 화목한 관계는 십자가적인 자세를 가질 때만 하나님과의 화목이 이루어지는 거예요. 오늘은 여기까지만 하고 그다음에 사람과의 화목, 자, 다음 주는 내가 사람과의 화목에 대한 말씀을 상고하겠습니다. 그것도 결국 십자가지만 자, 오늘 저녁에는 우리가 늘 하나님 사모하면서 예수님 사모하면서 "주님 없이는 숨도 못 쉬어요." 이렇게 우리가 하나님 앞에 알랑을 떨며 살자! 따라서. "주님 없이는 숨쉬기도 힘들어요." 사실은 주님 없어도 숨은 잘 쉬어요. 쿵카쿵카~ 이거 숨을 누가 못 쉬냐? 그런데 그렇게 말해 드려요. 예수님께 그렇게 알랑방구를 좀 뿡뿡~ 끼면서 살아요. 아멘. 따라서. 주님 없이는 숨쉬기도 힘들어요. 주님이 알랑방구 끼는 줄 알면서도 좋아해요. 아멘.

두 손 높이 드시고 자, "주님 없이는 숨쉬기도 힘들어요. 나는 주님과 매 순간 접촉하며 살기를 원해요. 온전히 순종하겠습니다." 이번 주에도 열심히 전도합시다. 총동원 주일인데도 아직 한 명도 전도 안 한 사람이 있어요. 열심히 전도해요. 다 같이 "주여" 삼창하며 기도합시다. "주여! 주여! 주여!"

12

화목제 ③
화목 제물이 되자

설교 일시   2008년 11월 16일(주일) 오후 7시

대   상   사랑제일교회 주일 저녁 예배

성   경   레위기 3:1-11

1 사람이 만일 화목제의 희생을 예물로 드리되 소로 드리려거든 수 컷이나 암컷이나 흠 없는 것으로 여호와 앞에 드릴찌니

2 그 예물의 머리에 안수하고 회막 문에서 잡을 것이요 아론의 자손 제사장들은 그 피를 제단 사면에 뿌릴 것이며

3 그는 또 그 화목제의 희생 중에서 여호와께 화제를 드릴찌니 곧 내장에 덮인 기름과 내장에 붙은 모든 기름과

4 두 콩팥과 그 위의 기름 곧 허리 근방에 있는 것과 간에 덮인 꺼풀 을 콩팥과 함께 취할 것이요

5 아론의 자손은 그것을 단 윗 불 위에 있는 나무 위 번제물 위에 사 를찌니 이는 화제라 여호와께 향기로운 냄새니라

6 만일 여호와께 예물로 드리는 화목제의 희생이 양이면 수컷이나 암컷이나 흠 없는 것으로 드릴찌며

7 만일 예물로 드리는 것이 어린 양이면 그것을 여호와 앞으로 끌어 다가

8 그 예물의 머리에 안수하고 회막 앞에서 잡을 것이요 아론의 자손 은 그 피를 단 사면에 뿌릴 것이며

9 그는 그 화목제의 희생 중에서 여호와께 화제를 드릴찌니 그 기름

곧 미려골에서 벤바 기름진 꼬리와 내장에 덮인 기름과 내장에 붙은 모든 기름과

10 두 콩팥과 그 위의 기름 곧 허리 근방에 있는 것과 간에 덮인 꺼풀을 콩팥과 함께 취할 것이요

11 제사장은 그것을 단 위에 불사를찌니 이는 화제로 여호와께 드리는 식물이니라

Ⅰ.
5대 제사에 실패한
한국교회의 위기

1. 나를 만나려면 십자가 제단으로 오라

할렐루야. 자, 우리 옆에 좌우에 다. 이 나라 이 민족을 복음화합시다. 앞뒤로 다시. 이 나라 이 민족을 복음화합시다. 아멘. 할렐루야. 5대 제사입니다. 자, 말씀을 잘 들으세요. 말씀을 잘 들어야 해요. 아멘. 저는 자칭 내가 스스로 세계에서 성경을 잘 가르친다고 믿어요. 여러분은 속으로 비웃겠지만 나는 그렇게 생각해요. 자칭 그렇게 생각하는 거예요. 그러니까 세계에서 성경을 가장 잘 가르치는 이걸 듣고도 이 가운데서 불량품이 나오면 어떻게 하겠다는 거예요? 불량품 되지 맙시다. 불량품 되지 마. 불량품 되면 되겠어요? 안되죠. 잘 들으시고.

　하나님께서는 에덴동산을 벗어난 타락한 선악과를 따먹은 인간들에게 하나님 말씀하기를 "이제 내가 너희들과는 다시는 상종하지 않겠다. 그러나 이제 너희들 다시 만날 수 있는 장소를 제단으로 정했다." 이 제단은 곧 그리스도를 말하는 것이에요. 그러니까 "예수 그리스도를 중간에 매개체로 두지 않고는 나는 인간과 상종하지 않겠다."는 거예요. 그러면 제단은 예수님인데 예수님은 십자가에서 성경이 말하는 5대 제사를 단번에 완성하신 분이에요. 그래서 하나님과 사람 사이의 무너진 관계가 바로 되려면 우리는 5대 제사 안으로 들어갈 수밖에 없는 거예요. 5대 제사로.

2. 5대 제사의 종류와 열매

그러면 5대 제사가 뭐냐 그럴 때, 첫째, 따라서 합시다. 번제. 이 번제는 제사 중에 첫 번째 제사예요. 제물은 짐승이고 이 번제는 사람의 원죄를 해결한다고요. 사람이 구원받는 것은 자범죄 때문에 지옥 가는 것이 아니에요. 원죄 때문에 가는 거예요. 그러니까 인간에게 원죄가 해결되는 사람은 인간 최고의 축복인 구원의 역사가 나타나죠. 이 번제를 통과하는 사람은 구원받는단 말이에요. 할렐루야. 오늘 저녁 예배 나오신 모든 성도에게는 이 번제가 가슴속에 흠뻑 임하여 구원이 흔들리면 안 돼요. 믿습니까? 두 번째 제사가 무슨 제사냐 하면 소제예요. 이건 제물이 밀이나 곡식이나 보리나 이러한 것으로 제사를 드려요. 이것은 곧 가루의 제사예요. 곡식을 바싹 갈아서 가루의 제사니까 이것은 곧 깨어짐의 제사예요. 곧 겉 사람이 깨어지는 것이니까 자아의 파쇄, 자아가 죽는 것, 그래서 이 사람이 하나님을 향하여 거룩해진다는 거예요. 점점 주님을 닮아 가는 깨어짐의 제사예요. 여러분 더 구석구석에 깊은 곳까지 깨어집시다. 깊은 곳까지. 깨어짐의 범위가 더 섬세하게 더 깊이요. 세 번째, 따라서 합시다. 화목제. 이 화목제는 이것은 관계의 제사예요. 그러니까 뭐냐 하면 이건 두 가지 관계예요. 하나님과의 관계와 사람과의 관계예요. 지난 주일 날 저녁에 하나님과의 관계에 대해서 말씀드렸는데 여러분, 하나님과 사람과의 관계가 성공하기를 바랍니다. 화목 제사는 관계의 제사입니다.

네 번째는 속죄제예요. 이 속죄제는 구원받은 사람이 죄를 짓는 자범죄를 처리하는 것이에요. 곧 교제의 제사입니다. 교제의 회복을 말하는 거예요. 우리가 구원받은 후에도 가끔 실수하여 죄지은 일이 있어요. 그걸 그대로 가만히 있으면 교제가 무너져 버려요. 하나님과의 교제가. 그때 우리는 회개해야 해요. 이게 속죄제란 말이에요. 교제를 회복하는 제사. 다섯 번째 제사가 무슨 제사냐 하면 속건제예요. 이 속건제는 이것은 보상의 제사예요. 내가 남에게 피해를 입혔거나 남에게 돈을 떼어먹거나 했으면 우리가 하나님 앞에 먼저 회개하지만, 하나님 앞에 회개한다고 해결되는 게 아니에요. 이것은 물질적으로 피해를 입힌, 이것은 하나님께 먼저 회개하고 그다음에 그 당사자에게 갚아야 하는 거예요. 안 갚고 말로만 말이야 "미안해. 미안. 미안해." 안 되는 거예요. 그런데 안 갚아도 될 상황이 딱 하나가 있어요. 뭐냐 하면 채권자가 나에게 대해서 피해를 입은 바로 그 권리를 가진 자가 이렇게 하면 돼요. "아이! 관두세요. 그건 뭐 지나간 옛날얘기인데. 그건 안 갚아도 돼요." 이러면 그 사람은 안 갚아도 돼요. 그러나 채권자가 계속하여 권리를 주장할 경우에는 갚아야 하는 거예요. 안 갚으면 어디까지 따라가냐? 하나님 나라 갈 때까지 따라가 버려요. 천국 갈 때까지 이게 영적으로 따라다녀 버려요. 그러니까 이 땅에서 형통함이 없는 거예요. 그 사람의 경영함이 이루어지지 않는 겁니다. 사업을 해도 장사를 해도 애새끼를 키워도 해도 이 땅에서 좋은 일이 없어요. 구원과는 관계없어요. 나머지 이 4가지 제사는 구원과는 관계없어요. 이것은 안 해도 구원은 받아요. 그렇지만 이 땅에서 좋은 일이 없는 거예요.

그러니까 우리는 5대 제사가 우리 속에 늘 흘러야 해요. 그래서 우리는 구원받은 것도 큰 사건이지만 이 세상에서 주님 나라 갈 때까지 우리가 산 제물이 되어 우리를 통하여 하나님의 능력이 나타나고 축복이 나타나고. 할렐루야. 선한 일 많이 하고 그래서 하나님 나라에 가서 우리가 다 면류관 탑시다. 면류관 타야지, 하늘나라 갔는데 면류관도 없고 말이야. 구원, 번제만 통과한 사람은 이것은 면류관 없어요.

부끄러운 구원이에요. 이 제사에 이루어지는 그 강도에 따라서 그다음에 면류관이에요. 아멘. 우리가 사는 이 세상은 잠시 왔다 가는 거예요. 사도 베드로는 안개와 같다 그랬어요. 우리가 사는 이 세상은 안개 있잖아요? 아침에 안개? 있다가 햇빛이 딱 나면 금방 없어지잖아요? 안개와 같다 그랬어요. 우리가 사는 이 세상은 영원한 시간에 비하면 아주 짧은 시간이라고요. 실제 우리의 존재가 영원히 살 곳은 하나님의 나라예요. 거기가 진짜 본 게임(game)이에요. 거기서 우리는 면류관 타야 하는 거예요.

3. 복음을 가르치지 않은 한국교회의 위기

1) 한국교회 파괴 현상

지금 우리가 이 복음을 상고할 때 면류관 같은 것에 대해서는 설교도 안 하지만 생각지도 않는데 그게 지금요, 한국교회가 큰 위기에 빠졌어요. 지금 한국교회요? 저기 대구에 기면 서문교회라고 하는 큰 교회가 있어요. 서현교회와 서문교회는 두 쌍벽입니다. 대구를 버티는 두 교회인데 그 서현교회는 그전에 제가 거기서 성령의 나타남 집회를 한 유명한 교회이고 그 바로 옆에 서문교회라고 하는 또 같은 합동 측 교단인데 큰 교회가 있습니다. 지금 그 교회가 막 뒤집어져서 난리 났어요. 그리고 지금 여기 평택에 있는 강헌식 목사라고 내 친구잖아요? 강헌식 목사가 목회하는 그 평택 순복음교회가 크잖아요? 지금 그 교회도 뒤집어져서 어제 나한테 전화 왔어요. "전 목사, 전 목사는 나보다 먼저 경험을 한 선배니까 이때 어떻게 하면 되냐?"고 그래요. 뭐냐하면 이런 거예요. 지금 한국교회가 막 뒤집어지고 있는데 교회 파괴 현상이 일어나고 있는데 이런 거예요.

2) 한국교회를 지배하는 영웅주의

목사님들이 교회를 개척한단 말이에요. 개척해서 한 사람 두 사람 이제 말씀을 가르치고 부흥한다고 하는데요? 성도들에게 목사님들이 정말 원색적인 복음을 안 가르치니까. 이 5대 제사 같은 이런 거는 성도들이 듣기 싫어하거든요? 왜냐하면 맨날 "죽어라. 깨져라." 뭐 이러니까 성도들이 듣기 싫어해요. 그러니까 목사님들이 교인들 숫자를 빨리 모으려고 하는 그러한 욕심 때문에 분명히 목사님들은 꾀가 말짱해서 다 알아요. 목사님들이 성경을 모를 리가 없지. 다 알면서도 성도들이 싫어하니까 교인들 숫자를 부흥시키려고 또 한국은 해방 이후에 한국교회는 영웅주의가 들어와서 교인들 숫자에 따라 목사님들의 직급을 평가하는 이러한 흐름이 30~40년 동안 한국교회를 지배했어요. 그 목사님이 얼마나 주님을 위하여 사느냐 성도가 10명이 돼도 주의 뜻대로 사냐, 이것을 평가하는 게 아니고 성도들 숫자가 곧 그 목사님의 척도가 됐다고요. 30~40년 동안. 그러니까 목사님들이 안 밀리려고 남의 교인이라든지 뺏어와야 해요. 하여튼 그래서 교회를 인위적으로 부흥을 시키니까? 원색적 복음을 안 가르치고 인위적인 부흥이 된단 말이에요? 그래서 이제 잘 왔어요. 지금 한국교회가 30~40년 동안 그래서 뭐 요즘은 5천 명 모이는 교회도 큰 교회 아니에요.

3) 전교조의 한국교회 침투

그런데 문제는 성도들 개인이 하나님과의 관계에서 이런 복음 위에 올바로 못 섰기 때문에 교회가 저항력이 없어요. 다시 말해서 교회가 시험이 올 때 교회가 힘을 못 쓰는 거예요. 이 틈을 노리는 것이 누구냐 하면 이 마귀 세력인데 이게 목사님이 제일 미워하는 이 시대의 좌파 세력 전교조예요. 지금 전교조가 교회를 조직적으로 침투하고 들어가고 있어요. 우리 교회 여기에 초등학교 교사부터 대학 교수님까지 있지만은 절대 전교조에 들어가면 안 돼요. 전교조에 들어가는 사람들은 우리 교회 나오지 마요. 목사님하고는 원수예요. 이 전교조는 완전히 한국을 망치려고 하는 빨갱이 세력이란 말이에요. 그런데 이 전교조들이 교회로 지금 침투해서 대구의 서문교회가 바로 그런 일이 일어났어요. 그 교회도 한 5천 명 모이니까 그 교회 안에 중고등학교 선생님들이 있는 거예요. 집사님들 중에요. 그런데 이 집사님들이 처음 교회 와서 번제 소제 화목제 속건제 속죄제 이러한 제사를 안 거치고 집사님이 된 거예요. 안 거치고 교회 중직이 된 거예요. 그러니까 전교조 애들이, "야! 너! 교회 다니지? 그래서 너희 교회 뒤집어버려." "왜?" "우리의 목적을 달성하는 데 제일 걸림돌이 한국교회야. 이 교회 목사님들 다 끌어내." 이래서 지금 동시에 전국 교회가 난리 났습니다. 현재 뒤집어져요. 그러니까 교회가 거기에 대해서 저항력이 없는 거예요. 전교조 이놈들이 말이야 교회를 딱 점령해서 당회장실에 못을 딱 박아버리고 목사님 강대상 못 올라가게 딱 못을 박고. 몇 명도 안 돼요. 4, 50명인데 5천 명의 교인이 4, 50명을 못 이기는 거예요. 이래서 검찰로 고발하니까 검찰도요 교회 분쟁에는 검찰이 개입을 안 하려고 해요. 이래서 지금 난리 났어요.

강헌식 목사가 어제 전화가 왔는데 나한테 하는 말이 "형님! 날 좀 도와주세요." 그 교회가 5년 전에 교회를 지었거든요. 5년 전에 교회 짓는 그 건축 과정에서 "건축비용 중에 목사님이 떼어먹었다." 이것을 교회에다 다 퍼트려 버렸어요. 성도들한테. 그런데 성도들이 이런 5대 제사와 같은 과정을 제대로 다 겪으면요? 성도들은 그런 루머(rumor)나 그런 말을 들어도 흔들리지 않는다고요. 그러니까 지금 그 교회가 뒤집어져서 "목사님이 5년 전에 우리 건축헌금하고 건축하는 과정에서 물건이 예를 들어서 뭐 1,000만 원이면 목사님이 1,100만 원이라고 해서 100만 원 떼어먹었다." 이렇게 퍼트렸대요. 그래서 내가 물어봤어요. "솔직히 나한테만 고백해 봐. 떼어먹었어? 안 떼어먹었어?" 물었더니 하~ 자기는 안 떼어먹었대요. 자기 교회는 떼어먹을 기회도 없대요. 왜냐하면 장로님들이 다 재정을 들고 하니까 언제 떼어먹냐는 거예요. "그리고 형님도 알다시피 우리 목사들이 어떻게 재정에 대한 뭐, 재정 장부를 건드려 어떻게 하냐고? 다 자기들이 하는데." 그런데 그냥 막 그런 소문을 막 구역에다 기관에다 퍼뜨리니까 성도들이 주일날 설교를 안 들으려고 그런대요. 목사님이 설교하러 올라가면 전부 다 "일동~ 대가리 처박아." 이렇게 저항한다는 거예요.

4) 복음을 가르치지 않아 저항력이 없는 한국교회

이게 왜 그러냐 하면 한국교회가 그동안에 이 기초적 복음을 제대로 안 가르쳤기 때문에 이러한 풍랑이 일어날 때 힘이 없는 거예요. 우리 교회 같으면요? 내가 돈 다 떼어먹어도 괜찮아요. 우리 교회는 내가 좀 떼어먹으면 어떻습니까? 여기도 보니까 아멘 안 하는 놈들이 있는데 성경적으로 보면 여러분, 잘 들어봐야 해요. 난 이 복음을 확실히 가르친단 말이에요. 헌금을 왜 하느냐? 헌금 제도가 생긴 이유를 알아야 해요. 그러니까 성경을 제대로 가르치지 않고 평상

시에는 그냥 "축복받아라. 축복받아라. 병 고쳐라." 계속 "축복받으라." 이쪽으로만 설교해서 축복이 안 오면 다 신앙이 무너져 버려요. 축복과 관계를 딱 맺는 거예요. 우리 교회도 그런 년이 하나 있어요. 누구냐? 황수넴이야. 황수넴은 무조건 조건이에요. "하나님이 내 기도 안 들어주면 하나님도 나쁜 놈~" 막 이래요. 황수넴은 하나님도 나쁜 놈이래요. 이게 복음이 잘못돼서 그런 거예요. 우리는 이 세상의 조건을 하나님께 걸고 예수 믿는 게 아니에요. 우리는 구원받은 자체가 감사예요. 그럴 때 하나님은 이 땅에서 더 큰 복을 줘요. 그런데 이 땅의 축복 자체가 먼저 앞서갈 수는 없는 거예요.

그러니까 헌금 제도가 왜 생겼냐 하면 헌금이라고 하는 건 하나님은 헌금이 필요 없어요. 하나님은 영이에요. 아무 필요도 없는 거예요. 그런데 하나님이 세우신 주의 종들이 목회를 해야 한다고요. 주의 종들이 목회를 하는 데는 돈이 필요한 거예요. 그래서 하나님이 이 십일조라는 것도 있고 감사헌금도 있고 추수감사헌금도 있고 헌금 제도가 있는 거예요. 구약 시대에 하나님께 드리는 예물은 두 가지예요. 하나는 하나님께 드리면 홀랑 불살라서 인간이 그 제물에 손을 못 대는 제물이 있어요. 다 불살라서 연기로써 하나님께 바치는 제물이에요. 주로 뭐냐 하면 기름이나 내장이나 이런 거는 다 인체에 해로운 거예요. 그런 것은 하나님이 사람이 먹지 말라 그래요. 다 불태워 하나님께 바치라고 해요. 나중에 다 발전되고 깨닫고 보니까 하나님이 인간의 건강에 해로운 것은 다 불태워 버리라고 해요. 하나님께 연기로서 제사를 드려라. 그리고 또 하나는 제물이 뭐냐면 하나님께 바쳤다가 제사가 끝나면 그걸 다시 가져와서 제사장들이 먹는 거예요. 제사장의 분깃.

그런데 신약 시대에 와서는 하나님께 바치는 이 제물은 주님이 이것을 십자가로써 완성했기 때문에 없어진 거예요. 신약 시대에 와서는 하나님께 헌금하는 이 헌금은요? 왜 하냐면? 그래서 사도행전 2장의 오순절도 봐요. 성령 충만을 받으니까 '자기의 재산을 다 팔아 사도들의 발 앞에 두매 사도들이 필요에 따라서 나누어주더라.' 가난한 사람을 돕고 선교비를 돕고 이렇게 하더라는 거예요. 할렐루야. 사도 바울도 빌립보서 4장에 제가 그때 자세히 가르쳐준 대로 '에바브로디도 편에 너희들이 내 쓸 것을 보내므로.' 사도바울이 보통 선교를 다닐 때 사도바울이 움직이면 성경학자들의 말에는 60명 가까이 바울을 따라 가요. 바울이 한번 거느리고 가면 60명이 대동한단 말이에요. 그 60명이나 되는 사람이 먹고 자야지? 그 비용이 크잖아요? 돈이 많이 드는 거예요. 그러니까 그것을 사도 바울에게 공급한 손길들이 있어요. 성경에 보면, 아멘. 너무 여러분이 잘 아는 정말 우리가 축복을 위하여 외우고 있는 '사랑하는 자여 네 영혼이 잘 됨 같이 범사에 잘 되고 강건하기를 원하노라.' 하는 바로 그 가이오, 그 가이오가 바로 사도들에게 스폰서(sponsor)입니다. 바울에게 뿐이 아니에요. 이 사람은 베드로에게도 그래요. 하나님의 종들에게 물주예요. 돈을 공급하는 가이오란 말이에요. 아멘. 그러니까 사도 바울도 로마서 16장 뒤에 보면 가이오를 언급하고 있고 사도 중의 사도, 사랑의 사도인 요한 사도도 요한삼서 2장에 보면 '내 사랑하는 가이오에게 편지한다.' 그랬어요. 그 가이오가 바로 그런 사람이에요. 우리 교회도 가이오 같은 사람이 많이 나오기를 바랍니다. 따라서 합시다. <u>목사님의 주머니를 채워라.</u> 지금 나를 이단 쳐다보듯이 쳐다보고 있어? 여러분, 기도할 때 "주여! 돈 주세요." 이러지 말고 "하나님, 나를 통하여 목사님 주머니를 채우세요." 그러면 고게 아주 지혜로운 기도예요. 아멘. 하나님이 그러면 줄 때는 진짜로 채워야 해? 안 채워야 해? 그런데 하나님이 주면 홀딱 떼어먹고 말이야 하나도 안 채우고 그러면 되겠어요? 그러면 안 되는 거예요. 그래서 신약 시대에는 이 제물을 바치는 것이 다 사도들 사람에게 그러니까 헌금의 제도가 생긴 거는 구약의 십일조도 마찬가지이고 다 제사장 몫이란 말이에요. 불태워 드리는 게 아니고 이게 당연한 거란 말이에요.

그런데 이 교회 운영의 원리를 세상에 무슨 주식회사를 운영하는 이런 원리로. 교회 나와서 이러한 과정을 제대로 안 겪은 사람은 교회를 세상 단체인 줄 알아요. 그래서 자꾸 민주주의적으로 세상에 가면 이사회가 있고 무슨 총회가 있고 해서 주주총회가 있고 해서 다 그렇게 해서 이런 줄 알아요. 이건 아닌 거예요. 교회는 세상의 단체 원리로 운영되는 게 아닌 거예요. 이런 것이 교회 안에서 개척교회 할 때부터 차근히 다져진 교회는 동남풍이 불어도 서북풍이 불어도 전교조가 교회 들어와도 흔들리질 않아요. 그래서 만약 우리 교회에 들어와서 "집사님, 이 교회 몇 년 됐어?" "나 10년 다녔는데?" "전광훈 목사님이 혹시 교회 헌금한 거에 대해서 좀 떼어먹는 것 같지 않습니까?" 이렇게 여러분에게 그랬단 말이에요. 그러면 그때부터 "글쎄요. 그렇지 않아도 좀 이상했는데?" 흔들리기 시작하는 거예요. 그러나 복음을 제대로 알고 5대 제사 위에 선 사람은 혹시 전교조가 와서 이제 "혹시 전광훈 목사님이 교회 재정을 좀 떼어먹은 것 같지 않습니까?" 그러면 "아~ 그거요? 당연히 떼어먹어야죠? 우리가 헌금하는 목적이 목사님이 떼어먹으라고 하는 건데?" 그러면 전교조가 한길로 왔다 일곱 길로 가잖아요? 그런데 이것이 아무 교회나 되는 게 아니라 우리 교회만 된다니까요. 그러니까 지금 한국의 큰 교회들이 막 흔들리는 거예요. 지금은 하도 세상이 험난해서 교회가 흔들리는 시대인데 이 복음의 기초를 제대로 안 가르쳐놨기 때문에 지금 교회가 지금 흔들려요. 사랑제일교회는 절대 그러면 안 돼요. 그럴 수도 없지만. 아멘. 그래서 지금 이 복음의 기초가 아주 중요한 거예요.

한번 따라서 합시다. 번제, 소제, 화목제, 속죄제, 속건제. 5대 제사 위에 튼튼히 서기를 바랍니다. 할렐루야. 다시 옆 사람 손잡고 5대 제사 위에 튼튼히 섭시다. 이렇게 제가 구석구석 말씀을 꼭꼭 찔러 가르치는데도 여기서 불량품이 나오면 안 돼요. 번제로 구원받고 소제로 성화 되고. 할렐루야. 그리하여 우리가 이 세상 다 살고 하나님 나라에 갔을 때는 다 의의 면류관 아멘. 영광의 면류관 다, 면류관 큰 거는 사랑제일교회가 다 받읍시다. 그러려면 우리가 이 말씀을 철저히 잘 연구해야 하는 거예요. 우리는 이 세상에 오래 살 사람들이 아니에요. 제일 길게 살아봤자 100년이에요. 제일 길게 살아 봤자 100년밖에 못 살아요. 그럼 100년이 지나면 인간이 존재하지 않느냐? 안 그렇지요. 인간이 존재하는 형태만 다를 뿐이에요. 존재하는 장소만 다를 뿐이지 우리가 하나님 나라에 가서 계속 된다고요. 이걸 생각하면 너무너무 아찔한 거예요. 더 많이 깨어져야 해요. 〈낮엔 해처럼 밤엔 달처럼〉 불러 봐요.

<낮엔 해처럼 밤엔 달처럼>

1. 낮엔 해처럼 밤엔 달처럼 그렇게 살 순 없을까
욕심도 없이 어둔 세상 비추어
온전히 남을 위해 살듯이
나의 일생에 꿈이 있다면 이 땅에 빛과 소금 되어
가난한 영혼 지친 영혼을 주님께 인도하고픈데
나의 욕심이, 나의 못난 자아가
언제나 커다란 짐 되어
나를 짓눌러 맘을 곤고케 하니
예수여 나를 도와주소서

2. 예수님처럼 바울처럼 그렇게 살 순 없을까
남을 위하여 당신들의 온몸을
온전히 버리셨던 것처럼
주의 사랑은 베푸는 사랑 값없이 그저 주는 사랑
그러나 나는 주는 것보다 받는 것 더욱 좋아하니
나의 입술은 주님 닮은 듯하나
내 맘은 아직도 추하여
받을 사랑만 계수하고 있으니
예수여 나를 도와주소서

Ⅱ.
화목제가 무너진 결과

1. 마귀에게 참소의 기회를 줌

화목제. 이것은 관계의 제사예요. 관계의 제사인데 하나님과 관계는 십자가로서 오직 십자가로서 우리가 하나님과의 관계 안에서 우리는 화목할 수 있다, 그랬어요. 십자가 없이는 하나님과 화목할 수가 없어요. 십자가에 대한 뜻을 지난 주일 저녁에 다시 한번 제가 설명해 드린 거예요. 다시 여러분, 잊어먹으신 분들은 기억을 되살리세요. 십자가는 곧 선악과의 대칭이라고 했어요. 그러니까 선악과의 반대가 십자가예요. 그래서 이 십자가는 선악과를 반납하는 거라고 하나님 앞에는 선악과 먹은 것을 반납할 때 하나님과 화목하게 할 수 있어요.

그다음에는 관계는 두 관계니까 하나님과의 관계, 사람과의 관계니까 십자가가 위로는 하나님과의 관계 옆으로 사람과의 관계잖아요? 그러니까 여러분, 우리가 사람과의 관계가 무너지면 첫 번째 뭐냐? 기도문이 막혀요. 절대 사람과 화목하지 않은 상태에서는 기도가 안 되는 거예요. 우리는 사람과의 관계에 있어서 잘 주목해야 할 것은 내가 다른 사람을 용서하지 않고 내 속에 사람을 미워하는 마음을 가지고 있거나 이렇게 관계가 불편하면 우리는 큰 손해를 보게 되는 거예요. 첫째는 기도문이 막힌다. 두 번째는 뭐냐 하면 마귀의 참소, 마귀가 역사할 수 있는 공간을 만들어주는 거예요. 마귀가 들락날락하고 마귀가 하나님 앞에 자꾸 "하나님, 저 사람 나한테 주세요. 나한테 주세요." 마귀의 청원권의 기회를 주는 거예요. 마귀가 자꾸 하나님께 "저 사람 나한테 넘겨주세요. 넘겨주세요." 그래요. 그러니까 마귀가 우리를 참소하지 못 하도록 해야 해요. 그러기 위해서 우리는 늘 화목 제사 안에 있어야 해요. 할렐루야.

그러나 여기서 조심해야 할 것은 뭐냐 하면 핍박이란 말은 다른 겁니다. 예수님도 이 땅에 있을 때 관계가 불편하고 원수 관계에 있는 사람이 있었어요. 누구냐 하면 바리새인들이에요. 예수님이 바리새인들에게까지 주님은 화목하지 않았던 거예요. 바리새인들에게까지 주님은 다시 말해서 불의를 따라가면서 불의를 동조하면서까지 화목 하는 것은 아니에요. 그러니까 그럴 때 꼭 핍박이 따른다고요. 핍박은 뭐냐? 핍박은 왜 오냐 하면 불의를 동의해 주지 않을 때 핍박이 오는 거예요. 불의를 따라가지 않고 불의를 동의하지 아니하면 꼭 거기에는 핍박이 오는 거예요. 그것은 곧 의로운 핍박이에요. 그래서 원수지는 것은 원수를 백번, 천 번, 만 번 져도 괜찮아요.

2. 예배에 실패함

그러나 그런 것이 아니고 주 안에서 예수 안에 있는 한 교회에서 예수 안에 있는 한 주님의 백성들이 사소한 일 때문에 서로 마음속에 다 고리를 걸고 이렇게 하면 이것은 사단에게 참소의 기회를 주고 기도의 문이 막히는 거예요. 그러니까 예배드리는 걸 가만히 보세요. 관계의 제사가 무너진 사람은 예배드리는 것이 벌써 딱 실패를 해버려요. 예배드리는 데 희열과 기쁨이 없어요. 통성 기도 시켜놔도 통성 기도도 못해요. 내가 여기 성도를 가만히 보면요. 여러분들을 보면 안 보는 것 같아도 내가 눈이 작아도 다 봐요. 눈 작아도 요렇게 째려보면요? 아래위층 내가 한눈에 다 봐버려요. 야, 너 언제 가야 회복하겠냐? 너 지금 예배 그거 다 실패야. 너 예배 실패한 지 1년도 넘었어. 왜? 보면 다 자기가 잘한 것 같지? 아닌 거야. 사람은 사건과 형편을 자기의 눈으로 보면 안 되는 거예요. 주님의 눈으로 봐야 하는 거예요. 자기의 눈으로 보면 항상 자기는 잘했어. 그리고 항상 나하고 관계있는 그놈이 다 잘못한 거야. 그렇지만 그렇지 않아요. 주님의 눈으로 보면 전혀 그렇지 않은 거예요. 아멘. 주님의 눈으로 봐야 해요. 모든 사건과 모든 걸 주님의 눈으로 봐야 해요. 그리고 늘 자기는 낮아지는 낮은 자리에 임해야 해요. 상대방을 무시하고 상대방을 말이야 깔보고 말이야, 그리고 자기가 뭐 대단한 것처럼 정죄하고 그 정죄의 자리에 모세의 자리에 함부로 서는 것이 아니에요. 믿습니까? 그렇게 되면 큰 손해를 보게 돼요.

Ⅲ.
화평의 아들이 되자

1. 분쟁의 아들 말고 화평의 아들이 되자

그러니까 예수님은 마태복음에서도 뭐라고 했냐? 산상수훈에 나오잖아요? '화평케 하는 자는 복이 있나니 저희가 하나님의 아들이라 인정을 받을 것이오.' 팔복에 나오잖아요?

(마태복음 5:1-9)
1. 예수께서 무리를 보시고 산에 올라가 앉으시니 제자들이 나아온지라

2. 입을 열어 가르쳐 가라사대

3. 심령이 가난한 자는 복이 있나니 천국이 저희 것임이요

4. 애통하는 자는 복이 있나니 저희가 위로를 받을 것임이요

5. 온유한 자는 복이 있나니 저희가 땅을 기업으로 받을 것임이요

6. 의에 주리고 목마른 자는 복이 있나니 저희가 배부를 것임이요

7. 긍휼히 여기는 자는 복이 있나니 저희가 긍휼히 여김을 받을 것임이요

8. 마음이 청결한 자는 복이 있나니 저희가 하나님을 볼 것임이요

9. 화평케 하는 자는 복이 있나니 저희가 하나님의 아들이라 일컬음을 받을 것임이요

여러분, 다 화평의 아들이 되십시오. 들어가기만 하면 분쟁만 일으키면 안 돼요. 회사 가면 꼭 그 사람 때문에 분쟁이 일어나. 가정에 가면 꼭 그 사람 때문에 분쟁이 일어나. 교회 와도 꼭 그 사람이 가는 데는 항상 분쟁이 일어나. 여러분은 분쟁의 아들이 되지 말고! 아멘. 목사님은 절대 분쟁의 아들이 아니에요. 나는 목회자의 세계 무슨 모임에 가도 다 나는 싸매는 은사가 있어요. 어떤 것은 내가 다 뒤집어써요. 뒤집어쓰면서도 나는 화평케 하는 아들이에요. 내가 지

금 요즘 자꾸 골프 치니까 골프 얘기를 자꾸 하는데 골프 현장의 필드에 가면요, 살벌해요. 목사님들 세계도 살벌해요. 나는 골프 전혀 몰랐는데 골프의 세계를 딱 나가보니까 야! 골프 치면서? 내가 골프 현장을 딱 가보니깐요, 야, 인간성이 다 나와버려요. 하여튼 인간성 못 속여요. 그래서 영국에서 과장이 신입 사원을 뽑을 때 바로 골프장 데려가서 골프를 딱 친다는 거예요. 골프 치면서 딱 뽑는다는 거예요. 성격 급한 놈 뭐든 신중하지 못한 놈은요? 땅으로 빡 쳐버리는 거야. 그래서 넌 아웃! 너 나와! 너는 우리 회사 나오면 안 돼! 그래서 영국에선 회사 직원 뽑을 때 골프장 데려가서 한번 쳐보라고 그런대요. 아무리 숨기려고 '저 사람이 요걸 통해서 나를 평가하려고 하지? 속이려고? 나는 성격이 온유한 사람이야!' 이렇게 쳐도 딱 옆에서 보면 못 속인다는 거예요. 이 골프에 가면. 난 다 목사님들하고 하잖아요? 목사님들이 골프장에 가서 싸워요. 싸울 정도가 아니에요. 그냥 골프공 딱 치면 어떨 때는 골프공이 잔디 속에 쏙 들어간 게 있어요. 거기서 치면 무조건 안 되지. 그러니까 요렇게 안 본 사이에 발로 살살 굴려 넣어버려요. 목사님들도 할 수 없어요. 그러면 다른 사람은 몰라요. 4명이 한 조잖아? 우리는 모르는데 이 캐디 언니들은 알아요. 캐디 언니들이 얼마나 뛰어나냐 하면, 캐디 언니는 다른 사람하고 말하면서도 저 골프공이 어딜 갔는지 다 알아버려요. 아따~ 그 전문 직업을 못 속이겠대? 못 속여. 하루는 내가 거짓말 한번 해봤거든? 이렇게 보니까 야~ 이것이 더러운 데 들어가 있어요. 그래서 사람들 보니까 아무도 나를 안 쳐다봐. 그래서 내가 살짝 발로 톡 쳐냈지. 그리고 딱 쳤더니 잘 날아갔어요. 날아 가지고 그린에 딱 갔더니! "아까 거기서 한번 퍼덕거렸잖아요?" 하여튼 내가 개망신당했어요. 그러니까 성격 다 나타나는데, 문제는 그 한 타 지고 두 타지고 목사님들이 성질을 부리는 거예요. 나는 이렇게 안 보는 사이에 발로 하면 툭 친 것밖에 없어요. 그런데 목사님들이요, 막 싸워요. 그것도 농담으로 싸우는 게 아니라 혈기를 부리면서 싸워요. 끝날 때 가면요, 살벌해요. 얼굴이 막 실룩실룩하고 막 그냥 막 입이 불룩불룩하고 난리야. 그러면서 서로 막 싸우면서 밥 먹고 막 그런단 말이에요.

그래서 나는 그때마다 내가 중간에서 말이야 그 분위기를 요? 하루는 저 일산에 있는 김문호 목사님이 25만 원짜리 골프채, 48도짜리 1개가 25만 원이야, 그걸 선물로 사줬어요. 김문호 목사님이 드라이브 잘 나가는 거 최신형을 김문호 목사님이 100만 원짜리도 나한테 사줬어요. 자기 것만 사니까 미안한지 꼭 내 거도 사줘요. 김문호 목사가. 그런데 이 게 프로들만 치는 좋은 건데 1개가 25만 원이에요. 그게 좋은 거란 말이에요. 그런데 아휴~ 나는 아직 그거 비닐도 뜯지도 않았던 건데 하루는 끝날 때가 됐는데 막 싸우는 거예요. 실룩실룩 그러는 거예요. 분위기가 험해졌어요. 나하고 신학교 새파란 후배예요. 나이도 그건 40살 초반밖에 안 돼요. 나는 나이가 80이 넘었잖아요? 80이 넘은 놈이 그 40살 짜리한테 내가 알랑 떨게 생겼냐고요. 덩치도 내가 더 크고 나는 105킬로인데 그런데 그 적은 놈한테 신학교 새파란 후배한테 내가 알랑을 떠는 거예요. "목사님, 내가 목사님 줄라고 오늘 말이야 내가 이거 골프 48도짜리 이거 사 왔거든?" 그랬더니 그냥 얼굴이 다 피었어요. 마귀가 다 도망갔어요. 내가 이렇게 화평의 아들이에요. 나는 가는 곳마다 화평을 하려고 해요. 여러분들도 나같이 하란 말이에요. 가는 데마다 싸움질하지 말고! 아멘. 난 25만 원 손해 봤지. 25만 원. 김문호 목사님이 사준 거 나는 그 사람한테 선물로 주면서 그래서 분위기를 넘어갔어요. 안 그러면 대판 싸울 것 같아요. 그래서 고걸로 마귀의 어두운 그늘을 그냥 다 쫓아내는 거예요. 그랬더니 미국에서 온 손다윗 박사가 내가 하는 걸 딱 보더니 전화가 왔어요. "전 목사님, 전 목사님의 ㄱ 영적인 커리어(career)에 오늘 두 손 들었습니다." "왜요?" "아니 새파란 신학교 후배 나이도 젊고 그 하나를 달래기 위해서 막 알랑을 떨면서 목사님의 골프채를 주면서 그런 걸 보고 내가 오늘 큰 감동 했습니다." 그 목사님이 그걸 알아차렸어요. 다른 사람들은 내가 하는 걸 못 알아차렸어요.

2. 내가 화목의 제물이 되자

그러니까 우리는 어느 곳에 가든지 화목의 제물이 돼야 하는 거예요. 내가 제물이 되어서 전체가 다 화목하게 해야 합니다. 왜 분쟁이 일어나요? 거기 가면 분쟁의 요소가 있는 거예요. 분쟁의 요소가 일어나는 곳마다 여러분들이 들어갈 때는 다 그것이 이 공기가 다 어둠이 물러가고 화평의 아들이 돼야 해요. 믿습니까? 그러면 하나님이 복을 줘요. 손해 볼지라도 어떻게 하든지 화평케 하려고! 지금 목사님이 하는 기독당도 그래서 선거 끝났거든요? 기독당에 돈이 10억이 남았어요. 이 돈 10억을 서로 도둑질해 가려고 난리예요. 막. 아휴~ 이건 또 시간 관계상 다 풀어 설명도 못 해요. 그러니까 막 도둑질하려고 하는 놈하고 또 도둑질하려는 놈을 죽이려는 놈, 막 날마다 이쪽 호텔에서 몇 명 만나면 저쪽 호텔에서 몇 명 만나고 난리예요. 난리. 그런데 제가 불러서 그걸 전부 내가 이걸 달래는 거예요. 정죄하는 걸 달래고 "용서하라 다 용서하라." 아멘. "원수까지도 용서하라." 이렇게 하는 거예요. 그러니까 우리가 성경만 상고하지 말고 삶 속에서 모든 곳에서, 화목의 제물이 돼야 해요. 어느 곳에 가든지 여러분은 다 화목의 제물이 될 때 하나님은 성경의 잠언서 보면, 화목제를 하는 자는 하나님이 어느 위기에서 내가 죽을 위기에서도 주님이 건져준다고 그랬어요. 여러분, 화목으로써 하나님께 많이 저축해 두라고요. 쌓아두라고요. 믿습니까? 할렐루야. 〈심령이 가난한 자는〉 한 번 부르겠어요.

〈심령이 가난한 자는〉

심령이 가난한 자는 천국이 저희 것이요
애통하는 자는 복 있네 위로를 받을 것이요
온유한 자 복이 있나니 땅을 기업으로 받겠네
의에 주리고 목마른 자는 저희 배부를 것이요
긍휼히 여기는 자는 긍휼히 여김 받겠네
마음이 청결한 자는 하나님을 볼 것이요
화평케 하는 자는 하나님의 아들이라 일컫네
의를 위하여 핍박받는 자 천국이 저희 것이라
내게도 주소서 내가 복을 받기 원하네
오 내 주여 주소서

마태복음 5장을 다시 한번 보시면 얼마나 우리가 화목 제물이 되어야 하느냐? 얼마나 중요하냐?

(마태복음 5:21-24)

21. 옛 사람에게 말한바 살인치 말라 누구든지 살인하면
    심판을 받게 되리라 하였다는 것을 너희가 들었으나
22. 나는 너희에게 이르노니 형제에게 노하는 자마다 심판

을 받게 되고 형제를 대하여 라가라 하는 자는 공회에
잡히게 되고 미련한 놈이라 하는 자는 지옥 불에 들어
가게 되리라

23. 그러므로 예물을 제단에 드리다가 거기서 네 형제에게
원망 들을만한 일이 있는줄 생각나거든

24. 예물을 제단 앞에 두고 먼저 가서 형제와 화목하고 그
후에 와서 예물을 드리라

이게 화목제란 말이에요. 그러니까 사단에게 송사의 기회
를 주면 안 되는 거예요. 이걸 구체적으로 실제 예를 우리가
적용해 보면 예를 들면 내가 어떤 사람에게 대해서 미워하
는 마음을 가지고 있다 그러면 그 미워하는 마음이 내가 잘
못해서 생긴 것이 아니에요. 그 사람이 시비를 걸어서 나하
고 지금 관계가 불편한 거예요. 이걸 잘 기억해야 해요. 내
가 잘못해서 그런 게 아니라고, 그 사람이 시비를 걸어서 그
렇게 된 거라고. 아멘? 그런데 우리는 정당성에 붙잡혀서 사
람을 용서 안 하는 거예요. '저놈이 나한테 잘못했고 저놈이
저런 짓을 하기 때문에 난 저놈은 용서 못 해.' 이렇게 한단
말이에요. 그런데 그것은 내가복음이에요. 성경에는 내가복
음 없어요. 누가복음만 있어요. 그건 내가복음이에요. 거기
에 관하여 성경은 뭐라고 말하느냐? 마태복음 제18장을 넘
겨보시면, 이러한 말씀들이 우리 삶 속에 흐르지 아니함으

로 우리가 원수 마귀에게 농락당할 때가 많이 있는 거예요. 많은 축복이 날아가는 거예요.

축복받을 사람은 얼굴만 봐도 알아요. 얼굴에 평화가 흐른다고요. 장사 잘하는 사람들 보세요. 청계천이나 거기 평화시장 같은 데서 장사 잘하는 사람 보세요. 얼굴에 평화가 흐르는 사람은 지나가다가도 손님이 들어와요. 그런데 얼굴이 마귀같이 말이야, 마귀같이 시커무룩해서 말이야, 이런 사람은 이렇게 보고 들어오려고 하다가도 가버려요. 내가 〈5대 제사〉 처음 시작할 때 5대 제사가 이루어지는 사람은 제단의 역사, 향기의 역사, 열납의 역사, 5대 제사가 이루어지는 사람은 그냥 말 안 해도 얼굴 표정마다 향기가 난다고 하잖아요? 끌리는 거예요. 사람이 끌려서 들어온다고요. 자꾸 가까이 가고 싶은 거예요. *끄는 힘이 생기는 거예요.* 향기를 맡으려고 온다고요. 아멘. 그리고 평화가 흐른다고요. 그런데 사람을 미워하는 마음을 마음속에 담아둔 사람은 벌써 이거는 사단의 영역으로 넘어가는 거예요. 마귀가 붙잡을 수 있는 기회가 되는 거예요. 그러니까 내 영혼도 파괴되지, 마음도 파괴, 다 파괴되는 거예요.

3. 원수까지도 화목 하자

그래서 거기에 대해서 우리 예수님이 여기 마태복음 18장에서 말씀하셨어요.

(마태복음 18:21-22)

21. 그 때에 베드로가 나아와 가로되 주여 형제가 내게 죄를 범하면 몇번이나 용서하여 주리이까 일곱번까지 하오리이까
22. 예수께서 가라사대 네게 이르노니 일곱번 뿐 아니라 일흔번씩 일곱번이라도 할찌니라

오늘 우리 결단의 시간을 가집시다. 내가 이 세상에 태어나서 사람으로 살면서 내 마음속에 나를 까다롭게 하고 내게 신경 쓰이게 하고, 그리고 나에게 고통을 주고 하는 어떠한 사람도 한 사람도 빠짐없이 오늘 다 용서합시다. 내적 치유해도? 무슨 내적 치유 세미나 학원 다닌다고 내적 치유 되는 게 아니에요. 내가 용서하면 내적 치유 돼요. 용서의 복음! 오늘 우리는 이 자리에서 이 속에 조금이라도 사람을 미워하거나 사람에 대하여 담을 쌓는 일 하나도 없어야 해요. 다 토해내야 해요. 다 꺼내 놔야 해요. 어둠이 다 날아갈 수 있도록요. 베드로가 예수님께 물었어요. "형제가 죄를 범하

면 형제가 나에게 죄를 범하든지 다른 걸 죄를 범하는 것을 보거든 몇 번이나 용서할까요? 일곱 번까지 하오리이까?" 베드로는 크게 잡았단 말이에요. 7번 용서하는 일도 힘들어요. 똑같은 죄를 7번 지은 거 용서하는 것도 힘들어요. 그런데 베드로는 아주 넓게 범위를 크게 잡아서 "주님, 일곱 번까지 용서하면 되겠죠?" 그랬더니 예수님이 뭐라고 했냐면 "일곱 번뿐 아니야. 일흔 번씩 일곱 번이라도 그러면 사백구십 번이라도 용서하라." 이것은 영원히 용서해야 한다는 거예요. 회수로써 말하는 것이 아니에요. 일흔 번씩 일곱 번이란 말은 횟수를 말하는 것이 아니에요. 우리는 그래서 용서는 그 사람을 위해서 용서하는 게 아니라 내가 살기 위해서 용서하는 거예요.

40일 금식보다 더 중요한 것이 용서하는 것입니다. 용서도 안 하고 40일 금식한다? 그건 빵(0)이에요. 다 헛거예요. 예수님이 그랬잖아요? '예물을 드리려거든 먼저 형제와 화목하고.' 자기의 좁아빠진 그 조그마한, 터진 그 마음 때문에 문제가 생긴 것을 상대방에게 정죄하지 말라고. 아멘. 두루두루 다 용서합시다. 화목 제물이 됩시다. 다시 옆 사람 다 붙잡고 우리 모두 화목 제물이 됩시다. 할렐루야. 그렇게 놓고 주님이 그 사건을 비유로 말씀하신 거예요.

(마태복음 18:23)

이러므로 천국은 그 종들과 회계하려 하던 어떤 임금과 같으니

자, 여러분, 입신 간증 많이 들으셨지요? 하나님의 나라는 용서의 나라예요. 입신 간증하는 많은 사람들 얘기가 뭐예요? 영혼이 입신해서, 기도하다 은사 집회하다 성령 충만 받아 하늘나라를 간다, 이거예요. 영혼이 돼서 천성 입구에 가면 천사들이 못 들어오게 한대요. 왜 못 들어오게 하나? 하늘나라까지 신령한 은혜 받아서 거기까지 갔는데도 천국에 못 들어오게 한다는 거예요. 거기서 천성 입구에서 딱 가로막으면서 뭐라 그러냐? "여기는 용서하지 않는 사람은 못 들어간다." 그러니까 거기서 다 걸린다는 거예요. 거기서 천사들이 벌써 다 알고 있어요. 너는 이 세상에 누구에 대해서 용서하지 않은 사람은 여기 나라에 못 들어간다고. 우리 입신 간증 수도 없이 들었잖아요? 아멘. 입신만 해서 그런 것이 아니에요. 죽어서도 마찬가지예요. 천성 입구에 가면 용서 하지 않은 사람은 못 들어가고, 그래도 번제가 이루어진 사람은 거기 가서 다시 회개할 기회가 오니까 감사하지. 그래서 번제가 중요한 거예요. 구원이 중요한 거라고요. 그러니까 천성 입구에 가서 결국은 우리가 다 어차피 용서해야 해요. 어차피 용서해야 할 것을 왜 거기 가서 용서하려고 그

래요? 거기는 이제 천성에 들어가야 하니까 용서 안 하면 못 들어가니까 이제는 뭐 현실에 부딪쳤는데 어떻게 하겠어? 그러니까 우리가 거기 가서 어차피 용서해야 할 거 이 땅에서 용서하자고요. 이 땅에서 용서할 것도 빨리하자고요. 어차피 빨리할 거 오늘 저녁에 다 하자고요. 다 용서합시다. 저도 용서 못 할 사람 많이 있어요. 있지만 난 용서 다 해야 해요. 나는 용서를 나는 해요. 왜 하냐면 내가 살기 위해서예요. 내가 살기 위해서 용서하는 거예요. 아멘. 그것이 오히려 원수에게 머리에다 숯불을 피우는 거와 같다 그랬어요. 할렐루야. 여러분, 머리에다 숯불을 피우면 사람이 못살아요. 못 살지 못살아. 머리에 숯을 피는데 어떻게 살아?

김홍도 목사님이 하는 말 있어요. 김홍도 목사님을 제가 자주 만나요. "전 목사, 참, 목회하다 보면 정말로 인간으로서 목사 된 것이 후회스럽고 할 때가 있어." 뭐냐 하면, 목사님을 대적한단 말이에요. 이번에도 또 한 파장이 또 일어났어요. 아들한테 교회 물려줬다고 또 대들고 나간 놈들 있어요. 이상해요. 금란교회 보면. 금란교회는 뭐 한 5년과 10년 주기로 꼭 한 번씩 해요. 그 앞에 선배들이 김홍도 목사님하고 부딪쳐서 죽고 깨어지고 얻어터지고 하는 걸 보고도 또 그래요. 이상해요. 보고도 또 자기 논리에 따라서 목사님을 또 정죄하고 또 그래요. 그거 보면 마귀 역사예요. 바로 자기 선배가 5년 전에 망하는 걸 봤으면서 또 그런다고요. 우리 교회는 그런 사람 없어야 해요. 그런 마귀 오면 안 돼요. 절대 안 돼요. 목사님 막 대적하고 목사님한테 막 대들고 하니까? 김홍도 목사님은 덩치가 적잖아요? 나보다 키가 절반밖에 안 되잖아요? 왜소하잖아요? 나같이 힘이 있으면 "이 새끼들 죽여버린다." 그런데 김홍도 목사님은 자그마하단 말이에요. 그러니까 나처럼 말이야 막 "이 새끼를!" 이러지도 못해요. 그러니까 그냥 하나님께 맡기고 하나님 앞에 우는 길밖에 없잖아요? 하나님 앞에 우는데, 세상에~ 성도들 한 300명 데리고 나가서 목사님을 대적하고 바로 금란교회 도로 바로 건너편에 거기다가 개척교회를 하는 거예요. 금란교회 도로 바로 앞에 예식장 그쪽에다가. 그런데 목사님이 뭐라 그러냐 하면 제일 힘든 게 새벽기도를 나오려고 걸어오다 보면 횡단보도에 새벽마다 그놈은 저쪽 편에 서 있고 목사님이 이쪽 편에 서 있는데 매일같이 도로를 서로가 건너는데 거기서 원수가 외나무다리에서 만난다! 그러니까 하나님이 목사님에게 그런 거예요. "너 여기까지 용서할 수 있느냐?" 목사님을 시험하는 것 같더래요. "네가 여기까지 용서할 수 있느냐?" 시험하는 것 같더라는 거예요. 미치는 거지. 그냥 미치는 거야. 그냥 매일 새벽기도 가려고 그러면 중간에 저쪽 편에 기다리고 있는 거예요. 그러면서 지나가면서 궁시렁궁시렁 하는 거예요. "뒤질놈의 새끼." 이러면서 지나가는 거야. 그럼 목사님이 새벽기도 오면서 얼마나 가슴이 아프겠어요? 그런 사람들을 용서한다는 것이 쉬운 것이 아니란 말이에요. 그래서 하나님이 놔두나요? 망해서 다 사업하고 몇백억 되는 재산도 다 날아가고 그래서 오갈 데도 없어서 사글셋방도 지하실 방도 없어서 봉고차에다 애들을 태우고 이불을 덮고 산다고 하는 말을 듣고 목사님이 돈을 마련해서 저녁에 봉고차가 서 있는 거기 길거리를 찾아 갔대요. 그 장로님을. 애 데리고 봉고차에서 잠자는 거예요. 절대 여러분들은 목사님 대적하지 마요. 목사님 대적하면 봉고차에서 잠자요. 그래서 가서 돈을 주고 그래서 위로하고 그게 쉬운 일이 아니라고요. 인간의 힘으로 거기까지 화목을 하려고 하는 거예요. 주의 종들은 원수까지도 화목 하려고 하는 겁니다. 아멘. 우리 다 그렇게 합시다.

4. 용서하자

예수님이 용서에 대한 이 말씀을 어기 비유로 말씀하셨어요.

(마태복음 18:23-26)
23. 이러므로 천국은 그 종들과 회계하려 하던 어떤 임금과 같으니
24. 회계할 때에 일만 달란트 빚진 자 하나를 데려오매

25. 갚을 것이 없는지라 주인이 명하여 그 몸과 처와 자식들과 모든 소유를 다 팔아 갚게 하라 한대

26. 그 종이 엎드리어 절하며 가로되 내게 참으소서 다 갚으리이다 하거늘

비유에서 이 임금은 바로 하나님을 말씀하신 거예요. 그런데 1만 달란트 빚졌다는 것은, 1만 달란트는 요즘 돈으로 얼마냐? 복잡한 거는 그냥 그렇다고 하고 지나가요. 그런데 그런 빚을 졌는데 갚으라고 데려왔어요. 데려와서 "너, 이놈 너, 왜 남의 빚을 안 갚고. 이놈아!" 그랬더니 이 사람이 하는 말이 뭐라 그러냐면 '그 종이 엎드려 절하며 가로되 내게 참으소서 다 갚겠습니다.' 그 종의 주인이 불쌍히 여겨 놓아보내며 그 빚을 탕감하여 줬다고 그랬어요. 그러니까 처자식 데리고 불쌍한 걸 보고 "야~ 불쌍하니까 내가 돈 안 받겠다. 1만 달란트 안 받아도 되겠다." 탕감했단 말이에요. 1만 달란트를 탕감받은 거예요.

(마태복음 18:28-34)

28. 그 종이 나가서 제게 백 데나리온 빚진 동관 하나를 만나 붙들어 목을 잡고 가로되 빚을 갚으라 하매

29. 그 동관이 엎드리어 간구하여 가로되 나를 참아 주소서 갚으리이다 하되

30. 허락하지 아니하고 이에 가서 저가 빚을 갚도록 옥에 가두거늘

31. 그 동관들이 그것을 보고 심히 민망하여 주인에게 가서 그 일을 다 고하니

32. 이에 주인이 저를 불러다가 말하되 악한 종아 네가 빌기에 내가 네 빚을 전부 탕감하여 주었거늘

33. 내가 너를 불쌍히 여김과 같이 너도 네 동관을 불쌍히 여김이 마땅치 아니하냐 하고

34. 주인이 노하여 그 빚을 다 갚도록 저를 옥졸들에게 붙이니라

이게 하나님이란 말이에요. 그러니까 1만 달란트 빚진 사람이 하나님이 용서해서 그 사람을 주인이 용서했는데 1만 달란트의 빚을 탕감받은 사람이 하루는 길 가다 보니까 막 사람을 붙잡고 때리고 막 난리 나서 발로 밟고 모가지를 밟고 그래서 "왜 이래요? 아니 1만 달란트 빚을 탕감받았으면 기분 좋을 텐데 왜 이렇게 사람을 때리고 난리예요?" "이 새끼가 나한테 돈을 10원 빚졌는데 그 10원 안 갚잖아요? 그래서 이 새끼 내 죽이는 겁니다." 주인이 노하여 "너, 이놈~ 내가 너에게 1만 달란트를 용서해 줬는데 너한테 빚진 거 10원 안 갚는다고 때려? 너 1만 달란트 내가 용서해 준 거 다시 내놔. 이자까지 다 내놔." 이게 예수님의 비유라고요. 그러니

까 우리가 사람을 용서하지 아니하면 하나님의 용서도 없어요. 우리는 사람을 용서하지 아니하면 이런 일이 일어난다는 걸 알아야 해요. 그냥 우리는 다 용서해야 하는 거예요.

5. 모세의 자리에 서지 말자

그래서 사람과의 화목 제물이 돼야 하는 거예요. 우리가 용서하기가 쉬우면 왜 제물이라 그러겠어요? 용서는 큰 능력입니다. 여러분, 성령 크게 받아서 용서의 능력을 받으십시오. 성령 받는 것은 곧 용서의 능력이에요. 용서하지 않는 게 성령 받았다고 그러고 무슨 뭐 하나님의 음성을 듣는다고? 다 가짜야. 그건 다 가짜야. 여러분, 기도 깊이 해봐요. 차츰차츰 무릎으로 주님 앞으로 다가가면 결국은 제일 큰 죄인은 누구예요? 나예요. 기도를 안 하니까 그런 거지. 정말 네가 기도한다면 정말 네가 주님의 음성을 듣는다면 정말 네가 진실로 신령하다면. 저도 경험해 보면 지금도 그렇지만 결국은 제일 큰 죄인은 자기더라고요. 내가 죽일 년이지 내가 죽일 놈이지, 남에게 돌 던지는 그 손이 다 오그라지더라고요. 마귀한테 걸려들지 맙시다. 마귀는 늘 뭐냐 하면 정의감에다가 우리를 딱 포커스(focus)를 맞춰요. 모세의 자리에 우릴 보고 앉으라고 해요. 우리는 모세의 자리에 앉을 자격이 없는 거예요. 모세의 자리는 뭐냐? 판단의 자리요 정죄의 자리예요. 우리 사람은 모세의 자리에 앉을 자격이 없는 거예요. 그래서 우리 사랑제일교회 모든 성도들은 절대 우리가 화목의 제사, 화목제를 우리가 다 가슴속에 이루어서 얼굴로부터 화평이 흐르게 하세요. 사랑제일교회 성도들은 얼굴 보면 달라요. 얼굴 자체가 벌써 화평이에요. 사랑제일교회 성도들은 얼굴이 다르다. 사랑제일교회 성도들은 얼굴이 달라. 아멘. 화평이 흐르게 해야 해요. 다 이 속에 용서하는 사람의 얼굴과 한구석에 용서하지 않는 사람의 얼굴은 달라요. 옆 사람 쳐다보라고요. 얼굴 쳐다봐요. 옆 사람 쳐다봐요. 둘이 짝지어서 쳐다봐요. 얼굴이 왜 그래? 어이구. 따라 해 봐요. 뭐 잘났다고. 아이고~ 얼굴이 왜 그래? 네가 모세의 자리에 서기 때문에 얼굴이 그 모양이야. 사람은 모세의 자리에 서는 게 아니에요. 우리는 늘 밑바닥에 서야 해. 가장 이 땅에서 내가 제일 큰 죄인인 줄 알아야 해요. 믿습니까? 할렐루야 다시 한번 불러요 〈심령이 가난한 자는〉.

〈심령이 가난한 자는〉

심령이 가난한 자는 천국이 저희 것이요
애통하는 자는 복 있네 위로를 받을 것이요
온유한 자 복이 있나니 땅을 기업으로 받겠네
의에 주리고 목마른 자는 저희 배부를 것이요

긍휼히 여기는 자는 긍휼히 여김 받겠네
마음이 청결한 자는 하나님을 볼 것이요
화평케 하는 자는 하나님의 아들이라 일컫네
의를 위하여 핍박받는 자 천국이 저희 것이라
내게도 주소서 내가 복을 받기 원하네
오 내 주여 주소서

내 골프 얘기 하나만 더 들어보세요. 하루는 총회장들하고 골프를 치는데 우리 교단의 총회장이니까 나이도 나보다 많아요. 6학년 5반들이에요. 나이도 많으시지, 총회장까지 어른들이 신학교 기수로 따지면 난 얼굴도 못 쳐다봐요. 그 어른들하고 이제 골프를 치는데, 전반전에 내가 1등을 했어요. 전반전에 내가 이겼단 말이에요. 아니 전체 1등이 아니고 그 어른들을 내가 다 제치고 1등을 한 거예요. 2타를 내가 이긴 거예요. 내가 골프 공부시켜 줄게요. 왜냐하면 우리나라의 골프 인구가 지금 550만 됐어요. 사랑제일교회만 골프 모르고 다 하는 거예요. 550만 국민 보편운동으로 옛날에 길거리 가면 탁구 치는 탁구장처럼 바뀐 거예요. 세월이 바뀌었는데 이명박 대통령이 대통령 되고 나서 우리나라 골프 비용이 굉장히 비싸단 말이에요. 한번 가는데 25만 원이에요. 골프 치러 가는데. 그런데 기독교인 장로님들이 운영하는 골프장, 주인이 장로님들이 하는 데는 목사님들은 싸게 해

쥐요. 6만 원, 5만 원 이렇게 싸게 해 줘요. 난 그래서 그런 데만 찾아다녀요. 그런데 25만 원이니까 이게 비싸니까 중국 동남아 필리핀으로 골프 치러 비행기 타고 가는 비용이 1년에 3조 억 원이에요. 우리나라의 돈이 외국으로 흘러가는 게 1년에 3조 억 원이에요. 그래서 이명박 대통령이 지금 안 된다, 이거예요. 우리나라 돈이 1년에 3조 억 원이나 골프 때문에 외국으로 빠져나가서 안 된다고 해서 올해 골프장을. 우리나라 전체 골프장이 430개인데 미국의 골프장은 몇 개냐 하면 4만 몇 개예요. 일본이 4천 몇 개고요. 우리나라는 430개. 그러니까 이게 골프장의 숫자가 그 나라 국력의 척도예요. 왜냐하면 미국은 동네마다 다 있으니까. 동네 조그만 동네 장위동이고 뭐고 동네마다 다 있으니까. 그래서 이명박 대통령이 지금 이거 안 되겠다고 해서 올해 대통령 되자마자 골프장 허가를 지금 400개 했어요. 그래서 앞으로 3년, 골프장 다 만드는 데 3년 걸리는데 3년만 지나면 아마 골프 비용이 5만 원으로 떨어질 거예요. 그때를 위해서 열심히 연습을 해놔야 해요.

그런데 골프 공부 내가 시켜 드릴게, 들어보세요. 골프가 18홀(hole)이라고요. 골프는 18홀로 되어 있어요. 세계 공통이에요. 그런데 요걸 절반으로 딱딱 나눠요. 그러면 9홀이에요. 전반 후반으로. 이 9개가 어떻게 구성됐냐? 최초로 치는 여기서 드라이브 큰 걸로 치는 거 여기서 땅 치면 1번 쳤다, 2번 쳤다, 3번만에 구멍 뚫어놓은 데 뻥 하고 들어가는 거, 텔레비전 보면 나오잖아요? 3번 만에 들어가는 것을 이걸 파(par) 쓰리(three)라고 그래요. 파 쓰리. 3번 만에 들어가는 거. 그다음에 1번 쳤다, 2번 쳤다, 3번 쳤다, 4번 만에 들어가는 것을 파 포(four) 홀이라고 그래요. 그다음에 5번 만에 들어가는 게 있어요. 이게 3가지로 돼 있는데, 이게 9개가 어떻게 구성됐냐 하면 세계 공통이에요. 요거 3번 만에 들어가는 것이 2개예요. 5번 만에 들어가는 것이 2개예요. 그러면 9개 중에서 이거 2개, 2개 해서 4개 빼면 나머지 몇 개예요? 5개는 4번 만에 들어가는 거예요. 파 포 홀로 돼 있어요. 모든 세계 골프장의 구조가 이렇게 되어 있는데 그래서 요것이 3번 만에 들어간 것을 3번에 들어가고 4번 만에 들어가서 4번에 딱 들어가면 요것이 18홀이니까 곱하면 4 곱하면 72에요. 18홀을 치면서 72타를 치면 이거 프로에요. 이게 박세리예요. 박세리 프로. 이거는 도사예요. 도사. 그런데 목사님들 중에 프로 수준같이 치는 사람 있어요. 대단한 거지. 그다음에 이제 여러분 텔레비전 보면 마이너스 몇 언더파, 몇 언더파 나오잖아요? 그러면 요것은 뭐냐 하면 3번 만에 들어갈 걸 2번에 들어가는 거예요. 2번에 들어가면 전체 18홀 중에서 3번 만에 4번 만에 자기규정에 들어가는 것보다 1개 줄인 것을 마이너스 원(minus one) 언더파(under par)라 그래요. 1 언더파. 그러면 하루 종일 친 거 중에서 보통 골프 게임은 마이너스 5, 마이너스 6, 7 막 이렇게 가요. 그런데 이것은 굉장한 수준인 거예요. 그다음에 72에서 여기서 1번씩 더 쳤단 말이에요. 그러면 이거 1번씩 더 치면 90타예요. 3번 칠 걸 4번 치고, 4번 칠 걸 5번 치고, 5번 칠 걸 6번을 쳤다, 그러면 전부 합하면 90타예요. 90타에 친 걸 보기(bogey)라 그래요. 내가 지금 보기예요. 대단한 거예요. 그러니까 3개월 만에 보기를 뚫어낸 거예요. 안 믿어 사람들이. 3개월 만에 내가 보기를 뚫어냈다니까요. 피 흘림이 없은즉. 무슨 즉? 그게 여러분, 보기 뚫어내기가 쉬운 줄 알아요? 3개월 만에 내가 보기를 뚫어낸 거예요. 그러니까 목사님은 뭘 해도 적극적으로 한단 말이에요. 여러분들 적극적으로 해야 해요. 뭐든지 적극적으로 한다고요. 목사님은.

그런데 이제 하루는 어른들하고 하는데, 전반에 내가 2타를 이긴 거예요. 그러니까 18홀 중에서 나인(nine) 홀 끝났는데 내가 2타를 이겼어요. 그러니까 먼젓번 설교하러 오신 김재규 목사님이 그런데 내가 2개 이기니까 안색이 변하는데요? 성경에 가인이 제사에 실패하니까 '네가 안색이 변함이 어찌 됨이뇨?' 아유, 두 어른이, 둘 다 총회장인데 막 실룩실룩거리면서 막 하는 거예요. 잘못하면 내가 돌에 맞게 생겼어요. 가인한테. 그래서 내가 바로 나인 홀 끝난 뒤에 열 번째 홀에 가서 내가 일부러 뻑사리를 쳐버렸어요. 그래서 내가 한 5개 지는 걸 만들었더니 좋아서 그냥 휙 난리 났어요. 나는 그런 것까지도 화목 제물이 되는 거예요. 이건 사실이에요. 지금 주님이 내 설교하는 걸 다 보고 계시잖아요? 왜냐하면 분위기가 살벌해져서 일부러 저준 거예요. 내가 그러면서 말로는 그래요. "아이~ 씨~ 더럽게 안 되네. 에이~ 씨~ 정말 전반엔 잘도 됐는데 후반전에 이~ 씨~ 더럽게 안 되네." 일부러 내가 막 실감 나게 하려고 그렇게 해 가면서 일부러 내가 뒤로 처진다고요. 왜? 화평케 하려고요. 그거 이기면 뭐 하겠어요? 거기서 그 노인들 며칠 지나면 '며칠 후' 불러야 할 사람들 내가 이기면 뭐 하겠냐고. 그거 이겨 가지고 오면 뭐 하겠어요? 화평케 해야 해요. 나는 그게 체질화돼 있어요. 나는 이 성경이 그냥 체질화돼 버렸어요. 그거 아무것도 아닌 거, 지면 어떻고 뭐 해요? 그런데 그 어른들을 언젠간 내가 한번 이겨야 해요. 이렇게 얘기를 하고 직접 이기지 말고 다른 사람하고 쳐서 이겨서 소문이 들어가서 전광훈 목사한테는 도저히 안 되겠다고 간접적으로 이기도록 그렇게 해야지 어떻게 하겠어요.

Ⅳ.
낮은 자리에 처하자

범사에 모든 삶 속에 화목 제물이 돼라! 나를 미워하는 사람 앞에 화목 제물이 되라고요. 예를 들어서, 황 장로님이 여러분을 미워한다, 그러면 선물 사줘요. 황 장로 선물 더럽게 좋아해요. 선물 사주면 황 장로가 "우와~" 그러지. 화목 제물이 돼야지. 아멘. 나를 씹고 나를 걸고넘어지고 나를 비판하고 나에게 가시 노릇하는 사람에 대하여 내가 그것을 원리 원칙을 가지고 자꾸 따져서 "너 옳고 내 옳고" 하지 말고 화목 제물이 돼야 해요. 내가 져주면서 그에게 제물이 되어 주면 돼요. 이것은 하나님께 점수 따는 좋은 기회예요. 할렐루야. 두 손 들고 아멘. 할렐루야. 그러니까 앞으로 이제 나를 씹고 나를 비판하고 나에게 원수 노릇하고 그런 사람이 오거든 '야! 이거 기회가 왔다. 하나님께 화목 제사를 드릴 기회가 왔다. 찬스(chance) 잡았다. 좋은 기회 왔다.' 생각하고 선물 사주고 내가 그 앞에 제물이 되고 아멘. 그러면요 하나님이? 사실 금식하는 거보다 능력 더 있다니까요? 우리 다 발을 씻어줍시다. 세족식 그거 겉으로 세족식 하나 마나지. 영적 세족식을 해야지. 마음을 낮은 데 두고 그 사람의 허물을 씻어주는 것이 그것이 진짜 세족식이에요. 그냥 정죄하고 헐뜯고 그 사람의 약점을 공격하고 맨날 잘못한 그것은 모세의 자리예요. 그러면 안 되고 우리는 다 발을 씻어줘야 하고 전부 다 상대방의 허물을 덮어주고 격려해 주고. 화평케 하는 자는 복이 있나니. 우리가 화목 제사가 삶 속에서 이루어져야 해요. 믿습니까? 어떤 사람이 충돌하는 자리에 여러분이 들어가면 그 충돌이 끝나게 다 내가 뒤집어쓰고 중간에서, 할렐루야, 이렇게 하여 화목 제물이 되게 하라는 거예요. 믿습니까? 다시 불러요. 〈심령이 가난한 자는〉 다시 불러요. 아버지, 화목 제물이 되게 하세요. 화목 제물이.

〈심령이 가난한 자는〉

심령이 가난한 자는 천국이 저희 것이요
애통하는 자는 복 있네 위로를 받을 것이요
온유한 자 복이 있나니 땅을 기업으로 받겠네
의에 주리고 목마른 자는 저희 배부를 것이요
긍휼히 여기는 자는 긍휼히 여김 받겠네
마음이 청결한 자는 하나님을 볼 것이요
화평케 하는 자는 하나님의 아들이라 일컫네
의를 위하여 핍박받는 자 천국이 저희 것이라
내게도 주소서 내가 복을 받기 원하네
오 내 주여 주소서

어찌하든지 화목 제물이 되게 하여 주세요. 심령이 가난하십니까? 내가 이거 옛날에 팔복에 대해서 부산 감림산에서 강의한 거 기억나시죠? 부산 감림산 집회 5년 전에 우리 버스 관광버스 대절해서 여름 수련회 거기로 갔는데 그때 참석한 사람 손들어요. 아이고~ 다 없어졌네. 다 어디 갔어? 이 팔복에 대해서만 내가 1주일 가르쳤잖아요? 나중에 팔복에 대해서 우리 교회에서 내가 다시 한번 강의할게요. 팔복에 대해서. 심령이 가난한 자, 복이 있는 사람은 심령이 가난하단 말이에요. 심령이 가난한 자는 천국이 열린다는 거예요. '천국이 저의 것이오.' 심령이 가난하다는 것은 뭔 뜻이냐? 교만하다는 거예요? 겸손하다는 거예요? 낮은 자리에 임한다는 거예요. 그게 심령이 가난한 자예요. 저 사람보다 내가 낫다고 생각하는 것은 심령이 가난한 것이 아니에요. 아멘. 다 서로 낮은 자리에 처하는 것 그것이 심령이 가난한 거예요. 다 우리 성도들은 심령이 가난해야 해요. 낮은 자리에 처하는 거예요. 그런 사람에게 하나님이 하늘나라를 열어주신다! 천국을 열어줘요. 하늘의 비밀을 열어주고 신령한 세계를 열어주고. 그다음에 천국이 보이는 사람에게 무슨 일이 일어나요? 애통의 역사. 사람이 애통할 힘이 사람에게 없어요. 사람은 하늘나라의 반사경에 비춰봐야 자기를 알게 돼요. 그때 사람이 통곡하는 거예요. "와~"하고 자기를 보게 되는 거예요. 사람에게 왜 애통의 역사가 왜 일어나지 않냐? 일어나지 않는 것은 하늘나라의 이 거울이 없어서 그래요. 하늘나라의 거울이 쫙 비치면 하늘나라는 거울이란 말이에요. 거울이 비치면 그때 사람이 자기를 보게 돼요. 그때 애통이 일어나요. 할렐루야. '애통하는 자는 복이 있나니.' 보세요. 위로를 받아요. 보세요. 이게 전부 요렇게 되는 거예요. 이 팔복의 구조가 요렇게 되게 돼 있는 거예요. 이 위로! 여러분, 성령의 위로를 받아본 적이 있어요? 말로 설명할 수가 없어요. 성령의 위로 하늘의 위로가 있는 사람은 하늘의 위로는 그냥 단순히 사람들이 "괜찮아. 괜찮아." 집사람이 "괜찮아!" 이런 위로가 아니에요. 하늘의 위로가 쏟아지는 사람은 이 세상에 모든 걸 다 잃어도 그 사람은 살아요. 나는 하늘의 위로를 받아본 경험이 있어요. 하늘의 위로는 어마어마한 거예요. 그다음에 온유 단계로 들어가는 거라고요. 온유의 단계 요것이 하늘의 위로를 받아야 온유해져요. 하나님이 우리 속 사람을 싹 만져줘야 우리 속이 다 풀려요. 근육 뭉쳐진 거 이렇게 만지면 풀리듯이 하나님이 우리 속을 톡 쳐주면 싹 녹아버려요. 우리 심령이 싹 녹으면서 이렇게 계속 가는 거예요. 믿습니까?

내가 왜 갑자기 그러냐 하면 제일 출발점이 뭐냐? 어거스틴(Augustine)이 말한 대로 "네가 하늘나라를 얻길 원하느냐? 첫 번째도 겸손이요. 네가 하늘나라를 얻길 원하느냐? 두 번째도 겸손이요. 네가 하나님을 얻기 원하느냐? 세 번째도 너는 마음을 낮은 데 두라. 잘난 척하지 말라. 마음을 높이지 말라. 네가 무슨 뭐 대단한 사람으로 생각하지 말라." 4세기경의 어거스틴은 대단했던 사람이에요. 교만의 왕이었어요. 그의 학문의 깊이는 말할 수 없어요. 그러다가 바울 서신을 읽고 깨어진 뒤에 그는 계속 "첫째도 겸손 둘째도 겸손 셋째도 겸손, 겸손, 겸손, 겸손만이 네가 하늘나라를 얻을 것이다." 이렇게 말하면 우리들은 여러분들은 이렇게 생각해요. '에이고~ 나는 교만하곤 거리가 멀어. 나 원래 교만 안 해.' 교만한 놈이 교만하다고 하는 거 봤어요? 그러면 내가 심령이 가난한지 안 가난한지 교만한지 겸손한지를 반대로 거꾸로 한번 대보자고요. 천국이 열리지 않는 사람은 교만한 거예요. 반대로 뒤집어서 말하면 이쪽에서부터 추적해 들어가면 아멘 그다음에 봐요. 또 반대로 한번 해보자고요. 내가 하늘나라를 못 봤기 때문에 애통하지 않는 거예요. 애통이 일어나지 않는 것은 너는 하늘나라가 아직 안 보인 거예요. 요걸 밑에 걸 가지고 위에 것을 다시 검증해 보면 아는 거예요. 그러니까 출발이 얼마나 중요한가. 늘 예수님도 이 땅 계실 때 주님께서 책망하고 주님이 막 혼내고 한 사람이 뭐냐? 바리새인들이에요. 바리새인들이 교만한 사람들이에요. 종교적 교만.

〈심령이 가난한 자〉

심령이 가난한 자는 천국이 저희 것이요
애통하는 자는 복 있네 위로를 받을 것이요
온유한 자 복이 있나니 땅을 기업으로 받겠네
의에 주리고 목마른 자는 저희 배부를 것이요
긍휼히 여기는 자는 긍휼히 여김 받겠네
마음이 청결한 자는 하나님을 볼 것이요
화평케 하는 자는 하나님의 아들이라 일컫네
의를 위하여 핍박받는 자 천국이 저희 것이라
내게도 주소서 내가 복을 받기 원하네
오 내 주여 주소서

두 손 높이 드시고 "하나님, 나는 이제 화목 제물의 아들이 되겠어요. 나를 미워하는 자 앞에 내가 제물이 되기를 원합니다. 내가 제물 되면 다 화목 돼요. 하나님, 내가 제물 되지 못하여 화목이 되질 않습니다. 하나님, 이제는 내가 번제물이 되겠습니다. 내가 소제물이 되겠어요. 내가 화목제물이 되겠어요. 그리하여 나에게는 일단 내 속에는 하나도 나로 인하여 조금도 거리낌이 없는 사람 되게 하십시오. 다 용서합니다. 다 털어버립니다. 다 이해합니다." 다 같이 우리 "주여" 삼창하며 기도하겠습니다. "주여! 주여! 주여!"

The Sin Offering

속죄제

13

속죄제

교제의 회복

설교 일시   2008년 11월 23일(주일) 오후 7시

대   상   사랑제일교회 주일 저녁 예배

성   경   레위기 4:1-12

1 여호와께서 모세에게 일러 가라사대

2 이스라엘 자손에게 고하여 이르라 누구든지 여호와의 금령중 하나라도 그릇 범하였으되

3 만일 기름 부음을 받은 제사장이 범죄하여 백성으로 죄얼을 입게 하였으면 그 범한 죄를 인하여 흠 없는 수송아지로 속죄 제물을 삼아 여호와께 드릴찌니

4 곧 그 수송아지를 회막문 여호와 앞으로 끌어다가 그 수송아지 머리에 안수하고 그것을 여호와 앞에서 잡을 것이요

5 기름 부음을 받은 제사장은 그 수송아지의 피를 가지고 회막에 들어가서

6 그 제사장이 손가락에 그 피를 찍어 여호와 앞 곧 성소 장 앞에 일곱번 뿌릴 것이며

7 제사장은 또 그 피를 여호와 앞 곧 회막 안 향단 뿔에 바르고 그 송아지의 피 전부를 회막문 앞 번제단 밑에 쏟을 것이며

8 또 그 속죄 제물 된 수송아지의 모든 기름을 취할찌니 곧 내장에 덮인 기름과 내장에 붙은 모든 기름과

9 두 콩팥과 그 위의 기름 곧 허리 근방에 있는 것과 간에 덮인 꺼풀

을 콩팥과 함께 취하되

10 화목제 희생의 소에게서 취함 같이 할것이요 제사장은 그것을 번제단 위에 불사를 것이며

11 그 수송아지의 가죽과 그 모든 고기와 그 머리와 다리와 내장과

12 똥 곧 그 송아지의 전체를 진 바깥 재 버리는 곳인 정결한 곳으로 가져다가 불로 나무 위에 사르되 곧 재 버리는 곳에서 사를찌니라

Ⅰ.
5대 제사로
열납되는 삶을 살자

이 나라 이 민족을 복음화합시다. 할렐루야.

찬송가 183장 〈나 속죄함을 받은 후〉

1. 나 속죄함을 받은 후 한없는 기쁨을
다 헤아릴 수 없어서 늘 찬송합니다

(후렴) 나 속죄받은 후 나 속죄받은 후 주를 찬미하겠네
나 속죄받은 후 주의 이름 찬미하겠네

2. 나 속죄함을 받은 후 내 맘이 새로워
주 뜻을 준행하면서 죄 길을 버리네

3. 나 속죄함을 받은 후 성령이 오셔서
하나님 자녀 된 것을 곧 증거 합니다

4. 나 속죄함을 받은 후 보혈의 공로로
내 주의 은혜 입으니 늘 평안합니다

할렐루야. 하나님께서는 타락한 인생들을 향하여 에덴동산을 떠난 인생들에게 하나님이 나를 만나려거든 제단으로 오라! 나는 타락한 인생 죄 있는 사람들과 다른 곳에서는 만나지 않겠다! 나는 제단에서만 사람을 만나겠다! 왜 그럴까? 그건 예수그리스도의 십자가 제단이에요. 나는 중보자 예수 없이는 사람을 만나지 않겠다! 중보자 예수 없이는 사람과 상종하지 않겠다! 그러면 예수님의 이 십자가는 이건 무슨 뜻인가? 이 제단은 성경에 5가지로 나타났습니다. 5대 제사입니다.

번제는 사람의 원죄를 해결하는 제사입니다. 사람은 원죄가 있습니다. 내가 세상에 태어나서 지은 죄 말고 태어나기 전에 지은 죄, 이 원죄가 해결되는 사람은 구원의 역사가 일어납니다. 이 번제는 곧 구원의 제사입니다. 할렐루야. 두 번째 제사가 소제예요. 이 소제는 제물이 밀이나 곡식인데 이것은 구원받은 사람이 성화하는 깨어짐의 제사입니다. 이것은 겉 사람이 바싹 깨어져 주님을 닮아 거룩한 사람으로 성화하는 제사예요. 세 번째, 따라서 합니다. 화목제. 이 화목제는 관계의 제사입니다. 하나님과의 관계, 사람과의 관계. 그래서 우리는 하나님과도 사람과도 화목해야 해요. 화목하고 삽시다. 사랑제일교회는 서로가 서로에게 화목 제물이 됩시다. 할렐루야. 네 번째는 속죄제. 이 속죄제는 이것은 원죄가 아니라 자범죄에 대해서 반복되는 죄, 구원받고 난 뒤에, 자녀가 된 뒤에 실수하고 범죄 한 자범죄예요. 이것은 교제의 제사입니다. 하나님과의 교제를 회복하기 위한 제사예요. 따라서 합니다. 속건제는 피해 보상입니다. 우리가 정상적으로 가장 신앙생활 잘하는 것은 5대 제사 안에서 신앙생활 하는 사람이에요. 이 중에 하나의 제사라도 우리 속에서 무너지면 그만큼 손실입니다. 오늘 예배 나오신 모든 성도의 가슴에서 늘 5대 제사가 살아서 움직이길 바랍니다. 5대 제사가 우리 속에서 늘 살아있어야 합니다. 열납되길 바랍니다. 따라서. 열납의 역사. 그러니까 5대 제사 속에 살아야 우리의 삶 자체가 하나님께 열납이 되기 때문입니다.

II.
속죄제가 무너질 때 나타나는 현상

1. 기쁨이 사라짐

그러면 이제 오늘은 속죄제인데 이 속죄제는 이것은 구원받은 성도들이 주님을 향하여 한 걸음 한 걸음 걸어가다 보면 때때로 넘어지고 죄지을 때가 있습니다. 많아요. 이 죄는, 천국 갈 때까지 원죄 해결은 완전히 되지만, 자범죄는 천국 갈 때까지 우리는 죄를 지어요. 그런데 죄를 짓게 되면 구원을 잃어버리지는 않습니다. 한번 구원받은 사람이 구원은 잃어버리지는 않습니다. 구원은 잃어버리지 않지만, 하나님과의 교제, 하나님과의 관계가 불편해져요. 제일 먼저 찾아오는 현상이 기쁨이 사라져요. 신앙생활 할 때 우리 속에 기쁨이 사라질 때는 이것은 하나님과의 교제의 제사가 무너진 거예요. 교제의 제사가 무너진 자에게 나타난 현상이 기쁨이 사라진 거예요. 세상 기쁨은 조건과 환경이 좋을 때 기쁘지만 우리 속에 일어나는 기쁨은 세상 기쁨이 아닙니다. 하늘에서 내려오는 하나님과의 교제의 기쁨입니다. 성령을 통하여 나타나는 기쁨, 늘 우리의 가슴속에는 하나님과 교제하는 기쁨이 아멘. 남자 여자하고 교제하는 기쁨이 아니고 하나님과 교제하는 이 기쁨을 체험해야 해요. 할렐루야.

찬송가 82장 〈나의 기쁨 나의 소망 되시며〉

1. 나의 기쁨 나의 소망 되시며 나의 생명이 되신 주
밤낮 불러서 찬송을 드려도 늘 아쉰 마음뿐일세

2. 나의 사모하는 선한 목자는 어느 꽃다운 동산에
양의 무리와 늘 함께 가셔서 기쁨을 함께 하실까

3. 길도 없이 거친 넓은 들에서 갈 길 못찾아 애쓰며
이리저리로 헤매는 내 모양 저 원수 조롱하도다

4. 주의 자비롭고 화평한 얼굴 모든 천사도 반기며
주의 놀라운 진리의 말씀에 천지가 화답하도다

5. 나의 진정 사모하는 예수여 음성조차도 반갑고
나의 생명과 나의 참 소망은 오직 주 예수뿐일세

하나님과의 교제가 정상으로 될 때는 이거는 설명이 불가능해요. 각자 개인이 체험하는 길밖에 없어요. 하늘로부터 기쁨의 영이 부어져요.

2. 기도에 힘이 없음

그리고 또 교제의 제사가 무너질 때는 기쁨이 사라지고 기도의 힘이 없어져요. 기도도 사람의 힘으로 하는 게 아니에요. 기도가 사람의 힘으로 될 것 같으면 다 기도하지요? 기도는 사람의 힘이 아닙니다. 하나님과의 교제가 정상으로 될 때 나타나는 자연적 현상이 기도예요. 그런데 하나님 앞

에 범죄 하거나 하나님께 죄를 지으면 기도가 무너집니다. 기도가 안 되는 거예요. 그렇게 꼬리에 꼬리를 물고 나오던 기도가 몇 마디 하면 할 말이 없고 머리만 숙이고 있어요. 지금 여기서 통성 기도 시켜 놓으면요? 속죄제가 무너진 사람을 당장 골라낼 수 있어요. 입을 못 열어요. 일동 묵념! 이게 무너진 사람들이에요. 기도는 그렇게 하는 게 아니에요. 기도는 앵두가 다 익어서 손만 대도 톡 떨어지는 거 같이 기도는 그렇게 하는 거예요. 기도하는 얼굴을 보면 얼마나 험상궂은지 마귀가 그래요. "너는 나보다 더 험상궂다." 이래요. 안색이 안 좋아요. 가인이 죄를 짓고 나서 하는 "네가 얼굴 색깔이 변함이 어찌 됨이냐?" 교제가 무너진 사람은 얼굴에 빛이 없어요. 얼굴 들어봐요. 얼굴이 빛나는지 보자. 얼굴이 시꺼매서 그러면 본인도 힘들고 그 얼굴을 쳐다보는 사람도 힘들어요. 피차 힘들게 하지 맙시다. 다 속죄제가 늘 살아 있어서 교제가 늘 회복이 돼서 얼굴이 훤해야 해요. 그러지 못하면 화장품이라도 세게 바르고 와서 훤한 척을 좀 해봐요. 얼굴 좀 훤하게 해 봐요.

〈찬양이 언제나 넘치면〉

찬양이 언제나 넘치면 은혜로 얼굴이 환해요
성령의 충만한 모습을 서로가 느껴요
할렐루 할렐루 손뼉 치면서 할렐루 할렐루 소리 외치며
할렐루 할렐루 두 손을 들고 주님을 찬양해요
＊ 2. 감사가 3. 사랑이 4. 기도가

3. 만사가 귀찮음

교제가 무너지면 만사가 귀찮아요. 만사가 뭐예요? 이게 교제가 무너진 자에게 나타나는 현상이에요. 만사가 귀찮아요. 교회 가기도 귀찮고 만사가 귀찮아요. 소원이 빨리 죽었으면 좋겠어. 여러분은 만사가 생명력이 넘치길 바랍니다. 그리고 힘이 없어요. 교회 오는 발걸음도 힘이 없어. 찬송도 힘이 없어. 모든 게 힘이 없어요. 설교 듣는 것도 힘이 없어요. 하나님과의 교제가 무너지면 신앙생활 하기 어려워요. 그럴 때는 속죄 제사를 기억해서 빨리 회개의 자리로 가서 내가 하나님과 무엇이 걸렸는지를 찾아내야 해요. 가만히 돌이켜 보면, 틀림없이 만사가 귀찮을 때는 뭔가 나와 하나님 사이에 무엇이 걸려 있다는 거예요. 기억이 안 날 때는 가르쳐 달라고 기도해요.

Ⅲ.
속죄제
: 교제의 회복

1. 자백함으로 이루는 속죄 제사

하나님은 우리의 범죄에 대하여 강력하게 가르쳐 주실 때도 있지만 하나님도 사람처럼 인격이 있어서 하나님도 직접 말씀해 주시지는 않고 우리가 스스로 깨닫도록 하나님이 기다릴 때가 있어요. 많이 가르치시고 책망하고 그럴 때도 있지만 하나님이 그냥 능력과 기쁨만 쫙 빼버려요. 아예 처음부터 그 맛을 모르면 모를 때는 그냥 덤덤하게 살아요. 그러나 한번 은혜의 맛을 알고 하나님과의 교통의 맛을 알면 그것 없이는 살기 어려워요. 그러면 우리가 보통 힘든 게 아니거든요. 그러니까 빨리 찾아요. 너와 나와의 관계에 뭐가 걸려 있는지. 병아리가 물 한번 먹고 하늘을 쳐다보듯이 우리도 말씀을 보고 보좌를 보고 자기를 점검해야 해요. 그러다 보면 틀림없이 걸리는 게 나와요. 그럴 때 그것을 우리는 자백해야 해요. 자백함으로 속죄 제사를 이루는 거예요.

2. 목욕이 아닌 발 씻기 - 교제의 제사

예수님은, 요한복음 13장에 보면, 제자들에게 죄 용서함에 대한 말씀을 상징으로 말씀할 때 베드로가 "어떻게 선생님이 내 발을 씻기겠습니까? 절대로 내 발은 안 씻겠습니다. 다른 사람들은 철이 없어서 발을 그냥 내미는데 나는 씻지 않겠습니다." 그런데 예수님이 심각한 말씀을 하십니다. "내가 너의 발을 씻지 않으면 너와 내가 상관이 없다." 그때 베드로가 깨달았어요. '아하! 그냥 발 씻는 것이 아니라 영적 의미가 있구나.' 그게 속죄제예요. 그랬더니 베드로가 당황해서 "주님, 그러면 나와 주님이 상관이 없으면 큰일 나죠. 예수님 그러면 나는 발만 씻지 말고 머리끝부터 발끝까지 몽땅 씻어주세요." 그랬더니 예수님이 "한번 목욕 한 자는 다시 목욕할 필요가 없다." 그것이 바로 번제입니다. 구원의 제사. 할렐루야. 따라서. <u>한번 목욕한 자는 다시 목욕할 필요가 없다.</u> 발만 씻으면 된다는 것은 이 발은 곧 속죄제를 말해요. 교제의 제사를 말해요.

(요한복음 13:4-10)

4. 저녁 잡수시던 자리에서 일어나 겉옷을 벗고 수건을 가져다가 허리에 두르시고

5. 이에 대야에 물을 담아 제자들의 발을 씻기시고 그 두

르신 수건으로 씻기기를 시작하여

6. 시몬 베드로에게 이르시니 가로되 주여 주께서 내 발을 씻기시나이까

7. 예수께서 대답하여 가라사대 나의 하는 것을 네가 이제 는 알지 못하나 이 후에는 알리라

8. 베드로가 가로되 내 발을 절대로 씻기지 못하시리이다 예수께서 대답하시되 내가 너를 씻기지 아니하면 네가 나와 상관이 없느니라

9. 시몬 베드로가 가로되 주여 내 발 뿐아니라 손과 머리 도 씻겨 주옵소서

10. 예수께서 가라사대 이미 목욕한 자는 발 밖에 씻을 필 요가 없느니라 온 몸이 깨끗하니라 너희가 깨끗하나 다는 아니니라 하시니

이미 목욕한 자는 발밖에 씻을 필요가 없다. 그러니까 원 죄를 해결 받는 것이 목욕이에요. 그다음에는 발 씻는 제사 가 속죄제예요. 우리는 구원받고 난 뒤에도 발은 늘 씻어야 해요. 이것은 우리의 자범죄를 늘 회개하는 것입니다. 회개 하면 다시 돌아와요. 기쁨이 돌아온다. 기도가 돌아온다. 얼 굴이 빛난다. 생기가 돌아온다. 마음속에 감사와 찬양이 회 복돼요.

3. 죄를 빨리빨리 회개해야 한다

그런데 속죄 제사가 무너지면, 자범죄에 붙잡혀 있으면, 작은 죄 가지고? 그래서 성경에는 뭐라고 하나? 잠자기 전에 회개하고 자라. 작은 죄 오래 가지고 있지 마요. 오래 가지고 있으면 계속 암세포처럼 자꾸 늘어나거든요. 그러니까 빨리빨리 회개하고 빨리빨리 자복해요. 그래서 우리는 이 교제가 오랫동안 하나님과 끊겨있는 기간이 길어서는 안 돼요. 어떤 사람들은 보면요? 죄를 말이야 잘 짓지는 않는데 한번 지으면 3년 동안 회개 안 해요. 그것보다는 매일 죄짓고 매일 회개하는 게 나아요. 아침에 죄짓고 점심때 죄짓고 저녁에 죄짓고 우리가 얼마나 죄를 많이 지어요? 사단이 틈타지 못하게 하기 위해서는 워치만 니가 뭐라 그랬나요? "당신이 정상적인 그리스도인이냐? 신령한 그리스도인이라고 생각하나? 그러면 하루에 한 번씩 이 말을 해야 한다. '형제여, 자매여, 내가 잘못했습니다.'" 이 말을 하루에 한마디씩 안 하면 신령하지 않은 기예요. 그만큼 우리가 실수를 많이 한단 말이에요. 그러니까 우리가 5대 제사에 걸려들지 않기 위하여 옆 사람과 따라서 해봐요. 형제여, 자매여, 내가 잘못했습니다. 앞뒤로 다시 해봐요. 형제여, 자매여, 나는 사고뭉치입니다. 실수투성이입니다. 또 실수했네요. 용서해 주세요. 이 말을 늘 할 수 있어야 해요. 자존심 버리고 5원짜리도 안 되는 자존심 부려서 마귀 장난감 되지 마세요. 죄는 빨리 회개해야 해요. 예수님께서 말씀하신 대로 목욕은 한 번 하지만 발 씻는 일은 계속 매일 해야 해요.

4. 속건제를 해결하여 큰 부자가 되자

여러분, 몇 달 만에 목욕을 한번 해요? 참, 인류가 이렇게 잘 살아 본 적이 없어요. 지금이 창조 이후로 물질적으로 제일 잘 살아요. 오늘날의 거지가 옛날의 부자보다 나아요. 미국의 거지가 아프리카 부자보다 나아요. 이렇게 지금 시대가 잘 살아요. 우리 사랑제일교회는 경제적 수준이 중이에요? 하에요? 상이에요? 뭐예요? 또 자존심 부린다고 말도 안 해요. 우리가 "가족 부도난 사람 손 들어!" 그러면 절반이에요. 우리가 다 이렇게 어려운 사람끼리 모여 있는데 앞으로 좋은 날이 올 거예요. 속건제는 부자 되는 거예요. 물질적으로 부자 된다고요. 부자 되고 싶어요? 아브라함도 부자예요. 다윗도 부자야. 이삭도 부자야. '마침내 거부가 되리라.' 그러니까 이 물질적으로 잘 사는 것이 죄가 아닌 겁니다. 성경에 부자에 대한 부정적 말이 있어도 성경에 부자에 대한 부정적인 말은 주님과 관계가 잘못된 상태에서 돈을 많이 가지고 있으면 부정적으로 나와 있어요. 그러나 내가 청지기의 자리에 있으면서 큰돈을 가지고 있는 것은 신약이나 구약이

나 부자들은 다 하나님의 축복이에요. 욥도 부자예요. 사랑제일교회도 다 큰 부자 됩시다. 우리 모두 부자 됩시다. 큰 부자 됩시다. 세계적 부자 됩시다. 큰 부자 되려면 열심히 일을 해야 해요. 그러나 열심히 일하는 것만으로는 부자 안 돼요. 열심히 일하는 사람만 부자 될 거 같으면 지금 열심히 일하는 사람 얼마나 많아요? 부자는 하늘로부터 내려오는 겁니다. 열심히 하는 것은 기본적으로 다 열심히 해요. 열심히 해도 부자 되는 사람은 하늘로부터 내려와요. 아멘.

속건제에 걸려 있는 사람은 절대 부자 못 돼요. 물질의 축복 못 받아요. 물질의 자유함 없어요. 금방 부자 되라니까 아멘 해놓고 "다 갚아요." 그러니까 아멘 한 명도 안 하네. 그러니까 무슨 장난기로 "목사님, 십만 원만!" 남의 돈주머니를 자기 돈 같이 생각하는 사람은 물질관이 잘못된 거예요. 돈거래 하지 마세요. 우리 교회도 지금 돈 빌리고 갚기 싫어서 다른 교회 간 사람 많아요. 돈 떼먹고 주일날 목사님 얼굴 보기 불편하니까 다른 걸 걸고 가요. "아유- 목사님 설교가 은혜가 안 돼." 야! 이년아! 목사님 설교가 왜 은혜가 안 돼? 그러니까 자기 속에 제사가 무너지니까 신앙생활이 안 되는 거야. 다른 걸 걸고 말이야. "목사님 꼴 보기 싫어서 교회 안 가." 〈어려운 일 당할 때〉 불러봐요.

찬송가 342장 〈어려운 일 당할 때〉

1. 어려운 일 당할 때 나의 믿음 적으나
   의지하는 내 주를 더욱 의지합니다

   (후렴) 세월 지나갈수록 의지할 것뿐일세
   아무 일을 만나도 예수 의지합니다

2. 성령께서 내 맘에 밝히 비춰주시네
   인도하심 따라서 주만 의지합니다

3. 밝을 때에 노래며 어둘 때에 기도와
   위태할 때 도움을 주께 간구합니다

4. 생명 있을 동안에 예수 의지합니다
   천국 올라가도록 의지할 것뿐일세

　돈 얘기 나와서 광고하는데 절대 우리 성도들은 돈거래 하지 마세요. 그렇게 하지 말라고 했는데 또 돈을 장로님들이랑 안수집사님이랑 직분 높은 사람들끼리 돈 몇천만 원씩 빌리고 감정 상하고 말이야 그러지 말라고요. 서로 돈 빌려주고 하지 마요. 서로 돈 빌려 줄 수 있는 한계점은 빌렸는데 안 갚았다? '아이 씨.' 그럴 거면 빌려주지 마요. 그런데 십만 원 빌려주고 '갚으면 좋고 안 갚아도 그만.' 고렇게 미

위하지 않을 만큼만 빌려주라고요. 알았죠? 황수넴 저거는 보면 우리 교회 오만 여자들한테 돈 다 빌려줘 놓고 떼이면 꼭 나한테 와서 보충하려고 해요. "목사님이 내놔라." "왜?" "목사님 새끼가 떼어먹었으니까." 야야! 내가 어떻게 다 물어 주나? 절대 황수넴 돈 떼어먹지 마요. 그거 다 내가 물어 줘야 해요. 왜냐하면 목사님 양 새끼가 떼어먹었다고. 그러니까 이 물질 때문에 시험 들어서는 안 되는 거예요.

지금 듣는 소문에 의하면, "아니 임직 헌금하는 데 무슨 300만 원이나 하나? 너무 비싸서 안 해." 또 어떤 년은 또 깎아 달라 그래요. 관둬라 관둬. 회갑 잔치하는 데도 300만 원이야. 하나님 앞에 말이야 권사는 평신도 직분 중에 마지막 직분이에요. 물어볼게, 대답해 봐요. 회갑이 더 중요해? 권사가 더 중요해? 대답해 봐요. 회갑 잔치가 중요해? 권사 잔치가 중요해? 그런데 왜 회갑 잔치는 빚내서 하고 권사 잔치는 왜 안 하는 거야? 황 장로님, 절대로 이번에 탕감해 주지 마. 먼젓번에 성도들 수건 씻는 값을 자기가 입는 양복값도 안 되게 한 새끼들이 있어. 그래서 이번에 추수 감사헌금하는 걸 보고 내가 시험 들었어요. 그래서 죄를 지었어요. 나한테도 속죄제가 필요해요. 하이고~ 그걸 추수 감사헌금이라고 하고 앉았어요? 우리 집사람도 추수 감사헌금을 1억씩 하는데! 그때는 내가 기독당을 하느라고 부흥회를 안 다니니까 헌금을 못 모았어요. 반주해야 교회마다 돈을 주는데 우리 집사람은 보니까 올해 흉년이에요. 그런데도 우리 집사람은 2천만 원 했어요. 그걸 보고 양동숙 전도사가 1,500만 원을 했어요. 나머지는 보니까 추수감사절이 뭔지도 몰라요. 아예 그냥 하지 마. 여러분, 천날 살아봐. 여러분, 물권이 안 와. 부자 되길 원하시면, 아멘.

심어야 해요. 사렙다 과부처럼 심어야 해요. 사렙다 과부가 흉년이 왔을 때 산천초목이 다 말랐어요. 그리고 짐승들도 먹을 게 없어서 시내를 돌아다녔어요. 사렙다 과부 보고 "여인이여, 뭘 하냐?" 그러니까 "저는 아들과 함께 사는 과부인데 마지막 떡을 아들과 함께 먹고 이제는 죽으려 합니다." 그랬는데 엘리야가 들어가더니 "너, 그 마지막 먹을 양식을 너 먹지 말고 나를 주라." 참~ 주의 종이 돼서 과부의 마지막 먹고 죽을 양식을 가져오라 이거예요. 그래서 이 과부의 마음에 갈등이 붙었어요. '엘리야를 주고 죽을 것인가 아니면 먹고 3일을 더 살고 죽을 것인가? 에잇! 어차피 죽는 거, 주의 종한테 줘버리자. 마지막으로 순종하고 죽으리라.' 할렐루야. 그래서 그걸 엘리야한테 주니까 사렙다 과부의 아들이 가만히 있겠어요? 부엌에서 그걸 왜 주냐고 난리가 났어요. 그런데 엘리야가 그걸 양심도 없이 혼자 다 먹었어요. 다 먹고 난 뒤에 "여인이여, 방으로 들어오라. 대가리 갖다 대라. 하나님, 심었사오니 이 집에 기적이 일어나게 하여 주세요. 이 흉년이 다 끝날 때까지 밀가루 독을 채워주세요." 그렇게 축복하고 간 거예요. 주의 종이. 그랬는데 그다음 날 보니까 성경에 밀가루 독이 꽉 찬 게 아니라 흘러넘치고 있어요. 하나님이 천사들을 통하여 퍼부은 거예요. 기름병에 기름이 흘러넘쳐요. 이게 유명한 사렙다 과부의 이야기예요. 성경에 쓰여 있어요.

그러니까 우리들도 어려움을 무릅쓰고 헌금해야 해요. 목사님은 헌금하다가 은혜받아요. 우승협 목사님 있잖아요? 전 세계 다니면서 내 얘기 해요. 내가 설교 잘한다, 말씀 잘 가르친다, 이렇게 이야기 안 하고 "내가 전광훈 목사를 20년 동안 옆에서 보는데 그 사람처럼 물질을 심는 사람 못 봤다." 그렇게 늘 선전하고 다녀요. 그러니까 여러분들도 어려울수록 헌금해야 해요. 사렙다 과부의 심정으로 헌금합시다. 이번에 임직자들 임직 헌금하는 데 한 사람도 빠짐없이 다 참여하고 황 장로님이 이 잡듯이 잡아요. 장부 가지고 다니면서 세금 거두듯이. 온 성도들이 한 사람도 빠짐없이 이번에 다 참여합시다. 추수 감사헌금 제대로 못 한 거 회개하는 마음으로 다해야 해요. 엘리야가 사렙다 과부의 양식을 뺏어서 먹었던 것처럼 해야 그래야 우리 성도들이 복이 와요. 우리 성도들의 복 받을 기회가 있을 때는 기회를 다 살려야 해요. 몽땅 다 참여하세요. 마음을 다하고 성품을 다하고 뜻을 다하고 목숨을 다하여 헌금하자. 목사님은 늘 헌금만 하다가 은혜받아서 목사님은 물질의 어려움이 없어요. 나를 삼각산에 갖다 놓아도 벳새다 광야의 기적이 일어나요. 여러분 다 체험하길 바랍니다.

찬송가 502장 〈태산을 넘어 험곡에 가도〉

1. 태산을 넘어 험곡에 가도 빛 가운데로 걸어가면
   주께서 항상 지키시기로 약속한 말씀 변치 않네

   (후렴) 하늘의 영광 하늘의 영광
   나의 맘속에 차고도 넘쳐
   할렐루야를 힘차게 불러 영원히 주를 찬양하리

2. 캄캄한 밤에 다닐지라도 주께서 나의 길 되시고
   나에게 밝은 빛이 되시니 길 잃어버릴 염려 없네

3. 광명한 그 빛 마음에 받아 명랑한 천국 바라보고
   할렐루야를 힘차게 불러 날마다 빛에 걸어가리

"

5. 주여!" 부를 때 살아나는 5대 제사

"하나님과 나와의 관계가 도저히 기억이 안 난다. 내가 미워하는 사람도 없는데 크게 잘못한 것도 없는데 왜 내가 자꾸 가라앉고 기쁨도 없고 기도도 힘들고 왜 이러냐?" 그럴 때는 방언으로 기도하세요. 방언으로 기도하면 성령은 내가 잘못한 것을 다 알아요. 성령이 그걸 들어서 회개하는 거예요. 나를 대신하여 성령이 회개하는 거예요. 그래서 아주 방언 기도가 능력이 있어요. 방언 기도하면 금방 상쾌함이 일어나고 금방 회복되는 것을 체험해요. 목사님도 영이 가라앉을 때가 있을까? 없을까? 있기는 뭐가 있어? 나는 항상 충만해! 목사님도 기도하기 싫을 때가 있을까? 없을까? 여러분이 있는 거 다 있어요. 여러분에게 오는 거 나한테도 다 와요. 그럴 때 나는 방언 기도 해요. 방언 기도 하면 성령이 내가 회개하지 않는 부분도 성령이 회개해요. 나의 영과 더불어 탄식하면서요. 그러면 금방 새 힘이 오고 상쾌해지고 기쁨이 회복되고 하나님과의 교제가 정상으로 돌아와요.

   그래서 우리 사랑제일교회 성도들은 하나님과의 작은 죄를 짓고 오래 눌리지 말기를 바랍니다. 작은 죄 지어놓고 그것 때문에 오래 눌리면 되겠어요? 빨리 탁 털어버려야지! 그죠? 그래서 하나님과 늘 충만한 상태로 늘 교제가 회복돼야 해요. 그래서 우리는 늘 속죄제를 지내서 워치만 니처럼 늘 회개해야 해요. "형제여, 자매여, 내가 잘못했습니다. 나를 용서해 주세요." 이 말을 부끄러워 말고 이 말을 늘 할 수 있어야 합니다. 그래야 사단이 틈을 못 타요. 마귀가 한길로 왔다가 일곱 길로 떠나가 버려요. 회개한 자가 승리자예요. 팽팽하게 대결해 봤자 이기려고 하는 것은 하나님 앞에 지는 거예요. 하나님 앞에 승리는 먼저 회개하는 거예요. 그래서 이 5대 제사가 늘 살아서 움직이는 그 전체를 묶어서 우리가 삶 속에서 입술로 "주여!"할 때 "주 예수여!" 우리가 입으로 "주여!" 할 때 이 5가지를 다 포함해서 "주여!"를 부르는 것입니다. 이 안에 5대 제사가 다 들어가 있는 거예요. "다윗의 자손 예수여!" 거기에 이 전체가 다 들어가 있어요. "주여!" 그럴 때는 "나에게 죄지은 사람, 내가 다 용서하겠사오니 아버지도 나를 용서해 주세요." '우리가 우리 죄를 용서하여 준 것 같이 우리 죄를 사하여 주옵시고.' 주기도문에 나오잖아요? 이러한 것을 마음속에 깔고 다시 한번. <u>번제 소제 화목제 속죄제 속건제.</u> 이걸 전체를 압축시켜서 우리 입으로 "주여!" 그럴 때는 이 5개가 다 들어가요. "주여!" 한마디만 불러도 그 안에 이러한 것이 농축되어 있기 때문에, 주의 이름을 부르는 곳에는 구원의 역사가 일어나요. 능력이 나타납니다. 믿습니까?

두 손 높이 드시고 우리 이 뜻을 생각해서 "주님, 내가 주님을 부를 때 내 속에 5대 제사가 살아나게 해 주시고 내가 '주여!'를 부를 때 내 속에 5대 제사가 나타나게 해 주시고 회복되게 하여 주세요." 다 같이 우리 "주여" 삼창하며 기도하겠습니다. "주여! 주여! 주여!"

The Trespass Offering

속건제

14

속건제
보상의 제사

설교 일시 2008년 11월 30일(주일) 오후 7시

대   상 사랑제일교회 주일 저녁 예배

성   경 레위기 5:1-6

1 누구든지 증인이 되어 맹세시키는 소리를 듣고도 그 본 일이나 아는 일을 진술치 아니하면 죄가 있나니 그 허물이 그에게로 돌아갈 것이요

2 누구든지 부정한 들짐승의 사체나 부정한 가축의 사체나 부정한 곤충의 사체들 무릇 부정한 것을 만졌으면 부지중에라 할지라도 그 몸이 더러워져서 허물이 있을 것이요

3 혹시 부지중에 사람의 부정에 다닥쳤는데 그 사람의 부정이 어떠한 부정이든지 그것을 깨달을 때에는 허물이 있을 것이요

4 혹 누구든지 무심중에 입으로 맹세를 발하여 악을 하리라 하든지 선을 하리리 히면 그 사람의 무심중에 맹세를 발하여 말한 것이 어떠한 일이든지 깨닫지 못하다가 그것을 깨달을 때에는 그 중 하나에 허물이 있을 것이니

5 이 중 하나에 허물이 있을 때에는 아무 일에 범과하였노라 자복하고

6 그 범과를 인하여 여호와께 속건제를 드리되 양떼의 암컷 어린 양이나 염소를 끌어다가 속죄제를 드릴 것이요 제사장은 그의 허물을 위하여 속죄할지니라

Ⅰ.
5대 제사가 살아 있는
신령한 성도가 되자

할렐루야! 우리 옆에 좌우에 다 같이. 이 나라 이 민족을 복음화합시다. 앞뒤로 다시. 이 나라 이 민족을 복음화합시다. 할렐루야. 자, 5대 제사입니다. 타락한 인생들을 향하여 타락한 사람들을 향하여 하나님께서 에덴동산을 벗어난 하나님과의 관계가 무너진 인생들을 향하여 하나님은 다시 사람을 만날 장소를 제단으로 정했다는 거예요. 나를 만나려거든 제단으로 오라. 나하고 사귀려면 제단으로 오라. 나하고 교통하려면 제단으로 오라. 나를 만나려면 제단으로 오라. 이 제단은 십자가의 제단을 말하는 것이죠. 이 제단은 크게, 성경에 창세기부터 계시록까지 나타난 이 제사는 5가지로 나타나는데, 첫째가 번제. 소제 화목제 속죄제 마지막으로 따라서 합니다. 속건제. 속건제가 있다.

　이 제사마다 갖는 특징이 다 다른데 하나님과 우리와의 관계가 무너진 관계가 정상으로 서려면 이 5대 제사의 기능이 우리의 심령 속에 살아있어야 한다는 겁니다. 이 5대 제사가 살아 있으면 하나님과 이 땅에서 사람과의 모든 관계 물질과의 관계 전체가 살아 있으면 이걸 신령한 성도라 그래요. 우리 다 사랑제일교회는 5대 제사에 승리합시다. 심령 속에 5대 제사가 살아있어야 한다, 이거예요.

그러면 번제는 이것은 구원을 위한 사람의 구원을 위한 원죄를 해결하는 제사예요. 사람은 원죄가 있단 말이에요. 내가 태어나기 전에 이미 벌써 우리의 조상으로부터 이어받은 유전적 죄가 있다고요. 나는 죄를 안 지었는데 유전적 죄가 있는 거예요. 그 유전적 죄를 해결하는 제사가 번제라고요. 번제. 이건 사람에게 구원의 역사를 일으킨다.

소제. 이건 구원받은 사람이 하나님을 향하여 가는 거룩해지는 성화의 제사예요. 성화의 제사인데 이것은 제물이 곡식이나 밀이나 보리나 이것은 깨어짐의 제사예요. 바싹 깨어지기를 바랍니다. 이거는 곧 다른 말로 겉 사람의 파쇄예요. 따라서 합니다. 자아의 파쇄. 겉 사람의 파쇄. 겉 사람이 깨어져야 해요. 바싹 가루가 돼야 해요. 거친 가루 말고 고운 가루. 아멘. 우리 옆 사람 다 손잡고. 고운 가루가 됩시다. 보들보들 합시다. 보들보들한 가루가 되기를 바랍니다. 내가 찔러서 다시 한번 절을 받아야 해. 사랑제일교회에 다닌 사람들은 행복한 사람이에요. 왜냐하면 이런 깊은 말씀을 듣잖아요? 내가 찔렀어. 절 받으려고. 이런 말씀을 들고도 신앙 실패하면 돼요? 안 돼요? 이 땅에서 다른 거는 더러 실패해도 괜찮지만, 신앙은 실패하면 안 되는 거예요. 신앙 성공하면 나머지도 다 성공의 길로 따라와요. 신앙 성공해야 해요. 믿습니까? 그러니까 바싹 깨어져야 해요. 소제가 깨어진 사람과 안 깨어진 사람은 가서 말해봐도 알고 대화해 봐도 알고 교제해 봐도 알고 금방 사귀어봐도 알고 금방 알아버려요. '아! 이게 통밀이구나. 통밀. 이거 구원만 받았구나. 예수 믿고 이 구원만 받았지 이게 맹통이구나. 아직 맹통. 이거 아직도 깨어지지 않았구나.' 딱 그냥 말해보면 상대방이 느껴진단 말이죠. 여러분, 하나님의 맷돌 속에 들어가서 철저하게 갈아지기를 바랍니다. 하나님은 사람을 가루로 만들기 위하여 구원받으면 환란이 와요. 교회에 나와서 구원받으면 왜 환란이 오는가? 아니! 구원받으면 축복이 와야지! 바로 축복하는 게 아니에요. 처음 구원받으면 환란이 먼저 와요. 하나님은 그 사람을 사랑하기 때문에 맷돌에 넣어놓고 간단 말이에요.

자, 따라서 합니다. 화목제. 이것은 관계의 제사예요. 하나님과의 관계 사람과의 관계 이건 관계의 제사란 말이에요. 우리 다 하나님과의 관계에서 하나님과 화목 합시다. 사람과 화목 합시다. 가는 데마다 우리는 화목제물이 되자. 옆사람 다 손잡고 자, 화목제물이 됩시다. 할렐루야. 분쟁이 있는 곳에 평화가 와야 하는 거예요. 그 사람만 끼어들면 꼭 분쟁이 생겨. 그러면 안 되지. 그 사람만 끼어들면 화목해져. 그 사람만 끼어들면 시끄러운 게 다 화평이 돼. 교회 안에서도 분쟁을 일으키는 자 되지 말고. 할렐루야.

항상 분쟁을 일으키는 사람이 있어요. 분쟁. 아휴 참나. 아이고 그렇게 가르쳐도 모를까? 지금도 또 내가 설교하러 오기 전에 내 핸드폰에 문자메시지 왔는데 여기 누가 보냈는지 양심은 있을 거 아니야? 아이고 참나. 너 할 일이나 신경 써. 남의 일 신경 쓰지 말고. 에이그. 따라 해 봐요. 에이그. 참, 난 도대체 에이그. 백날 나한테 문자 보내 봐라. 눈 한번 깜짝 안 해 나는. 어떻게 하여? 한번 생각해 봐, 간도 크지. 네 간 사이즈는 몇 센티야? 간도 크지. 목사님이 하는 일에 어떻게? 내가 청교도 목사님들 놓고도 가끔 그 말을 하는 거예요. 목사님들도 가끔 와서 보면 나를 판단하려고 그러고 "왜 목사님들 앞에 설교하는데 왜 말투가 그렇습니까?" 뭐 이런 쪽으로 판단하려고 하면 내가 목사님들 가만 안 두는 겁니다. "당신들이 나를 이해하려면 53년 지나야 해요." 내가 목회자들도 내가 꼼짝 못 하게 하는 거예요. 목회자도 그런데 하물며 아유~ 아유~ 아이고~ 나까무라같이 생겨서. 아이고~ 참~ 에이그~ 따라 해봐요. 에이그. 뭘 안다고? 뭘 안다고? 모르면 그냥 가만히 자기 갈 길이나 가. 〈나의 갈 길

다 가도록>만 불러. 아이고~ 아버지! 오늘 메시지 온 내용이 뭔 줄 알아요? '유민자가 아파트로 이사 간대요.' 그게 뭐냐고? 너하고 뭔 관계냐고? 아니 그게 너하고 뭔 관계냐고? 등신 나까무라야. 너 갈 길이 바빠. 유민자가 천당을 가든지 아파트로 이사 가든지 그게 너하고 뭔 관계냐고? 등신 나까무라야. 에이그~ 따라 해 봐요. <u>에이그.</u>

이번에도 수지에서 집회하는데 어떤 목사님이 말이야 신문광고 보고 왔어요. 이번에 청교도에 전혀 모르던 새로 오신 분들이 한 200명 정도인데, 장두익 목사님, 한 200명 된다 그랬나? 새로 온 사람이 한 200명 되요. 목회자들이. 새로 200명을 청교도에다 갖다 붙이기 위하여 돈이 얼마나 들었냐? 광고비가 2천만 원 드는 거예요. 2천만 원의 광고를 하는 거예요. 각 교단에. 이게 또 교단별로, 신문사별로 신경전 부려서 이쪽 신문사에 이쪽 교단에다 광고하고 여기로 안 하면 삐져요. 삐져서 또 '전광훈 이단' 이렇게 쓴다고. 그러니깐 뭐 안 할 수 없이 한꺼번에 모든 교단에 다 해야 하는 거예요. 이 사역을 하기가 힘들어요. 힘들어. 그래서 200명을 갖다 붙이려고 2천만 원이 든 거예요. 돈 광고비가 2천만 원 드는데, 그런데 옛날에 청교도 늘 다니던 분들이야 뭐 나하고 정이 들어서 어느 정도 아는데 이제 처음 온 사람들은요? 처음 와서 어떤 사람들이 말이야 어떤 의정부에 있는 목사님이 처음 왔어요. 첫 시간에 오자마자 시험 들었대. 내가 설교하는데 이 팔을 걷는 바람에 아주 '저 새끼 건방지게 말이야!' 그래서 중간쯤 설교 듣다가 집에 가버렸대. 의정부에 갔는데 첫날밤에 내가 또 욕하는 바람에 "이 새끼들!" 이러는 바람에 다 가버렸어. 의정부에 갔다가 집에 가서 생각해 보니까 분이 나서 견딜 수가 없었대요. 그래서 궁금해서 '또 새로운 욕을 하나? 안 하나?' 궁금해서 다시 왔대요. 그다음 날 다시 왔는데 화요일 왔다가 성령의 폭탄을 받은 거예요. 폭탄 받았어요. 그냥 회개했어요. 할렐루야요? 그러니까 봐요. 절대 이게 깨어져야 해요. 깨어지자! 자기가 기준이 아니란 말이에요. 자기 판단 자기 생각 자기의 의지 그게 기준이 아니란 말이에요. 자기가 생각할 수 없는 경지가 있다는 걸 알아야 하는 거예요. 여러분 다 교만하면 안 돼요.

따라서 합니다. 속죄제. 이것은 자범죄를 회개하는 거예요. 이것은 교제의 제사예요. 이것은 곧 하나님과 회복의 제사예요. 구원받은 후에 예수 믿고 닌 뒤에 진 죄 그 죄를 지음으로 하나님과 교제의 관계, 기도문이 막히고 기쁨의 문이 막히고 이 속에 생동감이 사라지고, 이러할 때 나를 회복시켜 주는, 이건 회복의 제사예요. 믿습니까?

Ⅱ.
속건제
: 보상의 제사

1. 물질이 풀리려면 속건제를 해결해야 한다

오늘은 마지막으로 따라서 합니다. 속건제. 이 속건제는 이것은 아주 중요합니다. 여러분, 큰 축복 받기 원하시면 아멘. 속건제를 잘 드려야 해요. 이 속건제는 이것은 보상의 제사라고요. 이 세상에 살다가 남에게 피해를 입힌단 말이에요. 이런저런 이유로 부지중에 자기가 모르는 중에도 피해를 입힐 수가 있어요. 그렇게 피해를 입혔을 때는 이렇게 "미안해!" 이래서는 안 되는 거예요. 피해를 입혔을 때는요? 그 피해에 대한 보상을 해야 하는 거예요. 믿습니까? 보상을 해야 하는 거예요. 남에게 돈을 꿨는데 돈을 못 갚았다? 이거는 보상을 해야 하는 거예요. 보상. 레위기 5장 보시면. 안 그러면 풀리지를 않는 거예요. 그 사람 인생 사는 데 풀리질 않는 거예요. 사랑제일교회 성도들은 인생이 다 살살 풀려야 해요. 가정도 사업도 자녀도 풀어지는 역사가 일어나야 해요. 풀어져야 한단 말이에요. 풀어져야 해요. 믿습니까?

(레위기 5:1)

누구든지 증인이 되어 맹세시키는 소리를 듣고도 그 본 일이나 아는 일을 진술치 아니하면 죄가 있나니 그 허물이 그에게로 돌아갈 것이요

(레위기 6:1-7)

1. 여호와께서 모세에게 일러 가라사대
2. 누구든지 여호와께 신실치 못하여 범죄하되 곧 남의 물건을 맡거나 전당 잡거나 강도질 하거나 늑봉하고도 사실을 부인하거나
3. 남의 잃은 물건을 얻고도 사실을 부인하여 거짓 맹세하는 등 사람이 이 모든 일 중에 하나라도 행하여 범죄하면
4. 이는 죄를 범하였고 죄가 있는 자니 그 빼앗은 것이나 늑봉한 것이나 맡은 것이나 얻은 유실물이나
5. 무릇 그 거짓 맹세한 물건을 돌려 보내되 곧 그 본물에 오분 일을 더하여 돌려 보낼 것이니 그 죄가 드러나는 날에 그 임자에게 줄 것이요
6. 그는 또 그 속건제를 여호와께 가져 올찌니 곧 너의 지정한 가치대로 떼 중 흠 없는 수양을 속건 제물을 위하여 제사장에게로 끌어 올 것이요
7. 제사장은 여호와 앞에서 그를 위하여 속죄한즉 그는 무슨 허물이든지 사함을 얻으리라

아멘. 남의 물건을 도적질하거나 남의 물건을 강도질하거나 남의 돈을 빌리거나 다른 사람에게 물질적 피해를 입혔거나 이렇게 했을 때 그러다가 그걸 숨겼어요. 도둑질하고 숨겼는데 나중에 잡혔단 말이에요. 그 사실이 잡혔을 때는 그것을 다 돌려줘야 하는 거예요. 돌려주라! 거기다가 원래 그 사건 도적질을 한 것에 5분의 1을 더하여. 이자가 붙은 거야. 더하여 돌려주라. 더하여 돌려주라. 안 그러면 어떻게 되냐? 다른 사람의 돈을 떼어먹었다? 떼어먹은 상태다? 그러면 이게요? 하늘나라 갈 때까지 그것이 따라다녀요. 영적으로 하늘나라 갈 때까지 따라다닙니다. 따라다녀서 저주의 그늘에서 헤어나지를 못하는 거예요. 이거는 영이 구원받는 것과 다른 거예요. 이해되시면 아멘. 이거는 1번부터 4번까지의 제사하고는 다른 거예요. 그러니까 이 물질적인 관계에서 이것이 무너진 것은, 이것은 물질적인 것으로 회복해야 합니다. 그래서 보상의 제사라 그래요. 믿습니까? 다 여기 돈 떼어먹은 놈들이 많은가 봐. 아멘을 안 해. 가만 보니까 전혀 지금 갚을 의사도 없고 보니까 지금요? 여기까지만 은혜스러웠지? 4번까지만? 5번이 버틴다는 걸 알아야 해요. 5번. 아멘이요?

그래서 저도 예수 믿고 구원받은 뒤에 저는 레위기에 대한 하나님의 빛이 내게 5대 제사의 빛이 내게 오기 전에 이러한 하나님의 말씀이 구체적으로 내게 임하기 전에 그냥 성령의 본능으로 내가 나를 돌아보더라고요. 돌아보고 혹시 내가 다른 사람에게 돈을 꿨다 안 갚은 게 있나 이런 것을 성령이 보게 하더라고요. 할렐루야. 하나님의 성령이 나로 하여금 보게 하더라고요. 보게 하고 쭉 돌아보게 하더라고요. 왜? 하나님의 성령이 내 물질의 세계를 풀어주려고요. 풀어주려고. 믿습니까? 할렐루야? 그러니까 사랑제일교회 성도들은 물질이 묶이면 안 되는 거예요.

2. 십일조 도둑질하면 물질이 풀리지 않는다

하나님께로부터 물질이 다 풀어져야 해요. 주여! 풀어주세요. 할렐루야. 도둑질 중에 제일 큰 도둑질이 뭐냐면 십일조예요. 십일조. 그러니까 십일조 안 하는 사람은 절대로 물질이 풀릴 생각을 하면 안 돼요. 그건 예수 안 믿으면 어차피 하나님은 지옥 보낼 사람들은 뭐, 예수 안 믿는 사람들은 하나님이 그냥 돈을 주기도 하고 뭐, 그래요. 그런데 구원받은 하나님의 자녀들은요 꼭 십일조 해야 해요. 안 하면 하나님이 안 풀어줘요. 풀리는 경우가 없어요. 내 물질의 세계를 푸는 제1 단추가 십일조예요. 그러니까 십일조 100프로 해야 해요. 사랑제일교회는 십일조 하는 날부터 풀어지는 일이 일어나요. 꼭 십일조 해야 해요. 믿습니까? 하나님 걸 도둑질하면 안 되는 거예요. 성경에 십일조 안 하는 사람을 뭐라 그랬냐? 말라기에 하나님 걸 도둑질했다고 그래요. 도둑질한 거는 갚으십시오. 할렐루야.

3. 속건제의 문제를 해결하려는 성령의 본능

그래서 여러분, 성령의 본능이 얼마나 무섭냐 하면 이런 구체적 말씀이 없어도 이런 구체적 말씀을 안 들어도 진짜 성령 받고 은혜받으면요? 공통점이 하나 있어요. 악령을 안 받고 성령을 받은 사람들은 악령 받은 게 아니라 성령 받은 사람들은 공통점이 있어요. 예수 믿고 성령 받고 은혜받으면 하여튼 나한테 있는 걸 하나님께 다 바치고 싶어져요. 안 그래요? 나만 그래? 여러분도 그래? 안 그런가 봐. 성령을 잘못 받은 것 같은데. 내가 성령을 받아보니까 다 바치고 싶어져요. 병이야. 병. 바치는 병이 오더라고요. 왜 바치는 병이 오냐? 우리 조상 대대로 우리 어머니 아버지 예수 안 믿었지? 우리 할아버지 예수 안 믿었지? 그러니까 조상 대대로 이 속건제에 대한 걸린 것들에 대해서 저주의 그늘이 나를 못 잡도록 하나님의 성령이 나한테 있는 것은 다 바치고 싶어서 밤잠이 안 오더라고요. 바치고 싶어서. 갑자기 분위기가 무거워져. 갑자기 분위기가 무거워져. 아니, 나는 그렇더라니까. 혹시 여러분은 안 그래요? 이야~ 이거 은혜를 더 세게 받아야 하겠다. 그래서 그렇게 하더니 하나님이 내 물질의 세계를 풀기 시작하는 거예요.

4. 물질의 세계와 영의 세계는 연결되어 있다

우리 사랑제일교회 성도들도 어려울수록 잔인하게 심어야 해요. 하나님께 바치기를 좋아해야 해요. 하나님께 드리기를 좋아해야 해요. 그것이 절대 사람이 인생을 자기 힘으로 못 살아요. 절대 못 삽니다. 하나님 앞에 영적인 원리로 풀어져야 하는 거예요. 믿습니까? <가계에 흐르는 저주를 끊으라>는 책을 보십시오. 거기도 자세히 나와 있잖아요? 물질과 영의 세계가 이원화돼 있는 게 아니에요. 이원화되어 있는 게 아니라 물질의 역사도 뒤에 배경은 영의 역사예요. 영의 역사가 뒤에서 따라다니는 거예요. 아멘. 그러니까 보십시오. 십일조 안 하고 돈을 악바리처럼 모으면 모일까? 안 모일까? 모여요. 안 모이는 것도 아니에요. 모일 수도 있어요. 그런데 나중에 그 돈이 자기한테 하나도 유익이 안 되고 그 돈이 오히려 자기를 찌르는 저주의 도구가 돼요.

옛날에 내가 답십리에 있을 때 어느 대학생 하나가 자기 친부모를 칼로 찔러 죽였어요. 그런데 그 찔러 죽임을 당한 그 부모가 누구냐? 그 교회의 장로님이에요. 장로님. 엄마는 권사님이에요. 그런데 아들이 그 부모를 찔러 죽였어요. 답십리 있을 때 옛날에. 그 바로 반석교회라고 우리 교회 바로 도로 건너편 언덕에 반석교회라고 있었는데, 그 교회 장로하고 권사가 자기 아들한테 찔려서 죽은 거예요. 자기 아들한테. 그런데 돈이 많았어요. 그 장로님과 권사님이 돈이 많았어요. 십일조 했을까? 안 했을까? 그 사람이 준재벌이에요. 준재벌인데 교회 꼬락서니 보면요? 우리는 답십리 사거리에서 답십리 극장 바로 거기에서 빌딩을 얻어서 우린 교회를 했는데도 우리 성도들은 말이야 그때부터 마음을 다하고 성품을 다하고 하나님께 헌금하고 그러는데 그 반석교회는 30년 전에 생긴 거예요. 그런데 그 언덕에 지어졌는데 그 장로님 재산 중에서 100분의 1만 하나님께 드려도 교회를 어마어마하게 지을 수 있는 거예요. 그런데 그 예배당을 말이야 지나가다 보면요? 반석교회라는 꼬락서니가 그래요. 장로가 말이야 응? 그리고 전부 꾸역꾸역 십일조가 뭐야? 돈에 그냥 완전히 병 걸린 사람이에요. 그래서 뭐, 채권 놀이, 뭐 놀이해서 돈을 모았어요. 엄청 수백억을 모았어요. 그때 신문에 보니까 약 300억이더라고요. 그 당시에. 그 사건이 한 20년 전에 있었던 사건 아니에요? 그 당시에 300억이에요. 그 집의 재산이. 그런데 미국에 유학을 보낸 아들이 돌아와서요? 미국 가서 공부하기도 힘들거든? '힘든데 이게 뭐, 공부를 내가 왜 하냐?' 마귀가 들어간 거지. 하나님이 이제 가인처럼 악의

도구로 쓰는 거예요. 그런데 아버지와 엄마가 오래 살아 있
으니까 자기가 말이야 이 재산권 행사를 못 해요. 대학생이
엄마 아버지 재산 다 팔아서 자기 맘대로 쓰고 싶은데. 그래
서 이놈이요? 저녁에 스타킹을 쓰고 강도로 위장하여 들어
와서 자기를 낳은 친부모를 칼로 찌른 거예요. 그래서 나중
에 경찰이 수사하면 잡히지. 그래 놓고 그놈이 옆방에서 경
찰한테 신고한 거예요. 소리가 나서 옆방으로 갔더니 도둑놈
이 시커먼 걸 쓰고 와서 우리 엄마를 찌르고 자기도 찌르려
고 했는데 자기는 바깥으로 도망갔다고 해서 경찰에 신고했
는데 사실은 그놈이 나중에 보니 그놈이 찌른 겁니다. 나중
에 재판하는데 하도 이놈이 악한 말을 해서요. 국선 변호사
를 누굴 썼냐 하면 황산성인가 썼어요. 새문안교회 사모님.
여자 판사 있잖아요? 또 자기가 황산성을 찍었어요. 내 변호
를 황산성이 하게 해 달라고. 그래서 황산성 사모님이 변호
를 했단 말이에요. 변호사는 뭐야? "그럴지라도." 인정에 호
소하는 거예요. 판사한테. "그럴지라도 애가 철이 덜 들어 순
간적인 실수를 했으니 사형만큼은 면하게 해 주세요." 이렇
게 하는 게 변호사란 말이에요. 맞죠? 중간에 변호하다 변호
포기서 냈습니다. "난 변호 안 한다." 재판부에 변호사 사표
를 냈다고요. 왜? 하도 이놈이 뉘우치는 마음이 없고 하도 자
기 부모를 죽여놓고도 이놈이 그 변호사 데리고도 머리를 또
굴리려고 하는 거예요. 유명한 사건이에요.

그러면 이제 우리는 생각할 때 '아휴~ 자식새끼 하나 잘못 돼서 저런 일이 일어났다.' 우린 그렇게 생각하잖아요? 그게 아니라 그 뒤에는 항상 영적 배경이 있는 거예요. 하나님이 가만 놔두는 거예요. 하나님이 불의의 재물을 쌓고 싶은 사람은 쌓게 놔두는 거예요. "십일조? 그래. 그래. 하지 마. 하지 마. 많이 쌓아라. 너 하나도 너 손으로 못 써보고 너는 죽어. 죽을 정도가 아니야. 그것이 너에게 저주의 도구가 된다." 하나님이 그 현장의 눈에 보여준단 말이에요. 그러니까 우리는 절대로 십일조 도둑질해 먹으면 안 돼요. 아멘이요? 100 프로 십일조 해야 해요. 교회에 나온 지 한 달 후부터 바로 십일조부터 가르쳐요. 그래야 풀어지는 거예요. 물질이 풀어져요. 물질이 풀어져야 해요.

내 욕심 같아서는 앞으로 우리나라도 국가적 십일조를 해야 해요. 국가적 십일조. 전 세계 빈민을 돕기 위하여 어려운 사람 돕기 위하여 UN에다가 내는데 우리나라가 지금 GNP의 0.17 프로인가 그렇게 내고 있어요. 유엔에다가. 우리나라가 그러지 말고 우리나라가 10분의 1 그러면 세계가 놀라 뒤집어지지. 우리나라 전체 1년 총생산의 10분의 1을 UN에다 한번 내봐. 대한민국 복 받지. 끝까지 아멘 안 해요? 아이고~ 참. 나쁜 놈들이네. 이거. 참나. 대한민국 복 받지. 대한민국 복 받아. 그런데 지금은 대략 그 양이 미국이

거의 다 감당합니다. 그러니까 미국이 복을 받는 거예요. 미국도 십일조는 못 해요. 전 세계에 대하여 국가 예산의 십일조는 못 해요.

Ⅲ.
간증
: 속건제, 축복의 통로

1. 물질 문제를 풀어주시려는 성령의 충동 - 전광훈 목사의 속건제

그래서 우리는 하나님과 막힌 이 물질적인 담을 헐어야 해요. 이걸 안 하면 풀리질 않는다니까. 온전하게 합시다. 그리고 하나님께 드리기를 좋아해야 해요. 그것도 사람의 힘으로 안 돼요. 성령이 밀어줘야 해요. 하나님께 감사하는 감사의 영이 임해야 해요. 마음속에서 감사하여. 감사하여. 감사하여. 할렐루야. 아우~ 이건 경험해 봐야 알아요. 경험해 봐야 알아.

저는 은혜받은 뒤 왜 그렇게 바치고 싶은지? 하여튼? 나는 그때 학생 때 은혜받았잖아요? 학생이니까 돈이 없잖아? 나는 그런데 하나님이 조상 대대로 묶인 이 물질의 문제를 해결하려고! 우리 부모님이 예수 안 믿었단 말이에요. 조상 대대로 묶인 이 물질의 문제를 해결해야 하나님이 나를 쓸 수 있잖아요? 왜냐하면 돈이 있어야 하나님 일을 하니까 하나님이 나에게 공급할 수 있는 통로를 열어야 되잖아요? 열어야 하니까 막 미치게 하는 거예요. 막 정신 돌도록 정상이 아니라 미치도록 하는 거예요. 바치고 싶어 미치는 거예요. 그냥 그건 하나님이 풀어주려고 그러는 거예요. 풀어주려고 하는 사람은, 하나님이 풀어주시려고 하는 사람은 이 속에 감사하고 하나님께 드리고 싶어 하는 마음이 막 샘솟듯 일어나는 거예요.

그러니까 나는 학생 때 그랬는데 돈이 있나? 학생이 뭔 돈이 있겠어요. 그래서 하도 바치고 싶어서 서울서 공부하면서 고등학교 여기 광운전자 다니면서 이 광운이 우리 학교예요. 내가 광운고등학교 나왔는데요. 등록금을 1년에 4번 내거든요? 등록금 낼 때가 찬스(chance)예요. 등록금 낼 때 시골로 편지를 해요. 등록금이 그때 2,600원 나와요. 2,600원. 요즘 돈으로는 26만 원 될 거예요. 내가 고등학교 다닐 때 등록금이 2,600원이 나오면 꼭 배로 불러서 "5,000원 나왔습니다." 그래서 시골로 등록금 붙여달라 그래요. 헌금하고 싶어서요. 그런데 그냥 내가 편지로 "등록금이 이번에 또 5,000원 나왔어요." 이렇게 말하면 부모님이 안 믿어요. "저 놈의 새끼가 더 불려서 놀러 다니려고 그런다." 이럴 것 같아서, 인쇄소에 가요. 요즘은 컴퓨터에서 활자인쇄가 집집마다 있지? 옛날에는 활자인쇄는 인쇄소에서만 하는 거예요. 활자인쇄 있잖아요? 그건 뭐냐 하면 쇳물 이렇게 녹여서 글자 찍는 거. 인쇄소에 가서 등록금, 이렇게 '등록금 일금 오천 원' 이렇게 서무과에서 나오는 게 있는데 요거를 가서 금액을 2,600원 나온 걸 이걸 이제 5,000원으로 늘려서 인쇄소에 가서 아저씨 보고 해 달라고 해요. 그러면 아저씨가 안 해주려고 해요. 아저씨가 "너, 이거 돈 어디다 쓰려고 그래? 부모님을 속이려고?" 막 이래요. 그래서 "나, 교회 다니는데요. 헌금하고 싶어서요." 그러면 해줘요. 이걸 가짜로 찍어 줘요. 요걸 찍어 만들어서 시골로 붙이면 꼼짝없이 속아요. 우리 부모님이. 그래서 내가 참 요즘 생각해 보니까요? 그게 미쳤지. 내가 돌았어. 그런데 하나님의 성령이 하나님과 나와의 우리 조상 대대로 묶인 이 물질 문제를 하나님이 풀어주시려고. 미치도록 바치고 싶은 거예요. 오늘 밤에 여러분도 미치도록 바치고 싶은 하나님의 영이 임하기를 바랍니다. 이게 속건제예요. 그래야 여러분, 다 풀어져요. 다 풀어지도록 해야 해요. 풀어지도록. 믿습니까?

얼마나 바치고 싶은지 하여튼 미쳐요. 그리고 또 방학 때 시골 내려간다, 그러면 우리 집에 있는 것을 시골교회 있잖아요? 시골교회? 내 고등학교 다닐 때 내가 주동 집사예요. 우리 교회 그 시골교회 짓는 데 내가 주동 집사란 말이에요. 그런데 그 고등학교 다닐 때 말이야 시골 가서 엄마, 아버지가 농사지어 놓으면, 마늘 농사지어 놓으면, 들에 일하러 가면요? 그걸 다 뜯어서 자전거에다 싣고 그 시골교회 사택으로 내가 다 옮겨놔요. 저녁에 일 마치고 엄마가 들어오더니, "마늘 다 어떻게 했냐?" 그래서 "모른다."고 했어요. "이놈의 새끼가 세상에~ 서울서 편하게 공부만 하다 이놈의 새끼가 죽도록 농사지어 놓은 거 다 갖다가 옮겨 놨다."고 막 난리 쳐요. 그래도 그 덕분에 우리 어머니가 마지막 돌아가시기 전에 아들 혜택 보고 돌아가셨어요. 그 덕분에 내 덕 보고 돌아가신 거예요. 하나님은 우리 집의 물질을 풀어주시려고. 아멘이요?

2. 힘들수록 바치자 - 김홍도 목사의 속건제

절대 여러분 속으면 안 돼요. 아무리 은사 집회 세게 받고 방언을 열두 가지 하고 막 해도 이게 속건제가 안 되면 방언은 열두 가지 더 받고 막 기도하면 환상도 보이고 그래도 물질은 어려움을 못 면하는 거예요. 계속 돈 빌리러 다니고 "집사님, 5천 원만 빌려줘. 5천 원 빌려줘." 이렇게 인생을 사는 거예요. 그냥 어려울수록 하나님 앞에 결단하여 여러분, 속건제를 통하여 다 풀어지는 분기점을 만드십시오. 분기점. 믿습니까? 이해되시면 아멘? 힘들수록 바치십시오. 바치는 신앙. 큰 교회 목사님들은 누구든지 이걸 강조하잖아요? 왜 강조하냐? 뭐 더 큰 교회 지으려고 강조하는 게 아니라 그것이 자기네 간증이라서 그런 거예요. 조용기 목사님도 한번 보라고요. 서대문에서 있을 때 『나는 할렐루야 아줌마였다』 책을 봐봐요. 거기 보면 조용기 목사님의 어릴 때의 상황이 기록돼 있다고요. 하나님께 바치는 거 봐요. 최자실 목사님은 말할 것 없고요.

김홍도 목사님도 마찬가지예요. 김홍도 목사님은 설교의 절반이 바치는 설교예요. 왜? 본인의 간증이에요. 그것이 본인의 간증이라고요. 김홍도 목사님이 그전에 여기 우리 교회 와서 3일 동안 저녁에 부흥회 했잖아요? 할렐루야요? 북한 출신이란 말이에요. 북한에서 가족이 함께 내려온 거예요. 6·25 때. 군산에서 6·25 전쟁하는데 김홍도 목사님이 아이스께끼 통을 배에다 메고요? 김홍도 목사님은 나처럼 덩치도 안 크잖아요? 조그맣잖아? 아이스께끼 통을 배에다 메고 군산역에서 "아이스께끼 사세요. 아이스께끼 사세요." 이래서 돈 벌어오면 엄마가 십일조를 딱 떼는 거예요. 저녁에.

그 아이스께끼 간증 못 들었어요? 그 형제간들이 6·25 때 어려워서요.

　금란교회가 김홍도 목사님이지? 저 강남에 있는 광림교회 목사님이 김홍도 목사님의 형님이란 말이에요. 또 올림픽공원 앞에 큰 교회 그게 김국도가 셋째 아들이지? 그 형제간이요? 한국교회 대형 교회를 다잡고 있는 거예요. 그러면 한 번 생각해 봐요. 우리가 한 번 생각 해보자고요. 아니 목회를 하는 기술이 뛰어나서 된다면 어떻게 3명 다 뛰어나겠어요? 아니야! 이거는 하나님의 뒤에서 밀어야지, 목회는 기술이 아니라니까요. 믿습니까? 그리고 한국이 다 발광하고 좌파가 발광하고 그냥 막 "때려 엎자." 주일날 막 플래카드를 앞에 들고 "김홍도 김선도 김국도 형제 물러가라. 한국교회 말아먹는 놈들 물러가라." 그래도 그 3명이 다 친아들을 부자 세습했어요. 소용없어요. 그 사람들 소용없어요. 너희들이 기도했냐? 너희들이 우리가 헌금할 때마다 너희들이 헌금했냐? 왜 우리가 세계적 교회 이루어 놓은 것을 너희들이 왜 말이 많아? 해도 소용없어요. 그래서 전부 친아들에게 3형제가 다 대형 교회가 친아들에게 지금 교회를 다 물려줘서 자손 대대로 목회해요. 자손 대대로. 그런데 김홍도 목사님 3형제 얘기를 들어보면, 야~ 이 속건제를 잘한 거예요. 집안 전체적으로 속건제를 잘한 거예요.

우리도 번제도 잘해서 구원도 튼튼해야 해요. 소제 잘해서 신앙도 성화 돼야 해요. 화목제 잘해서 관계도 성공해야 해요. 속죄제 잘해서 늘 찬송 기도 모든 기쁨도 회복이 돼야 해요. 그러나 속건제 잘해서 물질의 자유함도 얻자! 물질적으로도 우리가 축복을 받아야 하겠다! 속건제 잘해서. 아멘이요? 할렐루야? 이것은 나의 간증이요. 할렐루야.

그러니까 사람의 힘으로 안 돼요. 저도 경험해 보면 이 속에 바치고 싶은 영이 임해야 해요. 나는 그 군대 생활할 때도 우리 이모님 저 뒤에 계시지만 휴가 나오면 우리 이모님이 돈 1만 원 줘요. 휴가비. 그때는 만 원이 큰돈이에요. 그래서 뭐, 둘째 이모님이 또 5천 원 줘요. 그래서 친척 돌면 한 4~5만 원이 주머니에 잡혀요. 휴가 나오면 옛날에. 나는 그 휴가비 하나도 안 썼어요. 진짜로. 딱 휴가비 딱 걷어서 군대 들어가면 첫 주일 예배 시간에 몽땅 하나님께 드려요. 그러니까 그게 요즘 돈으로 한 45만 원 정도 되지요. 그때 4만 5천 원이. 그러니까 군대 목사님이 하루는 날 불러요. "전광훈, 이리로 와 봐." 그래서 갔더니 "야! 내가 군목 생활 지금 12년째다. 12년째. 너 같은 놈 처음 봤다. 어떻게 너는 말이야 초코파이 안 사 먹고." 군대에서 제일 인기가 초코파이 아니에요? 훈련 끝나면 훈련 오후 4시 반에 끝나면 훈련 끝나는 나팔 딱 불면 그러면 이제 애들이 저녁 먹기 전에 저녁이 5시까지니까 먹기 전에 한 1시간 정도 시간 날 때 그때 피엑스(PX)로 군대 상점 있잖아요? 피엑스로 우르르 뛰어가요. 초코파이 사 먹으려고요. 그 애들이 사서 먹으면요? 애들이 입에 넣을 때 나도 먹고 싶어서요? 그래도 나는 헌금하고 싶어서 참아요. 헌금의 영이 임해야 하는 거예요. 바치고 싶어져야 해요. 마음속에서 바치고 싶어야 해요. 그래서 우리 사랑제일교회도 이 물질의 저주 어둠의 영이 다 떠나가야 해요. 다 떠나가고 하나님이 그냥 밀어주시는 하나님이 풀어주시는 이런 역사가 우리 위에도 일어나야 하는 거예요. 따라서. 바치자! 다시요. 드리자! 드리고, 바치잔 말이에요. 아멘이요?

　김홍도 목사님 형제들 간증 들어봐요. 군산에 피난 와서요? 한국에 있었던 사람들은 살림 기반이 되어 있지요? 북한에서 내려온 사람은 거지지? 그러니까 역에서 "아이스께끼 사세요." 그러면 엄마가 저녁에 십일조 딱 떼어먹어요. 하루는 십일조를 모아놨는데 양식이 다 떨어졌어요. 형제들이 많단 말이에요 형제들이 거의 7형제인가 그러다 보니까 양식이 떨어지니까 그렇게 신앙이 강한 엄마가 먼저 무너지는 거예요. 왜? 엄마들은 자식 애들한테는 무너지는 거예요. 여자들도 십일조 왜 못하냐? 애새끼한테 돈 쓸 일이 생기면 십일조고 뭐고 눈에 안 보여요. 여자들은 애들한테 약하단 말이에요. 아침에 먹을 양식이 없어 굶는 거예요. 이제 굶으니까, 엄마가 십일조에 손을 대는 거예요. 엄마가 십일조에 손을 대는 거예요. 왜? 자기는 굶어도 괜찮은데 애들 굶는 걸 못 보겠는 거예요.

그래서 김홍도 목사님 어머니, 돌아가신 그 어머니가 자기가 애들한테 아이스께끼 장사해 가지고 오는 것을 떼어놓은 고렇게 냉정하게 십일조를 떼어 놓은 건데도 애들이 밥을 굶으니까 거기에 이제 엄마가 손을 대려고 그러는 거예요. 그때 김홍도 목사님이 엄마 손을 붙잡고 이랬다 그러잖아요? 어릴 때 신앙이 들어간 거예요. 김홍도 목사님은. "엄마, 차라리 하나님께 죄를 짓는 거보다 굶어 죽읍시다." 엄마 손을 붙잡고 "엄마, 지금 왜 십일조에 손을 대? 어? 차라리 굶어 죽읍시다." 그러니까 엄마가 그냥 애들을 붙잡고 통곡하고 울었다잖아요? 그래서 십일조에 손을 안 댔다 그래요. 이게 하나님 앞에 말이야 그 가문이 복 받는 그 가문이 풀어지는 큰 간증이 된 거예요. 세계적 간증 아니에요? 세세직 간증? 믿습니까? 할렐루야.

3. 기적적인 신앙의 역사 - 록펠러의 속건제

록펠러 얘기는 할 것도 없어요. 내가 록펠러 얘기를 해마다 하지만 록펠러 봐요. 록펠러. 미국의 세계 제일의 거부 록펠러 있잖아요? 지금은 순서가 두 번째 세 번째로 내려왔지만 빌 게이츠가 1등이고 요즘은 2등으로 내려왔더구먼. 누가 또 1등으로 됐는데. 세계 제일의 부자 그 록펠러 가문, 미국 뉴욕의 맨해튼에 있는 록펠러 가문 말이에요. 그 록펠러가 말이야 록펠러가 고아 출신 아니에요? 고아 출신? 고아 출신이 그 당대에 세계 제일의 부자가 돼요. 기록적인 신앙의 역사를 일으킨 거예요. 사랑제일교회 성도들도 한번 해보자 믿습니까?

록펠러가 영국에서 태어나서 아버지가 일찍 병들어 죽고 엄마 밑에 신앙을 배웠는데 엄마도 병이 들어 일찍 죽음을 맞이했어요. 록펠러 엄마가 죽을 때 임종 직전에 록펠러를 불러서 옆에 앉혀놓고 마지막 유언을 남겨놓은 것이 우리 교회 달력에 쓰여 있는 〈록펠러 어머니의 10가지 유언〉이에요. 록펠러가 옆에서 울면서 "엄마, 엄마, 죽지 마. 죽지 마." "록펠러야, 나는 이제 너 아버지를 따라 하늘나라를 먼저 간다. 내가 지금 하늘나라 가면 넌 지금 오늘부터 고아야. 고아. 그러므로 지금부터 엄마가 하는 말을 받아 적어라." 해서 록펠러가 옆에서 받아 적는 거예요.

"첫째, 하나님을 너의 친아버지로 섬겨라." 하나님이라고 해서 하나님은 높으시고 나는 땅에 있고 이렇게 하지 말고 육신의 엄마 아빠의 공간에 하나님을 딱 모셔놓고. 아멘. 엄마 아빠가 옆에 한 가정에 사는 것처럼 기도도 거창하게 하지 말고 그냥 어려우면 "아빠" 이렇게 하나님을 아빠라고 부르란 말이에요. 친아버지로. "아빠, 돈 주세요." 이렇게 하라는 거예요. "하나님을 너의 친아버지로 섬겨라. 그러면 엄마 아빠가 없다고 기죽을 필요가 없지. 왜냐하면 하나님이 친아버지로 늘 옆에 있으니까. 두 번째는 목사님을 하나님 다음으로 섬겨라. 목사님은 보이지 않는 하나님과 같다. 하나님의 권위로 나타나기 때문에 너는 목사님을 하나님 다음으로 섬겨라." 록펠러한테 죽을 때 유언을 가르쳐 준 거예요. "세 번째는 오른쪽 주머니를 너는 십일조 주머니로 만들어라. 돈을 벌면 한 달 모은 뒤에 십일조 떼려면 양이 많아지면 아까워. 그러니까 돈 벌리는 즉시 오른쪽 주머니에다가 아무것도 넣지 마. 여기는 수건도 넣지 마. 휴지도 넣지 마. 이 주머니에다가 십일조를 떼어서 넣어서 주일날 가서 꺼내면 그것이 십일조 되도록 십일조 생활을 철저히 하라."고 록펠러 엄마가 눈물로, 눈물로 유언을 남겨놓은 거예요.

그리고 난 뒤에 엄마가 죽었어요. 장례식을 치렀어요. 록펠러가 노동판에 가서 일하여 청소년 록펠러가 겨우 배표 한 장을 사서 미국으로 가는 배를 탔는데 그 배를 타고 대서

양 쪽에서 오면 뉴욕이에요. 아시아 쪽에서 가면 엘에이(LA)
예요. 뉴욕의 맨해튼 허드슨강에 배가 쫙 들어온 거예요. 들
어왔는데 미국에 딱 내리니까 록펠러가 어디를 가야 될지
정처가 없어요. 아는 사람도 없고 그냥 두리번두리번 살피
다가 엄마가 늘 말하는 교회 목사님! 하나님 다음으로 목사
님! 해서 그 맨해튼에 있는 바로 옆에 있는 교회의 목사님
을 찾아갔어요. 갔더니 예배 시간이에요. 그래서 앉아서 예
배를 다 드리고 예배를 마쳤는데 다른 사람은 다 집에 가는
데 어떤 소년 하나가 뒤에 앉아서 울고 있는 거예요. 그래서
목사님이 와서 "너는 왜 집에 안 가고 우냐?" 그러니까 "저는
갈 곳이 없어요." "왜 그러냐?" "나는 영국에서 배 타고 왔는
데, 갈 데가 없다." 그러니까 목사님이 예배당 앞에 설교하
는 옆에 있는 방을 한 개 주면서 "너 여기서 잠을 자라." 그
래서 교회 기도실에서 록펠러가 잠을 자면서 새벽기도 참석
하고 아침에 일어나서 뉴욕의 노동판에 일을 하러 가는 거
예요. 그러면 노동판에 노동시장 알잖아요? 오늘 여기 일하
러 갈 사람 붙어라. 그러면 하루에 얼마 준다. 그래서 첫날
사람 잘 만나서 하수도 고치고 뭐 고치는데, 노동판에 가서
일을 했는데 그날 처음 번 돈을 그날 처음 번 돈을 십일조 뗐
을까요? 안 뗐을까요? 십일조 뗀 게 아니고 처음 번 전체 돈
을 "목사님을 너의 친아버지로 섬겨라." 목사님한테 갖다드
렸어요. "목사님, 나 미국 와서 처음 번 돈인데 우리 엄마가

요 목사님을 하나님같이 섬기라고 해서 난 목사님 드리고 싶어요." 목사님이 "이놈아, 놔둬라. 놔둬라." "아니오. 나는 우리 엄마가 하늘나라 가서 엄마하고 나는 약속한 유언을 지켜야 하니까." 그래서 둘째 날 가서 또 벌었어요. 번 돈 중에서 이제 십일조만 뗐어요. 셋째 날 벌면 끝난 뒤에 하루에 일당을 받은 것 중에서 십일조 떼는 재미에 재미가 붙은 거예요. 아멘이요?

사랑제일교회 성도들이 다 그래야 해요. 인생에 십일조 떼는 재미가 붙어야 해요. 돈 벌 때는 십일조 떼는 재미가 붙어야 해요. 옆 사람 다 손잡고 해보라니까. 십일조 떼는 재미가 붙읍시다. 십일조 떼는 기쁨이 생겨야 해요. 믿습니까? 그래서 매일 십일조를 떼어요. 그러니까 뭐, 그 교회 장로님보다 소년 하나가 노동판에 가서 일해와서 십일조 떼는 게 더 많은 거예요. 그래서 온 교인들이 "야~ 쟤는 말이야 어린 애가 고아가 돼서 말이야 십일조를 하네." 그래서요? 이 록펠러가 이제 하나님의 축복을 받는네, 할렐루야. 이제 일어나는 거예요. 풀리는 거예요.

우리 교회가 이렇게 풀려야 해요. 세계 경제가 다 어려워져도 하나님이 풀어주면 승리해요. 세계 경제가 어려울수록 하나님의 축복권 있는 사람은 더 빛나요. 요셉도 마찬가지예요. 애굽에 7년 흉년이 오는데 요셉은 더 위력을 발하잖아요? 하나님의 사람들은 경제가 어렵고 경제가 힘들 때 더 위력을 발하는 거예요. 이삭도, 아브라함의 아들 이삭도 보면 사람들이 다 말라비틀어질 때 이삭은 승승장구하는 거예요. 하나님의 사람들은 그렇단 말이에요. 믿습니까? 우리 교회가 정말로 복음 역사, 천지창조 이후로 창조 이후로 이러한 큰 세계적인 하나님 영광을 우리가 한번 나타내야 하겠다, 이거예요. 믿습니까? 아유~ 그런데 우리 성도들 보면요? 그저 밥이나 먹고 살 것 같아요. 내가 보면. 이래서는 세계적인 작품이 안 나오는 거예요. 우리 한번 해보자. 인생 어차피 한번 사는데 말이야 목사님처럼 한번 해봐요. 마음을 다하고 성품을 다하고 뜻을 다하고 목숨을 다하여 우리가 한번 해보자는 말이에요. 하나님 말씀을 그대로 믿으라고요. 그대로 믿어요. 따라서. 그대로 믿자. 얼마나 나는 바치고 싶어서 가을이 되면 자취할 때 "쌀 붙이라." 그래서 왕십리역에 와서 쌀 찾아오면 나 자취할 때 부모님이 쌀 붙여주면 왕십리역에 가서 쌀 찾아오면 찾아오자마자 그냥 미친놈처럼 쌀 포대를 열고 바가지로 그것을 퍼담아서 십일조 떼는데 큰 바가지에다가 높이 십일조 뗄 때는 높이 담아요. 높이 담아서 딱 떼어놓고 그다음에 내가 먹을 거 하나, 둘, 셋, 넷, … 열 번째는 푹 담아요. 그래서 십일조 쌀자루를 메고 최복규 목사님을 찾아가요. 우리 목사님을 찾아가면 최복규 목사님 "뭐냐?" 그래요. "시골에서 쌀 와서 십일조 떼려고 해요." 목사님이 우스워 죽겠대요. 고등학생이 이렇게 십일조 떼려고 한다고. 그래서 목사님이 붙잡고 기도해요. "하나님, 우리 광훈이가 커서 세계적인 인물이 되게 해주시고…" 그래서 내가 지금 돼 갈라 그러잖아요? 최복규 목사님이 날 붙잡고요? 그냥 막 이 아이고! 내 그래서 목사님들의 축복을 받아서 요만큼이라도 내가 쓰임을 받는 거예요. 믿습니까? 그때는요? 그 시절에는 고등학생들이 말이야 쌀자루 같은 거 교복 입고 쌀자루 같은 거 메고 가는 거 이런 걸 바깥에 메고 간다? 창피하고 여학생들한테 부끄럽고, 이런 시대예요. 난 쌀자루 매고 가면 교복에 그냥 다 먼지가 묻어서 그래도 기쁜 거예요. 미쳤다 그러든지 뭐 그냥 교회 가면 또 애들이 얼마나 놀려요? 여학생 애들이 "낄낄 낄낄 저 광훈이 봐. 아이고~ 할아버지 같아. 할아버지 같아. 아이고~ 꼭 어른 흉내 내." 이런 년들은 다 망했어요. 나는 "동남풍아 불어라. 서북풍도 불어라. 내가 네년하고 장가갈 것도 아닌데 뭐. 내가 네년한테 인기 얻어서 뭐 하겠어? 난 내 갈 길을 가는 거지." 할렐루야지?

<사람을 보며 세상을 볼 땐>

사람을 보며 세상을 볼 땐 만족함이 없었네
나의 하나님 그분을 뵐 땐 나는 만족하였네
저기 빛나는 태양을 보라 또 저기 서 있는 산을 보아라
천지 지으신 우리 여호와 나를 사랑하시니
나의 하나님 한 분만으로 나는 만족하겠네
동남풍아 불어라 서북풍아 불어라
가시밭의 백합화 예수 향기 날리니 할렐루야 아멘.
가시밭의 백합화 예수 향기 날리니 할렐루야 아멘

그래서 록펠러가요? 당대에 세계 제일의 부자가 된 거예요. 내려가서가 아니라 당대에요. 승부를 걸자! 저도 예수 처음 믿을 때 목사님들이 설교하러 헌신예배 오거나 하면 항상 3대를 이야기해요. "3대 예수 믿어서 안 되는 집이 없습니다. 3대 기도하는 자녀들은 형통합니다." 난 낙심이 되는 거예요. '나는 내가 당사자인데 나는 내가 처음 개척했는데.' 그래서 내가 이빨 깨문 거예요. '저놈의 3대를 당대로 끌어내리자.' 그래서 남들이 기도할 때 나는 금식기도 해요. 남들이 퍼잘 때 난 철야기도 해요. 남들이 십일조 하면 나는 생명 걸고 헌금해요. 건축헌금 한다고 하면 우리 교회에 건축한다고 하면 난 그냥 있는 힘껏 부모님한테 거짓말해서 돈 타서 막 다 해버려요. 아멘이요? 할렐루야?

하루는 하도 꼭 헌금하고 싶은데 너무너무 미치겠어요. 그런데 내가 여기 이 후진 학교 광운전자 여길 다녔잖아요? 후진 학교 광운전자를 다녔는데 그때 우리나라는 이 전자산업이 그때 옛날에는 69년도니까 이 전자산업이요? 우리나라는 저것도 하나 못 만들 때예요. 테스터(tester)기 하나도 못 만들 때예요. 전부 일제 수입이에요. 수입해서 조립하고 하는데 그러니까 내가 전자과 다녔으니까 그것이 공부하는 실습 기계 중에 꽤 비쌌어요. 일본으로 주문하고 그러니까 돈 많이 들었어요. 인문계 저리 가라예요. 그러니까 그것을 일본에서 단체로 주문해서 샀어요. 테스터기. 전기 100볼트(volt) 200볼트, 재는 거요. 침 왔다 갔다 하는 거. 이게 그때는 한국의 생산이 불가능한 거예요. 그걸 일본에서 수입해서 우리 학생들이 하나씩 갖는데 그걸 등록금에다 붙여서 했는데 그 기계가 일제예요. 국산은 없단 말이에요. 불량한 애들은 이걸 들고 청계천 상가 세운상가에 가면 그 업자들이 학생들을 꼬셔서 팔라고 해요. "야 야 야! 그거 팔아. 팔아." 막 유혹해요. 광운전자 뺏지 보면 우르르 뛰어나와요. 그서 팔아서 당구 치고 해야 하니까 보통 애들은 당구 치고 술 마시고 여학생하고 데이트해야 하니까 광운전자 뺏지만 딱 달고 나가면 거기에 가게 주인들이 우르르 뛰어나와요. 청계천 있잖아요? 아시아극장? 전자상가에 와서 "야! 너! 가져왔냐?" 팔아먹으라고요. 애들이 1학기 지나면요? 절반 없어요.

다 팔아먹어요. 선생님이 한 달에 한 번씩 검사해요. "내일 가져와라." 책상 위에 올려놔요. 절반은 없어요. "너 어떻게 했냐?" 그러면 뭐, 물에 빠져서 고장 났다느니, 도둑놈이 훔쳐 갔다느니 해요. 그게 아니에요. 전부 다 당구 친 거예요. 당구장에 맡겨놓고 당구 치고 뭐, 다 전당포 맡겨놓고 당구 치고 그러는데.

아이고~ 하루는 주일날 저녁에 그날따라 은혜가 쏟아지는데 은혜가 쏟아지는 날은 뭔가 사고 치는 날이에요. 큰 은혜가 쏟아지는데 이 속에서 감사의 영이 임했는데 이제 돈이 하나도 없어요. 딱 생각나서 테스터기를 청계천 가지고 갔더니 "너, 가져왔냐?" 그래서 "가져왔어요!" "얼마에 팔래?" "얼마 주실래요?" 그래서 홀딱 팔아서 하나님께 헌금했는데 선생님한테 뒤지도록 맞았어요. 뒤지도록 맞았어. "이 새끼! 너 이 새끼! 교회 다니는 새끼가 당구 치려고? 이 새끼야!" 옛날에 우리가 고등학교 다닐 때는 당구병이에요. 당구병. 당구장 그렇게 가지 말라고 하는데, 가요. 그래서 선생님한테 뒤지도록 맞았어요. 그거 팔아서 헌금했다고. 아휴~ 그런데 얼마나 기쁜지! 이런 기쁨을 어떻게 설명을 어떻게 할까? 하나님이 저를 풀어주시려고 물질을 풀어주시려고 속건제를요? 여러분! 확 풀리는 일이 일어나요. 여러분 가정과 자녀와 물질의 세계가 확 풀려야 해요. 이것은 바치지 않고는 다른 길이 없어요. 은사 따로예요. 신령한 은사 따로예요. 이거는 이거요. 속건제는 속건제예요. 하나님 앞에 여러분, 물질적으로 심어요. 심어요. 세게 심어요. 세게. 마음을 다 하고 심어요. 믿습니까? 할렐루야?

그래서 이 록펠러는요? 나중에 기업이 커요. 지금도 미국의 록펠러 기업은 자기 밑에 여러 방계 기업에 십일조 부서가 있는 거예요. 백화점 왕. 미국의 백화점 왕 있잖아요? 미국에 그 스토어(store)를 제일 많이 가지고 있는 그 사람도 십일조 왕이에요. 그 사람도 십일조 때문에 그렇게 된 거예요. 믿습니까? 미국은요? 이 십일조 때문에 역사를 일으킨 사건들이 많이 있어요. 그래서 록펠러가 자기 부서에 엄마 유언을 실천하려고 기업이 커지면 계산이 너무 희미해질 가능성이 있기 때문에, 아예 십일조 전담 부서를 만들어서 그 사람들은, 그 부서는 록펠러 기업을 다니면서 십일조만 조사해서 받아내는 이런 부서가 따로 있다고요. 십일조. 그 어마어마한 록펠러 재단의 십일조를 통하여 미국의 사회사업 고아원 양로원 이런 것들이 다 운영이 되고요? 할렐루야. 그리고 그 축복의 원천을 가르쳐주신 엄마에 대하여 너무너무 그리워서 미국의 맨해튼 뉴욕에 한번 가 봐요. 거기 가면 리버사이드 처치(Riverside Church)라고 있어요. 전한나! 너 거기 가봤어? 안 가봤어? 리버사이드 처치 두 유 노 리버사이드 처치(Do you know Riverside Church)? 뉴욕에서 공부하면서 그것도 안 가봐? 허드슨 강 옆에 자기가 처음 배 타고 들어왔을 때 들어갔던 그 교회예요. 할렐루야. 바로 그 교회예요. 그 교회를 얼마나 잘 지었냐 하면 자기 엄마를 추모하는 이 예배당을 지었는데. 이제 빨리빨리 돈 벌어서 나하고 가보자고요. 그 옛날에 지은 예배당이요? 돌을 깎아서 이렇게 지었는데? 컴퓨터 한번 찾아봐. 리버사이드 처치. 나올 거야. 틀림없이 나올 거야. 없을 리가 없어. 뉴욕에 있는 리버사이드 처치. 뉴욕의 허드슨강 옆에 물방울같이 돌을 말이야 물방울같이 막 흘러내릴 것 같은 이렇게 조각해서 교회가 어마어마한 큰 교회였는데. 그렇게 미국 교회가 타락하고 예배당이 텅 비고 예배당이 말이야 지금 뭐 무슨 병원으로 바뀌고 그렇게 돼도 록펠러 교회 리버사이드 처치는 성도들이 주일날 들어갈 수 없을 만큼 모여요. 할렐루야. 지금 그 담임 목사님이 흑인인데 흑인 목사님인데 그 목사님의 은혜가 넘치는 거예요. 은혜가 넘쳐요. 할렐루야. 그리고 록펠러가 얼마나 복을 받았냐? 뉴욕 시내를 전도하려고 자기의 돈으로 뉴욕시에 있는 집집마다 수도시설을 다 해주고 뉴욕시는 수도세를 안 내요. 미국의 다른 시에는 수도세. 우리 지금 수돗물 쓰죠? 수돗물 세를 안 내는 나라가 어디 있냐고요? 그런데 미국 중에서도 뉴욕시는 수도세를 안 내는 거예요. 왜 안 내냐? 록펠러 재단에서 공짜로 공급하는 거예요.

그 모든 수도시설을 록펠러 재단에서 담당하고 뉴욕 시민에게 물을 무료로 주는 거예요. 그 대신 예수 믿어라! 무언의 전도예요. 무언의 전도. 할렐루야. 어차피 인생 사는 거 한 번 이러한 하나님의 역사를 한 번 일으켜야 할 것 아니에요? 옆 사람 손잡고 따라서. 우리 한 번 해봅시다.

IV.
속건제가 신앙의 꽃이다

우리 한번 해봅시다. 우리 한번 해봅시다. 우리 한번 해봅시다. 결심을 한번 해 봐요. 굳게 각오를 한번 해봐요. 할렐루야. 할렐루야. 물질의 영이 있다니까요? 물질이 하나 들어오고 나가는 것도 뒤에 영적 배경이 있다고요. 물질의 영이 있는 거예요. 물질을 구속하는 영도 있고 물질을 푸는 영도 있어요. 우리는 물질이 구속되는 영에 붙잡히면 안 되는 거예요. 일생 그 사람은 어렵게 사는 거예요. 일생 물질적으로 힘들게 사는 거예요. 우리가 속건제를 하나님께 온전히 드림으로. 따라서. 드림으로. 신앙의 마지막은 이 속건제까지 가야 돼요. 이게 하이라이트(highlight)예요. 이게 신앙의 꽃이란 말이에요. 물론 구원으로부터 시작하지만. 아멘. 그 래서 물질생활 어떻게 하느냐를 보면 신앙의 척도가 나오는 거예요. 물질생활. 우리 한번 깊이 합시다. 아멘. 물질의 관계 무너지면 안 되는 거예요.

그래서 지금부터라도 우리는 하나님 앞에 정말로 온전한 속건 제물을 드려서 할렐루야. 100 프로 십일조 하는 교인 됩시다. 드리는 교인 됩시다. 날마다 심는 즐거움을 누립시다. 하나님께 드림에 대한 즐거움을 누려요. 얼마나 기뻐요? 드리면 기쁘잖아요? 너무 기쁜 거예요. 그러면 펑펑 풀리는 거예요. 할렐루야. 기적이 일어나는 거예요. 내 인생 삶 앞에 기적이 일어나는 이 원리를 깊이 깨닫고 우리 다 속건제에 승리합시다. 재물에 메이면 안 돼요. 메이면 안 돼. 믿습니까?

두 손 높이 드시고, "주여! 아버지! 나도 속건 제사에 산 제물이 되게 하여 주셔서 하나님, 내 속에도 드리는 영을 부어 주셔서, 드리고 기뻐하며 펄펄 뛰며 밤잠을 자지 않고 좋아서 기뻐 뛰는 저희 삼아 주시옵소서. 드리는 은총이 임하게 하여 주시옵소서." "주여" 삼창하며 기도하겠습니다. "주여! 주여! 주여!"

5대 제사(하)

초판 인쇄 2025년 12월 5일
초판 발행 2025년 12월 8일

설교   전광훈
구성·편집 류금주
펴낸곳   주식회사 뉴퓨리턴

주소   서울특별시 성북구 장위로 40다길 19, 1층 106호(장위동)
대표전화 070-7432-6248
팩스   02-6280-6314
출판등록 제25100-2023-043호
이메일   info@newpuritan.kr

ISBN   979-11-24200-00-1 (03230)